LOS ESENCIALES DE LA FILOSOFÍA

Colección fundada por Manuel Garrido

Director:
Luis Valdés

Escritos sobre Wagner

Retrato en fotografía de Friedrich Nietzsche obtenido en 1875 por
Friedrich Hermann Hartmann. © Wikimedia Commons.

FRIEDRICH NIETZSCHE

Escritos sobre Wagner

PRÓLOGO, TRADUCCIÓN Y NOTAS DE

JOAN B. LLINARES

Créditos fotográficos:
Cubierta © Wikimedia Commons.

© del prólogo, traducción y notas, Joan B. Llinares, 2026
© EDITORIAL TECNOS (GRUPO ANAYA, S. A.), 2026

PAPEL DE FIBRA
CERTIFICADA

Valentín Beato, 21 - 28037 Madrid
ISBN: 978-84-309-9418-2
Depósito legal: M-455-2026

Printed in Spain

Índice

Prólogo

Sin duda alguna, Wagner es la personalidad coetánea que, por su grandeza artística e histórica, así como por su inmensa repercusión internacional, incide como ninguna otra, de principio a fin, en la vida y la obra de Nietzsche. Su ascendiente sobre ambas es muy dilatado y profundo, y se deja sentir en casi todos los proyectos y esperanzas en que se involucró el filósofo desde su juventud. Recordemos algunos momentos intensos de esa singular relación que marcó su biografía: el adolescente de la asociación *Germania* ya interpretó en Naumburgo —y comentó con sus amistades— varias versiones para piano de óperas del compositor. El estudiante universitario siguió analizando y debatiendo con sus colegas sobre tales obras, y experimentó una auténtica fascinación hacia ellas a partir del verano de 1868, como confesó con vehemencia a sus mejores amigos. Asimismo, aquel otoño tuvo lugar su primer encuentro personal con el gran músico en Leipzig. Ambos compartían un vivo interés por los trágicos griegos, en especial por Esquilo, al igual que por lo más selecto de la cultura alemana de la época (Beethoven y Goethe) y por la filosofía y la estética promusical de Schopenhauer. La invitación cursada por Wagner para que lo visitara en Tribschen, junto al lago de Lucerna, donde residía en la atractiva compañía de quien pronto sería su futura esposa, Cosima, fue aceptada con entusiasmo y se reiteró a menudo a partir de 1869, tras el nombramiento de Nietzsche como catedrático de filología en la cercana universidad de Basilea, cargo que le valió un precoz y merecido reconocimiento académico. Hasta que el compositor se trasladó a Bayreuth en abril de 1872, el creativo profesor les visitó veintitrés veces, y las cartas, debates y conversaciones, los escritos, conciertos y viajes que compartieron evidencian un intercambio sostenido de ideas, experiencias y planes, como consigna Cosima en su diario. El joven filólogo llegó a imaginar que podría dejar su cátedra en manos de un amigo y dedicarse a impartir conferencias por toda Alemania, visitando las Asociaciones Wagner y explicando el sentido y la importancia de la empresa de Bayreuth, en cuya ceremonia de colocación de la primera piedra del futuro edificio participó con convicción, formando parte del selecto grupo de cualificados admiradores que apoyaban sin reticencias al controvertido maestro. Previamente, las conferencias y escritos preparatorios, así como el polémico texto de la primera gran obra del pensador, *El nacimiento de la tragedia en el espíritu de la música*, de 1872, en cuya pública defensa se implicó el compositor, constituyen un testimonio de primera mano de esta etapa de máxima sintonía. Como admitirá Nietzsche en su madurez, tanto en escritos privados como en sus últimos libros, el período de Tribschen tuvo una repercusión radical en su vida. Él y Wagner se encontraban casi todas las semanas y el trato íntimo con el compositor le proporcionó la recreación más honda y cordial de su existencia, que solo podía recordar con agradecimiento. Por nada del mundo quiso apartar de su vida aquellos días de confianza, de jovialidad, de sublimes azares, de profundos instantes bajo un cielo luminoso, sin nube alguna que los enturbiase. Los escritos de aquella época del pensador, tanto sus *Consideraciones Intempestivas* como sus conferencias *Sobre el futuro de nuestras instituciones educativas* o sus premonitorias lecciones en torno a *La filosofía en la época trágica de los griegos*, recibieron siempre una calurosa acogida y la expresa aprobación de los Wagner, a quienes se les remitían de manera preferente. Pero cuando culminó la edificación del teatro y la casa residencial de Bayreuth y dieron comienzo los famosos festivales en el verano de 1876, el solitario Nietzsche no pudo soportar el ambiente protocolario, aburguesado y chovinista de tales representaciones masificadas, y se marchó decepcionado antes de que acabara el ciclo. Allí no reconocía al Wagner de los bienaventurados días de Tribschen; la separación entre ellos se había consumado y los escasos encuentros posteriores no consiguieron superar el abismo que se había abierto entre sus respectivas sensibilidades: el músico había obtenido una victoria apoteósica, mientras que el pensador experimentaba una intensa crisis, vital y profesional, que le enfermaba seriamente y le incitaba a cambiar de rumbo. El drástico giro que sufrió poco después la trayectoria de Nietzsche al abandonar la cátedra y empezar una vida de filósofo errante, con continuos cambios de residencia a causa de su delicada salud y la adopción de una escritura de estilo fragmentario, radical e innovador, liberado ya de sus ídolos de juventud y de su anterior metafísica y filosofía del arte, contribuyó al progresivo alejamiento físico y mental del mundo del compositor, y la amistad entre ambos se tornó irrecuperable. La recíproca recepción de *Humano, demasiado humano* y de *Parsifal* en 1878 no provocó entre los remitentes sino malentendidos, silencios, malestar y posteriores críticas: la ruptura se había evidenciado con claridad, los escritos de ambos contenían solapados ataques mutuos, que la mediación de familiares y amistades comunes no consiguieron enderezar. La muerte del compositor a comienzos de 1883 y la permanente hostilidad de Cosima marcaron el punto definitivo de no retorno, en un contexto cada vez más favorable al legado del músico, pero más sordo e indiferente ante las sucesivas obras del filósofo.

El impresionante desarrollo posterior del pensamiento nietzscheano, acreditado por la publicación de varias obras de extraordinaria escritura aforística, como *Aurora* y *La gaya ciencia*, así como por la gran sorpresa de *Así habló Zaratustra*, seguidas de *Más allá del bien y del mal* y *De la genealogía de la moral*, le llevó poco después a concebir una magna obra, *La voluntad de poder*, reelaborada luego como *Ensayo de transvaloración de todos los valores* y concretada de hecho en dos potentes opúsculos, *El crepúsculo de los ídolos* y *El Anticristo*. Esta formidable tarea vital e intelectual, unida a la reedición de las obras anteriores en 1886 y 1887, precedidas ahora de nuevos prólogos de gran calado, implicó también un necesario ejercicio de puesta en claro de lo que Wagner había significado en su vida y en su época, reconocido y estudiado como expresivo síntoma de la modernidad y el romanticismo. De ahí que el Nietzsche maduro dedicara de nuevo al compositor su atención en la recta final de su vida lúcida, inmediatamente antes del derrumbe psíquico sufrido en enero de 1889.

Así pues, en retrospectiva se puede afirmar que, desde la adolescencia hasta sus últimos días, la figura de Wagner impregna la escritura de Nietzsche, bien como acicate inspirador e interlocutor predilecto, bien como motivo de análisis y de reflexión, o como encarnación paradigmática del nihilismo, auténtica síntesis de los males a combatir. De hecho, esta cuestión ocupa una parte considerable de los numerosos cuadernos, repletos de apuntes y notas personales, que escribió Nietzsche a lo largo de los años, así como una amplia sección de su epistolario. Tanto es así que, si se escogiesen con buen criterio los múltiples fragmentos póstumos y las numerosas cartas del filósofo dirigidas al compositor, o con comentarios sobre este y su entorno y su legado, todo ello daría pie, cuando menos, a la edición de tres gruesos volúmenes de bolsillo. Sin necesidad de transcribir lo que las obras publicadas por Nietzsche ya manifiestan explícitamente al respecto, desde la conferencia titulada *El drama musical griego*, el *Prólogo a Richard Wagner* y casi toda la segunda mitad de *El nacimiento de la tragedia*, pasando por varios aforismos de sus escritos posteriores, como tendremos ocasión de comprobar al leer *Nietzsche contra Wagner*. Por suerte, en estos momentos ya contamos con traducciones de ediciones críticas tanto de todos los fragmentos póstumos del pensador como de toda su abundante correspondencia, razón por la cual en las notas que hemos añadido a los escritos preparados para la imprenta sobre la persona y la obra de Wagner, el lector encontrará abundantes referencias que le permitirán, si así lo desea, ampliar lo que en estos se expone y obtener matices y precisiones que perfilan de modo más espontáneo, más desinhibido y personal, lo que de manera más contenida y elaborada estuvo dirigido al gran público.

En este volumen, por tanto, se hallan recogidos solamente los textos que Nietzsche redactó sobre Wagner pensando en su futura publicación. En ellos podemos observar los dos momentos decisivos de su apasionada relación con la compleja persona de este músico: gran director de orquesta, extraordinario compositor, poderoso dramaturgo autor de los libretos de sus obras operísticas, notable ensayista, reincidente biógrafo y caudaloso corresponsal de un epistolario impresionante. Un hombre de una generación anterior a la del filósofo, pero que durante unos pocos años, de 1868 a 1876, pese a las diferencias de edad y actitud ante la vida, mantuvo con este una entrañable amistad. Ambos continúan vivos en la actualidad, y no solo en las salas de conciertos y en las aulas universitarias, pues ambos forman parte impostergable e imprescindible de nuestro mejor legado cultural. Por razones obvias, en este Prólogo glosaremos esa tensa y aleccionadora relación desde la perspectiva del filósofo, a partir de los cuatro escritos que revisó y preparó para la imprenta dedicados a su antiguo maestro y amigo.

* * *

La breve *Exhortación a los alemanes* fue un encargo que le hizo al profesor Nietzsche un comité del patronato de Bayreuth a través de Emil Heckel, esto es, se trató de una petición indirecta del mismo Wagner, realizada en octubre de 1873. Había de ser un texto publicitario, cuyo objetivo principal era recaudar fondos para la colosal empresa de Bayreuth, un motivo de orgullo nacional alemán que corría el riesgo de fracasar. Pocos días después, el propio Nietzsche hizo imprimir unos cuantos ejemplares de su escrito y los envió a dicha ciudad, a la que se trasladó para defenderlo en una reunión de miembros de aquel patronato, representantes de diversas asociaciones wagnerianas. Pero, pese a contar con la conformidad de Wagner y de Cosima, el escrito fue rechazado, dado que el lenguaje utilizado les pareció a los miembros del patronato demasiado audaz y prefirieron trasladar el encargo a otro académico de prosa más edulcorada. Al leerlo, podemos hacernos una idea del fuerte compromiso de Nietzsche con el grandioso proyecto wagneriano, al cual estaba dispuesto a sacrificar la enseñanza universitaria para dedicarse por entero a divulgarlo por toda Alemania, recabando aportaciones de las más diversas entidades.

* * *

La *Cuarta Consideración Intempestiva*, la última de esa serie, titulada *Richard Wagner en Bayreuth*, demuestra que las consideraciones del joven Nietzsche no eran inactuales, sino que trataban de modo intempestivo, crítico con el presente y en aras de un futuro mejor, realidades culturales muy significativas del momento para las que no se poseía la necesaria sensibilidad, como sucedía con la filosofía de Schopenhauer, el gran educador, a quien dedicó la *Tercera Intempestiva*, por no hablar de la persona, los escritos y la música de Wagner. Desde enero de 1874 Nietzsche dedicó parte de sus lecturas y de sus notas a las diferentes obras del compositor, poco estimadas por la crítica oficial, y en el verano de 1875 cristalizó el plan para un futuro libro en favor de los dramas musicales y del macroproyecto de Bayreuth, que atravesaba días difíciles. Tras la redacción de ocho capítulos, el escrito encalló y solo en la primavera de 1876, incitado por la grave situación de aquella elevada y exigente empresa, Nietzsche retomó el plan establecido, enviándolo paulatinamente al editor y finalizándolo en el verano, de modo que el libro ya pudo aparecer en julio. A comienzos de 1877 se publicó también la correspondiente traducción francesa.

En el «Prólogo» a la segunda edición de *Humano, demasiado humano,* II, de septiembre de 1886, Nietzsche explica que su discurso en honor de Wagner y de su gran victoria como artista en los festivales de Bayreuth fue, en el fondo, un homenaje a un trozo hermoso y peligroso de su pasado, en referencia a su amistad con el compositor, y al tiempo una despedida, pues para conseguir una especie de retrato integral del músico le resultaba imprescindible una toma de distancia que permitiese mirarlo de frente y en perspectiva. En otras palabras: para pintarlo de cuerpo entero se requería un necesario alejamiento, que ya delata cierto antagonismo. Los fragmentos póstumos de aquellos años documentan que el filósofo observaba con lucidez al músico, lo examinaba con ojo crítico, pero únicamente manifestaba en público los aspectos positivos de sus argumentados juicios. En ellos combatía los vicios de la época, insensible a la grandeza de Bayreuth, cuyo triunfo quedaba ya plenamente reconocido, reivindicado y razonado. En este sentido, la *Cuarta Intempestiva* es un libro profético: colaboró en la victoria de Wagner, y el tiempo le ha dado la razón.

En *Ecce homo*, al comentar sus libros, el filósofo ofrece otro enfoque sobre esta *Intempestiva*, donde destaca la presencia indirecta de su propia persona y sus propios valores, como la música dionisíaca, el artista ditirámbico, la mentalidad trágica, el retorno del espíritu griego o la mirada de Zaratustra, al hablar, por trasposición, de Wagner y de Bayreuth, con lo cual nos incita a ver en este texto una especie de exposición indirecta de sus esperanzas de juventud y de su psicología más íntima, e incluso de su propio futuro. Considerado de este modo, se trata de un libro ambiguo, diseñado por Nietzsche en su arquitectura general, pero lleno de fragmentos tomados de varios escritos del compositor, a modo de mosaico, como nuestras notas demuestran. Su estilo también resulta un tanto sorprendente y extraño en el seno del corpus nietzscheano, pues quizá no se trate sino de una sutil parodia de la ampulosa escritura wagneriana y de su grandilocuente retórica. No obstante, cobra relieve el profundo conocimiento que el filósofo tenía de toda la producción, como músico y como escritor, de su estimado Wagner, a quien aquí dedicó el que para muchos todavía es el mejor ensayo que se haya escrito sobre este genial y debatido artista. Un ensayo cuyos juicios positivos se han reiterado a menudo, aunque también se hayan citado en muchas ocasiones sin reconocer su procedencia, o se la ha camuflado para que pasara desapercibida.

Otro comentario de *Ecce homo* nos permite interpretar esta *Intempestiva* sobre Wagner como una reflexión sobre el significado de la grandeza, concretamente sobre la de los grandes artistas en la historia universal, aprovechando ideas de un apreciado colega de la Universidad de Basilea, Jacob Burckhardt, a cuyas lecciones magistrales sobre este tema asistió el joven filólogo. Partiendo del tema romántico del «genio», y radicalizándolo, se llega a la cuestión antropológica de la «grandeza del ser humano», un problema filosófico de estirpe griega que late en este escrito y que da pie a una crítica a la modernidad, tarea que el Nietzsche maduro continuará y ahondará.

* * *

Llegamos así al año 1888, cuando Nietzsche descubre la ciudad de Turín; allí se consagra a los cuadernos que preparan *La voluntad de poder,* que él ansía que sea su gran obra filosófica de madurez. Dicho proyecto le mantiene en esforzada y sostenida tensión, y para aliviarla se concede un descanso: redactar un escrito ligero e incisivo, pero veraz y contundente, sobre Wagner y el legado que este ha dejado. Pero no nos engañemos, este *divertimento,* que parecería que estuviera al margen de sus planes filosóficos y reclamase otra presentación, como si fuese una carta que se deslizara de modo lateral y secundario, pertenece al legado del filósofo en un momento de máxima creatividad. De ahí que esté atravesado por genuinos problemas nucleares de su filosofía de la cultura, como el de la decadencia, y en él arremete con destructor martillo contra un símbolo poderoso con los pies de barro de un ídolo, adorado por las masas.

Este opúsculo de muy cuidada redacción tiene como antecedentes unos cuantos momentos del invierno de 1887-1888, todavía residiendo Nietzsche en Niza, en los que su epistolario documenta que vuelve a estar interesado en la significación de Wagner y por ello revisa los escritos que ya le ha dedicado. El borrador de una carta a su hermana de diciembre de 1887, constata que el filósofo se sitúa en las antípodas de su cuñado, fogoso wagneriano, combativo antisemita y gran defensor del *Parsifal.* Por el contrario, él desprecia la revista antisemita que un mentecato le enviaba, teme que le confundan con esa gentuza, y deplora con dolor la repulsiva degradación de Wagner, el hombre al que ha venerado en mayor medida, por cultivar la impostura, invocando ideales morales y cristianos, justo el blanco de los ataques de su filosofía, que reclama una inversión radical de tales valores. No resultará extraño, así pues, que según vaya madurando esa transvaloración, Nietzsche sienta la necesidad de clarificarse con respecto a la «cuestión wagneriana» en todas sus facetas.

Una carta de febrero de 1888 al intelectual danés Georg Brandes, interesado por su filosofía, muestra que, en una relectura, las *Intempestivas* dedicadas a Schopenhauer y a Wagner no eran sino autoconfesiones, una prueba de que Nietzsche fue el primero en correlacionar y agrupar a ambos personajes en un conjunto que ya se ha hecho habitual entre wagnerianos, cuando la cultura alemana de la época era partidaria de Wagner y Hegel. Razón por la cual, como subrayará pasados unos meses, bien merece que se le reconozca su aportación a dicho cambio cultural.

Unos días después, a finales de febrero, otra carta, esta vez al músico y antiguo alumno Heinrich Köselitz, critica el «estilo dramático» de Wagner como ejemplo de no-estilo en la música, y explica que era Baudelaire quien mejor preparado estaba para comprender al compositor, pues sus poemas ya manifiestan una especie de sensibilidad wagneriana. Nietzsche relata que está leyendo las obras póstumas del poeta francés recientemente editadas, en las que acaba de encontrar una carta de Wagner, en la que este le agradecía al poeta un hermoso artículo en defensa de su música. Baudelaire también defendió en Francia, añade, la obra de Heinrich Heine. Esta constelación de figuras, que hace pensar en París y en la cultura francesa, motiva las reflexiones del filósofo, en especial cuando afectan al destino de la música, como prosigue exponiendo en su carta, en la que, junto a Wagner, se comentan agudamente las obras de Offenbach y Brahms. Tales referencias y cuestiones reaparecen un mes después, en primavera, cuando otra carta de Nietzsche al mismo interlocutor, ya desde Turín, explicita que sus dedos están ocupados en un pequeño panfleto sobre música y que ha asistido a una exitosa representación de *Carmen* de Bizet. El escritor ya disponía, así pues, de numerosos argumentos para desarrollar las líneas directrices de su opúsculo antiwagneriano.

En efecto, ya en junio de 1888, desde Sils-Maria, donde acostumbraba a residir durante los veranos, Nietzsche le comunica a su editor de Leipzig el envío del manuscrito del futuro libro, que versa sobre cuestiones de arte y, en consecuencia, debería ser editado con el aspecto más estético posible. A lo largo de julio y agosto el filósofo va añadiéndole capítulos hasta concluirlo, y en septiembre *El caso Wagner* está ya en las librerías. La primera edición, de mil ejemplares, provoca expectación, recibe muchos pedidos y se agota pronto.

Nietzsche desea que sobre todo se conozca en Francia, para ello envía ejemplares a revistas y periódicos de este país, y en cartas a sus amistades insiste que lo ha escrito en estilo francés y con gusto francés, no alemán. Basten a título de ejemplo las cartas dirigidas a Malwida von Meysenbug, quien no aceptó el sarcasmo y el tono ofensivo del libro y, ante la dureza de las respuestas de Nietzsche, rompió la vieja amistad que los unía. Este intercambio epistolar pone en evidencia que ese opúsculo no era una mera diversión humorística, ni siquiera una simple cuestión de diferentes y opinables gustos musicales, sino que posee su propia seriedad y transmite una forma indirecta de abordar graves problemas histórico-culturales y filosóficos, como los de la decadencia y la verdad.

En realidad, el combate antiwagneriano de Nietzsche, su lucha sin cuartel contra ese legado decadente y, a sus ojos, impostor y falaz, síntoma de los peores males de la modernidad, gracias al cual ha confeccionado un diagnóstico del alma moderna, concentra todo un conjunto de rasgos que definen muy bien varios de los objetivos críticos y de los ejes estructurales de su filosofía de madurez, a saber: la militancia antinacionalista, antigermánica, antirromántica, anti-antisemita, antioscurantista, antimetafísica, anti-irracionalista, antimítica, antijesuítica, anticristiana, anti-idealista, antihegeliana y anti-schopenhaueriana, por resumirlo en apretada síntesis, aprovechando la lectura que de estas obras nos ofrece M. Montinari. En consecuencia, como expresó en una carta de noviembre de 1888, lo más importante del escrito no consiste en la revelación de la escondida y ambigua psicología de la personalidad de Wagner, sino en la constatación del carácter decadente de nuestra música en general, fruto de un gusto pervertido y enfermizo en el seno de una cultura extraviada y nihilista. Ese es el contexto estético de la alternativa que ofrece su ensayo de transvaloración de todos los valores, una tarea que muestra inequívocamente su relación directa con este despiadado análisis de lo que Wagner significa, más allá de los desencuentros y hostilidades personales que ambos creadores vivieron con amargura desde 1878.

No todas las amistades de Nietzsche reaccionaron con desagrado ante este opúsculo: su exdiscípulo y amigo, el compositor Heinrich Köselitz, que en él aparecía aludido de forma muy favorable, redactó un laudatorio ensayo, aparecido en la revista *Kunstwart*, junto con otro del culto editor de dicha publicación, Ferdinand Avenarius. Este último, de manera inesperada, seguramente para equilibrar las opiniones al respecto, comentaba el panfleto nietzscheano como exponente del repentino cambio de sensibilidad de uno de los más destacados wagnerianos, sin que hubiese aclarado las razones objetivas de tan súbito abandono de sus antiguas posiciones, con lo cual se había perdido la posibilidad de profundizar en el análisis de los argumentos que habían motivado tal decisión subjetiva. Así las cosas, con ese escrito no solo se había impedido una seria refutación de lo que ahora afirmaba su autor, sino que la obrita parecía el producto de un «folletinista muy ingenioso que juega a las grandes ideas». En resumen, que era una ocasión fallida, una afirmación por decreto, apodíctica y particular, carente de justificaciones, y un fragmento de prosa periodística propia de páginas culturales.

Los fervorosos partidarios del compositor extremaron aún más los juicios negativos sobre el opúsculo y sobre su autor. Por ejemplo, Richard Pohl, biógrafo de Wagner, publicó un violento ataque en la conocida revista *Musikalisches Wochenblatt*, titulando su artículo con una doble paráfrasis del filósofo, «El caso Nietzsche. Un problema psicológico», en la que al oportunismo folletinesco se añadía la acusación de incapacidad musical para componer ópera y su correlativo resentimiento de artista frustrado. En realidad, las veladas alusiones del opúsculo al compositor Köselitz, esto es, al discípulo y amigo al que el filósofo llamaba *Peter Gast*, se habían malinterpretado como un gesto de ridícula soberbia propia de un autor de óperas fracasado.

* * *

La respuesta de Nietzsche a dichos artículos críticos, hirientes y degradantes, no se hizo esperar, pues de inmediato preparó una adecuada réplica que los desautorizase. En una rápida carta a Avenarius del 10 de diciembre le documentaba a este intelectual que la crítica a Wagner no era una repentina decisión caprichosa, sino el resultado y la síntesis de todo un conjunto de argumentos, expuestos en textos anteriores a partir de 1876, es decir, que el sostenido debate con Wagner ya tenía más de diez años de existencia y de matizada expresión, razonada y pública, en unos cincuenta pasajes de sus obras, aproximadamente. Como prueba de tales afirmaciones, Nietzsche enumeraba con todo detalle los puntos centrales de su crítica, precisando el libro y la página en los que se encontraban. En la mencionada carta aparecen ya unos diez textos reseñados, y esa lista constituye el primer índice y el núcleo de lo que será el futuro libro sobre el compositor.

Si una persona informada y abierta como Avenarius había llegado a una conclusión tan negativa, eso confirmaba que el panfleto antiwagneriano corría un grave peligro de ser interpretado incorrectamente. No había logrado, de hecho, alcanzar sus objetivos y, por tanto, era urgente deshacer su equívoca apariencia de superficialidad periodística mediante una aclaración específica y bien trabada. Guiado por dicho propósito, lo primero que se le ocurrió a Nietzsche fue recurrir al escritor y crítico de arte Carl Spitteler, quien un mes antes, en noviembre de 1888, había publicado una reseña muy positiva del librito en la revista suiza *Der Bund*. La carta que le envió el 11 de diciembre solicitando su intervención para que se responsabilizara de un escrito de tamaño similar, que debería titularse *Nietzsche contra Wagner. Documentos extraídos de los escritos de Nietzsche*, presenta un segundo índice del nuevo opúsculo, con ocho capítulos y sus correspondientes títulos, además de las referencias de cada uno de los textos publicados que los integrarían. En el «Prólogo» habría que exponer el generalizado carácter decadente que afecta a la música moderna, idea nueva que vertebra *El caso Wagner* y que no se hallaba en las obras anteriores.

Pero al día siguiente, Nietzsche reconoció que aquellos textos estaban llenos de alusiones indirectas y muy personales y que la ansiada antología tan solo podía salir de su pluma, sin traspasarle la autoría a nadie. De inmediato le escribió otra carta a Spitteler para informarle de su nueva decisión, y ese mismo día, el 12 de diciembre, preparó —para su uso personal— un tercer índice con diez apartados, ligeramente diferentes de los previamente confeccionados y de los que recogió días después en la versión final del libro.

Con toda diligencia, y sin concederse tregua alguna, el filósofo redactó el nuevo manuscrito, que envió a su editor ya el 15 de diciembre de aquel año tan prolífico. El título de este escrito, *Nietzsche contra Wagner*, recurre al latín y sugiere la incoación de las pruebas de un proceso judicial. Tal protocolo cumple una doble función: sirve para acabar de acusar al artista criticado y para que su autor se defienda de los malentendidos y tergiversaciones derivadas de las acerbas reseñas que su anterior opúsculo ha cosechado. El primer subtítulo que preparó, «Un problema para psicólogos», y que cambiaría días después por el definitivo «Documentos de un psicólogo», ratifica la urgencia y la necesidad de refutar sobre todo los argumentos de Richard Pohl, quien había acusado a Nietzsche, como dijimos, de estar aquejado de envidia a causa de su vocación frustrada de músico, insinuando que esa era la enfermiza y genuina matriz de su opúsculo antiwagneriano. La urgencia de la respuesta a sus críticos explica que por el momento aplazase la edición prevista de *Ecce homo* y diera prioridad a este nuevo escrito antológico contra el compositor, esta vez ya sin máscaras humorísticas y con la firme intención de construir una documentada genealogía textual de esa larga y persistente confrontación, a la que a mediados de diciembre añadió un nuevo apartado, al que denominó «Intermezzo».

Pero, entre tanto, el editor Naumann había realizado su trabajo con mayor celeridad de la prevista y la recepción de los primeros pliegos de galeradas de *Ecce homo* hicieron que Nietzsche alterara sus planes, de manera que entre el 20 y 22 de diciembre se inclinó por publicar antes su singular autobiografía. De nuevo la premura del editor, que esta vez le presentó de inmediato pliegos de galeradas por corregir, pero de *Nietzsche contra Wagner*, modificó las preferencias del autor, quien le remitió el 27 de diciembre dichas galeradas ya corregidas, con la indicación de que lo primero que debía salir a la venta el próximo año era precisamente el opúsculo antiwagneriano. Una postal de los días 28 y 30 de diciembre confirma esa decisión y aporta correcciones destinadas a efectuar algunos cambios en el texto. Pero el 2 de enero de 1889 Nietzsche telegrafió y escribió una nota al editor en la que consideraba que había transcurrido el momento idóneo de aparición del opúsculo y volvía a alentar la publicación de *Ecce homo*. Esta autobiografía, como veremos, ya contenía de hecho lo esencial que deseaba transmitir aquel librito. Un día después se produjo el derrumbamiento psíquico del filósofo. Por tanto, si esa nota se interpreta como la última decisión lúcida y responsable de Nietzsche sobre sus escritos, entonces el opúsculo antiwagneriano debe considerarse ya un *escrito póstumo*, si bien con las características especiales de haber sido preparado para la imprenta y haber sufrido una primera corrección parcial por parte de su autor. De hecho, su fiel amigo Franz Overbeck lo encontró en la pensión turinesa donde se alojaba con las pruebas de imprenta sobre la mesa, unas galeradas que no estaba en condiciones de releer. Ahora bien, si se admite, por el contrario, la existencia de documentos anteriores a dicha nota que delatan con claridad la huella de la locura —como, por ejemplo, la carta a Köselitz del 31 de diciembre de 1888—, entonces *Nietzsche contra Wagner* sería su último escrito. Puede resultar útil añadir aquí que los rápidos y tensos acontecimientos que acabaron con su frágil equilibrio mental guardan relación con un proyecto editorial que también había alentado él mismo por aquellas fechas, a saber, la edición de un libro, titulado *Der Fall Nietzsche* [*El caso Nietzsche*], que hubiera reunido dos textos en su favor, redactados por Carl Fuchs y por Heinrich Köselitz.

* * *

¿Qué sentido tienen esos dos escritos antiwagnerianos, un panfleto y una antología revisada de textos, con dinamita capaz de derrumbar un monumento de granito? Las páginas de la particular autobiografía de Nietzsche, cuya escritura y publicación se entrecruzaron hasta el final, no deberían leerse como si no guardaran una relación íntima con ellos. Por el contrario, conviene captar la unidad integral que forman esos tres escritos de los últimos meses de lucidez del filósofo, llenos de referencias complementarias e incluso de apartados que, dadas las premuras y dificultades de su última revisión, forman parte de pleno derecho del texto final tanto de *Ecce homo* como de *Nietzsche contra Wagner*. En sintonía con esta idea, se puede afirmar que el apartado 7 de la sección «Por qué soy tan sabio» de *Ecce homo* —redactado, como ya indicó D. Borchmeyer, a modo de explicación y justificación de ambos opúsculos wagnerianos—, constituye una excelente introducción general a dichos escritos. En el citado apartado, Nietzsche ofrece un explícito reconocimiento de su *talante agonal* de raigambre griega, pues afirma que él es belicoso por naturaleza: atacar forma parte de sus instintos, ser enemigo presupone una naturaleza fuerte que necesita resistencias y por eso las busca, porque el *pathos* agresivo es inherente a la fuerza. Lo que añade, a continuación, se entiende muy bien si pensamos en Wagner como adversario:

> «La fortaleza del agresor halla una especie de *medida* en el tipo de oponente del que tiene necesidad; todo crecimiento se delata en la búsqueda de un oponente — o de un problema — más poderoso: pues un filósofo que sea combativo reta también a duelo a los problemas. La tarea *no* consiste en dominar resistencias en general, sino en dominar aquéllas frente a las que ha habido que recurrir a toda la propia fuerza, agilidad y maestría en el manejo de armas — consiste en dominar a oponentes que sean nuestros *iguales*... Igualdad con el enemigo — primer presupuesto para

un duelo *justo*. Donde se desprecia, no se *puede* hacer la guerra; donde se manda, donde se considera que algo está por debajo de uno, no *hay que* hacer la guerra».

El texto prosigue con la enumeración de los cuatro principios que rigen la praxis bélica nietzscheana. Primero: únicamente ataca causas que son victoriosas. Segundo: ataca causas ahí donde no va a encontrar aliados y se encontrará solo, comprometiéndose únicamente a sí mismo. Tercero: no ataca nunca a personas, se sirve de ellas como de una poderosa lente de aumento mediante la que puede visibilizar una situación crítica generalizada, pero escurridiza y poco comprensible. Así es como atacó a David Strauss en la *Primera Intempestiva*, y así es como ha atacado a Wagner, es decir, ha atacado la falsedad, la inconsistencia de los instintos de nuestra «cultura», que confunde a los refinados con los ricos, a los epígonos con los grandes. Y, cuarto: solo ataca causas cuando está excluido todo tipo de discrepancia personal, cuando falta todo trasfondo de malas experiencias. Por el contrario, atacar supone para él una prueba de benevolencia y, en determinadas circunstancias, de gratitud. Nietzsche honra y distingue una causa o una persona al vincular su nombre a estas, tanto da que sea a favor o en contra. A partir de tales premisas, el combate sin cuartel que sus opúsculos antiwagnerianos llevan a cabo adquiere unas connotaciones suprapersonales que posibilitan y reclaman una lectura más objetiva y más filosófica.

* * *

En síntesis y como conclusión, ¿qué pensaba Nietzsche de Wagner? Podría deducirse, en un primer momento, que lo consideraba el prototipo del romanticismo decadente, de la impostura y la teatralidad, del chovinismo y la santurronería, del idealismo y el hegelianismo, pero dicho juicio sería limitado, estaría escorado y delataría parcialidad, pues olvidaría todo aquello que, en imprescindible contrapunto, van desgranando las confesiones íntimas que aparecen aquí y allá en varios apartados de su autobiografía. La afinidad personal entre el músico y el filósofo se evidencia en diversas facetas, comenzando por el rechazo del régimen vegetariano, que Nietzsche abandonó a instancias de Wagner y a través de su propia experiencia comprobó que tal régimen no era el más indicado para su peculiar naturaleza creativa. Por otra parte, pese a las invectivas contra las mujeres wagnerianas, consideradas a veces como prueba de la misoginia del filósofo, sobresale la rendida admiración que profesó a la esposa del compositor: «Creo solamente en la cultura francesa y considero un malentendido todo lo demás que en Europa se denomina "cultura", por no hablar de la cultura alemana… Los pocos casos de alta cultura que he encontrado en Europa eran todos ellos de procedencia francesa, ante todo, la señora Cosima Wagner, con diferencia la primera voz que he oído en cuestiones de gusto…». Otro ejemplo: «Únicamente hay un caso en el que reconozco a mi igual —lo confieso con profunda gratitud—. La señora Cosima Wagner es, con diferencia, la naturaleza más aristocrática; y, para no decir una palabra de menos, añadiré que Richard Wagner ha sido, con diferencia, el hombre más afín a mí… El resto es silencio…». En ambos casos hallamos un incontestable reconocimiento de parentesco espiritual, de afinidad electiva y de alianza fraternal.

También podemos encontrar otros pasajes, como la expresa admiración por el *Idilio de Sigfrido*, que insisten en esta valoración positiva y permiten situar en la perspectiva adecuada ciertos juicios de nuestro autor —como sus exaltadas alabanzas, por citar un caso emblemático, a *Carmen* de Bizet—, desmintiendo las acusaciones de que a menudo ha sido objeto en relación con el supuesto resentimiento o el pretendido rencor subyacente a la dureza de sus controvertidos opúsculos antiwagnerianos:

> «Ahora que estoy hablando de las recreaciones de mi vida —dice en el aforismo 5 de "Por qué soy tan inteligente" de *Ecce homo* [OC IV, pp. 802-803]—, tengo necesidad de decir unas palabras para expresar mi agradecimiento a aquello que, con diferencia, me ha proporcionado una recreación de la manera más profunda y cordial. Esto ha sido, sin ninguna duda, el trato íntimo con Richard Wagner. Doy

por poca cosa el resto de mis relaciones humanas; por nada del mundo querría, en cambio, apartar de mi vida los días de Tribschen [...]. No tengo argumentos, tengo simplemente una mueca de desprecio contra los wagnerianos *et hoc genus omne* [y toda esa gente] que se figura honrar a Wagner porque lo encuentran semejante a *ellos*... Puesto que soy ajeno, en lo que son mis más profundos instintos, a todo cuanto es alemán, hasta el punto de que la proximidad de un alemán ralentiza mi digestión, el primer contacto con Wagner fue también el primer respiro de aire libre en mi vida: lo sentí, lo veneré como *tierra extranjera*, como antítesis, como viva protesta contra todas las virtudes alemanas [...]. ¡Y bien! Wagner era un revolucionario — huía de los alemanes [...]. El alemán es bonachón — Wagner no lo era en absoluto [...]. ¿Lo que nunca le he perdonado a Wagner? Que *condescendiera* con los alemanes — que se convirtiera en un alemán del *Reich*...».

«Sopesándolo todo —añade Nietzsche a continuación en el aforismo 6 del citado apartado de su autobiografía [OC IV, pp. 803-804]—, yo no habría soportado mi juventud sin música wagneriana. Pues estaba condenado a los alemanes. Cuando uno quiere liberarse de una presión insoportable, necesita hachís. Pues bien, yo necesitaba a Wagner. Wagner es el antídoto *par excellence* [por excelencia] contra todo lo alemán — veneno él mismo, no lo niego... Desde el instante en que hubo una partitura para piano del *Tristán* [...] — fui wagneriano [...]. Aún sigo buscando hoy día una obra de una fascinación tan peligrosa, de una infinitud tan estremecedora y dulce como el *Tristán* — busco en vano entre todas las artes. Todas las rarezas de Leonardo da Vinci pierden su magia al primer acorde del *Tristán*. Esta obra es definitivamente el *non plus ultra* [no más allá] de Wagner [...]. Considero una suerte de primer rango el haber vivido en el momento oportuno y el haberlo hecho precisamente entre alemanes, a fin de estar *maduro* para esta obra [...]. Pienso que conozco mejor que nadie qué cosas formidables es capaz de llevar a cabo Wagner, los cincuenta mundos de extraños embelesos para cuyo acceso nadie, excepto él, ha tenido alas; y como soy lo bastante fuerte como para convertir en ventajoso para mí hasta lo más problemático y peligroso, fortaleciéndome así aún más, llamo a Wagner el gran benefactor de mi vida. Aquello en lo que somos afines, el hecho de haber sufrido, también el uno por el otro, con mayor hondura de lo que hombres de este siglo serían capaces de sufrir, volverá a unir nuestros nombres eternamente [...]».

Deseamos acabar esta introducción siguiendo el ejemplo de Borchmeyer y Salaquarda, que recomiendan transcribir el sueño más hermoso confesado por Nietzsche sobre la relación que le unió a Wagner y sobre la única posibilidad que les quedaba de mantener su amistad, proyectándola sobre el firmamento como fragmentos de órbitas compartidas. Por ello, y ante ciertos pasajes muy abruptos y despectivos de sus legados, merece que perdure en el recuerdo esta especie de invisible frontera que el filósofo procuró no traspasar, esta prosa poética que honra su lealtad, este testimonio de su gran nobleza:

«*Amistad estelar*.   Éramos amigos y nos volvimos extraños. Pero está bien así, y no nos lo queremos disimular y encubrir como si tuviéramos que avergonzarnos de ello. Somos dos navíos, cada uno de los cuales tiene su meta y su rumbo; seguramente podemos cruzarnos y celebrar juntos una fiesta, como lo hemos hecho, — y los buenos navíos descansaban entonces tan calmos en un mismo puerto y bajo un mismo sol que podía parecer que ya estaban en su meta y que habían tenido una meta. Pero entonces, la todopoderosa fuerza de nuestra tarea nos volvía a separar hacia diferentes mares y soles diversos, y quizá no nos volvamos a ver nunca, — o quizá sí nos veamos, pero no lleguemos a reconocernos: ¡pues los diferentes mares y soles nos habrán cambiado! Que tengamos que volvernos extraños es la ley que está *por encima* de nosotros: ¡precisamente por eso nos debemos inspirar mayor respeto! ¡Precisamente por eso el pensamiento de nuestra anterior amistad debe volverse más sagrado! Es probable que haya una curva y una órbita estelar enorme e invisible en la que pueden *incluirse* como pequeños trayectos nuestros caminos y metas tan diferentes, — ¡elevémonos a este pensamiento! Pero nuestra vida es demasiado corta y nuestra capacidad visual demasiado reducida como para que podamos ser más que amigos en el sentido de aquella sublime posibilidad. —Y así, *creamos* en nuestra amistad estelar, incluso si tuviéramos que ser enemigos terrenales» [Aforismo 279 de *La gaya ciencia*, OC III, p. 831].

* * *

En la preparación de esta nueva edición de los *Escritos sobre Wagner* de Friedrich Nietzsche, deseo agradecer la ayuda que Diego Sánchez Meca y Guillem Calaforra me han proporcionado en la disponibilidad de los archivos de varios textos. También quiero expresar mi gratitud por las detalladas revisiones que Francisco López, Guillem Calaforra y Josep J. Conill han tenido la amabilidad de llevar a cabo con pulcritud y profesionalidad. De nuevo, por lo que respecta a mis conocimientos sobre Wagner, mi deuda con Enrique Gavilán —nuestro máximo conocedor de la obra de este gran artista, como bien demuestran sus excelentes libros y conferencias— es cada vez mayor. Conste aquí mi amistad y mi reconocimiento para con todos ellos.

Joan B. Llinares

València, abril-junio de 2025

EXHORTACIÓN A LOS ALEMANES

Queremos que se nos escuche, pues hablamos como augures y la palabra del augur, sea éste quien sea y resuene su voz donde resuene, siempre tiene el derecho a manifestarse; vosotros, a quienes se dirige ese mensaje, tenéis en contrapartida el derecho de decidir si queréis tomar a vuestros augures por hombres sinceros y juiciosos que no elevan su voz por otros motivos sino porque estáis en peligro y ellos están horrorizados de encontraros tan mudos, tan indiferentes y tan desprevenidos. No obstante, estamos legitimados para testimoniar de nosotros mismos que os hablamos con el corazón en la mano y que, al hacerlo, no deseamos ni buscamos sino aquello que es tan genuinamente nuestro como lo es también vuestro, — a saber, la prosperidad y el honor del espíritu alemán y del nombre alemán.

Se os anunció la fiesta celebrada en *Bayreuth* en mayo del año pasado: en ese lugar se depositó una poderosa piedra fundacional bajo la cual enterramos para siempre muchos temores; con ella creímos que nuestras más nobles esperanzas alcanzaban una victoria definitiva — o, más bien, como hoy lo hemos de decir con más precisión, con ella imaginamos que esas esperanzas obtenían la victoria. Porque ¡ay!, en tales imaginaciones había mucha ilusión: todavía están vivos ahora aquellos temores; y aunque nosotros tampoco nos hayamos olvidado en modo alguno de tener esperanzas, nuestra presente exhortación y llamada de auxilio bien da a entender que en nosotros predomina el miedo por encima de la esperanza. Sois vosotros, sin embargo, aquello a lo que apunta nuestro temor: es posible que no deseéis saber nada de lo que ha sucedido y quizá por mera ignorancia queráis impedir que alguna cosa suceda. No obstante, hace ya mucho tiempo que ser tan ignorantes carece de sentido; más aún, incluso parece casi imposible que alguien todavía ahora lo continúe siendo después de que el grande, valiente, indomable e irresistible luchador *Richard Wagner* se haya hecho responsable durante décadas, ante la expectante atención de casi todas las naciones, de esas ideas a las que en su obra de arte de Bayreuth ha dado la última y suprema forma y una consumada perfección en verdad triunfal. Si aun ahora le impidierais que ni tan siquiera desenterrase el tesoro que tiene la voluntad de regalaros: ¿qué beneficio pensáis que con ello habríais conseguido? Esto justamente se os ha de repetir una y otra vez de manera pública y apremiante para que sepáis qué sucede en nuestros días y para que ya no vuelva a estar nunca más en vuestras manos la opción de representar el papel de ignorantes. Porque desde este momento todas las otras naciones serán testigos y jueces del espectáculo que ofrezcáis; y en su espejo podréis volver a encontrar de manera aproximada vuestra propia imagen, con los mismos trazos con los que algún día os la mostrará con toda justicia la posteridad.

Supongamos que con ignorancia, con desconfianza, con artimañas, burlas y calumnias lograrais que el edificio que se eleva sobre la colina de Bayreuth se convirtiese en inútiles ruinas; supongamos que con impaciente mala voluntad ni siquiera permitierais que se tornara realidad la obra ya perfectamente acabada, ni consintierais que ésta produjese su efecto y que diera testimonio de sí misma: en tal caso tendréis que sentir temor ante el juicio de aquella posteridad de igual modo en que os habréis de avergonzar ante los ojos de esos contemporáneos vuestros que no son alemanes[1]. Si en Francia o en Inglaterra o en Italia un

---

[1] Para confeccionar este escrito, Nietzsche tuvo delante el discurso pronunciado por el propio Wagner el 23 de mayo de 1872 con motivo del inicio

hombre, después de haberles regalado a los teatros, a despecho de todos los poderes y pareceres públicos, cinco obras de un estilo particularmente grande y poderoso, las cuales de norte a sur no cesan de ser reclamadas y aplaudidas, — si un hombre de tales características proclamase lo siguiente: «¡Los teatros que ahora existen no están en consonancia con el espíritu de la nación y, considerados como arte público, son una deshonra! ¡Ayudadme a prepararle un habitáculo al espíritu nacional!», ¿no se pondría toda la nación a prestarle auxilio, aunque sólo fuese — por sentido del honor? ¡Sin la menor duda! En tal caso, y para evitar la maledicencia, no sólo actuaría con premura el sentido del honor, ni sólo reaccionaría con urgencia el temor ciego; si se diera esa situación, vosotros podríais compartir los sentimientos, las enseñanzas y la sabiduría, podríais regocijaros desde lo más profundo de vuestro corazón, participando de la alegría de decidiros a colaborar. Todas vuestras ciencias estarán generosamente provistas de costosos laboratorios: ¿y vosotros queréis manteneros al margen, sin mover ni un solo dedo, cuando se le tenga que construir al emprendedor y osado espíritu del arte alemán un taller semejante? ¿Podéis nombrar un momento cualquiera de la historia de nuestro arte en el que hayan necesitado una solución problemas más importantes, un momento en el que se haya presentado una oportunidad con más posibilidades de llevar a cabo experiencias fecundas, que el momento actual, en el cual la idea que Richard Wagner ha llamado la «obra de arte del futuro» debe lograr viva presencia bien visible? ¡Quién podría ser lo bastante temerario para querer siquiera imaginar — ese movimiento de ideas, de acciones, de esperanzas y talentos que se iniciará con esa obra, de manera que, ante los ojos afines de sabios representantes del pueblo alemán, el colosal edificio de cuatro torres de los Nibelungos se levante del suelo siguiendo el ritmo que sólo es posible aprender de su creador, ese movimiento que surgirá hacia espacios abiertos de máximo alcance, de suma fecundidad y de pletórica esperanza! Y, en cualquier caso,

---

de los trabajos del *Festspielhaus* de Bayreuth, y otro escrito de Emil Heckel de características similares a éste que le encargaron redactar. Véase la carta a Heckel de 19 de octubre de 1873.

el iniciador de semejante movimiento no tendría toda la responsabilidad si la ola hubiera de comenzar enseguida a descender y la superficie tuviera que volver a estar en calma, como si nada hubiese ocurrido. Pues si nuestra primera preocupación ha de ser que la obra pueda llevarse a cabo y cobre realidad, ciertamente, como segunda preocupación, y con un peso no menor, también nos oprime la duda de si tendremos bastante madurez, suficiente preparación y la receptividad adecuada para encauzar el de todos modos descomunal e inmediato efecto en la amplitud y en la profundidad que le corresponden.

Creemos haber notado que, en cualquier sitio en el que Richard Wagner haya causado escándalo o acostumbre provocarlo, allí hay escondido un problema grande y fecundo de nuestra cultura; ahora bien, aunque ese escándalo no haya dado lugar sino a oscuras críticas y burlas, y sólo muy rara vez haya servido para reflexionar, ello nos sugiere en ocasiones la humillante sospecha de si quizá el famoso «pueblo de los pensadores» ya haya dejado de pensar y acaso haya trocado el pensamiento por la arrogancia. A cuántos discursos llenos de malentendidos hay que replicar tan sólo para prevenir que no se confunda el acontecimiento de Bayreuth de mayo de 1872 con la fundación de un nuevo teatro y para, por otra parte, explicar por qué al sentido de aquella empresa no le puede corresponder ninguno de los teatros existentes: cuántos esfuerzos cuesta conseguir que quienes están ciegos, sea intencionadamente o sin habérselo propuesto, vean con claridad que bajo el nombre de «Bayreuth» no sólo hay que tener en cuenta una determinada cantidad de personas, algo así como un partido con apetencias musicales específicas, sino a toda la nación, e incluso que más allá de las fronteras de la nación alemana se está llamando para que participen de manera seria y activa a todos a quienes les importa de corazón el ennoblecimiento y la purificación del arte dramático, los cuales han entendido el maravilloso presentimiento de Schiller de que quizá un día a partir de la ópera la tragedia se desarrollará en una figura más noble. Quien todavía no se haya olvidado de ejercer al menos su capacidad de pensar — aun cuando sólo sea por sentido del honor —, ése tiene que sentir y proteger una empresa artística en cuanto fenómeno *moral* digno de ser pensado, una empresa a la que le da soporte en este grado la voluntad altruista y dispuesta al sacrificio de todos los participantes, y a la cual convierte en sagrada la profesión de fe seriamente expresada por ellos mismos, a saber: que piensan de un modo digno y sublime respecto al arte alemán y, sobre todo, que esperan de la música alemana y de su acción transfiguradora sobre el drama popular el acicate más importante de una vida original, acuñada con rasgos alemanes. Tengamos fe, por tanto, incluso en algo más elevado y más universal: el alemán sólo aparecerá ante las otras naciones como digno de veneración y portador de salvación cuando haya mostrado que es temible y que, sin duda, *mediante extrema tensión de sus más altas y nobles fuerzas artísticas y culturales quiere hacer olvidar que era de temer*[2].

Hemos pensado que teníamos el deber de recordar en este momento esta nuestra tarea alemana, y que habíamos de cumplirlo precisamente ahora, cuando hemos de exigir que con todas las fuerzas se ofrezca soporte a una gran acción artística del genio alemán. Dondequiera que se hayan mantenido en nuestra agitada época centros de seria reflexión, de allí esperamos escuchar una voz amable y llena de simpatía; en particular, no se convocará en vano a las Universidades, Academias y Escuelas de Bellas Artes de Alemania para que, de manera individual o colectiva, se declaren de acuerdo con el apoyo exigido: como asimismo los representantes políticos de la prosperidad alemana en el Parlamento y en las Dietas regionales tendrán una importante ocasión de considerar que el pueblo está ahora más necesitado que nunca de purificación y de consagración mediante la magia y el pavor sublimes del genuino arte alemán, a no ser que los impulsos fuertemente excitados de la pasión política y nacional, y los rasgos que hemos descrito de la fisonomía de nuestra vida a la caza de la felicidad y del placer, hagan que nuestros descendientes hayan de confesar que nosotros, los alemanes, comenzamos a perdernos a nosotros mismos cuando por fin nos habíamos vuelto a encontrar.

---

[2] Referencia indirecta a la guerra franco-alemana de 1870-1871, en la que el propio Nietzsche tuvo una breve intervención como auxiliar de enfermería.

RICHARD WAGNER EN BAYREUTH
(CONSIDERACIÓN INTEMPESTIVA IV)

1[1]

Para que un acontecimiento tenga grandeza han de confluir en él dos factores: que tengan un sentido grande aquellos que lo lleven a cabo y que también lo posean quienes lo estén viviendo. Ningún acontecimiento tiene grandeza en sí mismo, aunque desaparezcan constelaciones enteras, se hundan pueblos, se produzca la fundación de extensos Estados y se sostengan guerras con enormes fuerzas y pérdidas: sobre muchas cosas de esa categoría pasa el soplo de la historia como si se tratase de copos. Incluso a veces ocurre también que una persona poderosa aseste un golpe que, al dar contra una piedra de granítica dureza, se desvanezca sin efecto alguno; una breve resonancia estridente, y todo se acabó. De tales acontecimientos, que se podrían denominar truncados, tampoco sabe la historia transmitir casi nada. Así, a quien ve acercarse un acontecimiento le sobrecoge la preocupación por si quienes lo viven tendrán la

---

[1] Cfr. FP II 1.ª, 11 [44]; 11 [34] y 11 [43].

dignidad que requiere. Cuando uno actúa, sea en algo muy pequeño o en algo sumamente grande, cuenta siempre con esta correspondencia entre acción y receptividad, y se propone alcanzarla; y quien está dispuesto a dar alguna cosa ha de esforzarse por encontrar a aquellos receptores que estén a la altura del sentido de su obsequio. Por eso precisamente incluso la acción individual de una persona grande también carece de toda grandeza si es una acción breve, torpe y estéril; pues en el instante en que la estuvo realizando tuvo que haberle faltado en cualquier caso el profundo discernimiento de que esa acción era necesaria justamente en ese preciso momento: no se propuso alcanzarla con suficiente agudeza, ni encontró ni escogió el momento con bastante determinación: el azar lo dominó, puesto que ser grande y tener sentido de la necesidad están en estricta correspondencia.

Así pues, a quienes se cuestionan incluso el sentido que Wagner tiene de lo necesario haremos bien en dejarles la tarea de preocuparse y de dudar sobre si lo que ahora acontece en Bayreuth sucede en el instante adecuado y si es necesario. A nosotros, que tenemos mucha más confianza, ha de parecernos que él cree en la grandeza de su acción no menos que en el sentido grande que poseen los que deben vivirla. De lo cual han de estar orgullosos todos aquellos a quienes se impone esta fe, sean muchos o pocos — pues que no afecta a todos, que esa fe no se impone a toda nuestra época, ni siquiera a todo el pueblo alemán tal como éste se manifiesta en el presente, eso él mismo nos lo ha dicho en aquel discurso solemne del 22 de mayo de 1872, y no hay nadie entre nosotros que, intentando consolarle, tenga derecho a rectificarlo precisamente en este punto. «Sólo les tenía a Ustedes, los amigos de mi arte particular, de mi crear y actuar más propios, dijo él entonces, si quería dirigirme a quienes participan de mis proyectos: sólo de Ustedes podía solicitar su ayuda para mi obra con el fin de poder presentarla pura y sin adulteraciones ante aquellos que evidenciaban su sincera inclinación a mi arte, aunque hasta ahora de éste tan sólo hayan podido tener una presentación impura y adulterada»[2].

No hay duda alguna de que en Bayreuth también el espectador merece que le contemplemos. Un espíritu sabio y amante de las consideraciones que pasara de un siglo a otro para comparar las incitaciones memorables de la cultura tendría allí muchas cosas que contemplar; habría de sentir que en esa ciudad se hallaba de repente en unas aguas templadas, como quien nada en un lago y se aproxima a la corriente de un manantial: éste ha de brotar de otros fondos más profundos, se diría él, el agua del entorno no nos lo explica y esa misma agua es, en cualquier caso, de origen más superficial. De este modo a todos los que visitan el festival de Bayreuth se les considerará personas intempestivas: tienen su patria en un lugar que no es el que corresponde a su tiempo y hallan en otra parte tanto lo que las explica como lo que las justifica. Cada vez se me ha vuelto más claro que el individuo que está «formado», en la medida en que es por entero y por completo el fruto de nuestro presente, sólo mediante la parodia puede acercarse a todo lo que Wagner hace y piensa — pues ya ha sido parodiado tanto el conjunto de su obra como cada uno de sus elementos constitutivos — y que únicamente quiere permitirse ver el acontecimiento de Bayreuth iluminado también por la luz de la linterna muy poco mágica de nuestros insulsos periodistas. ¡Y suerte si se queda en parodia! En ella se descarga un espíritu de extrañamiento y de hostilidad que todavía podría escoger medios y vías diferentes por completo, como tampoco ha dejado de hacer en otras ocasiones. Esa extraordinaria violencia y tensión entre polos antitéticos la percibiría asimismo aquel espíritu sabio dedicado a considerar la cultura. Que un individuo en el transcurso de una vida humana ordinaria pueda presentar algo ra-

---

[2] Véase *Das Bühnenfestspielhaus zu Bayreuth* [*El teatro del Festival de Bayreuth*] (1873), en R. Wagner, *Dichtungen und Schriften. Jubiläumsausgabe in zehn Bänden*, ed. de Dieter Borchmeyer, tomo 10, Frankfurt a. M., Insel, 1983, pp. 21-44. El pasaje citado se encuentra en la p. 28 y, pese al hábito nietzscheano de servirse de la memoria a la hora de citar, en esta ocasión la literalidad es exacta, excepto algún detalle ortográfico insignificante.

dicalmente nuevo, eso puede irritar, en efecto, a todos aquellos
que tienen una confianza ciega en el carácter paulatino de toda
evolución, como si esa parsimonia fuese una especie de ley
moral: ellos mismos son lentos y exigen lentitud — y he aquí
que ahora ven a alguien muy veloz, no se explican cómo lo
consigue y acaban siendo malignos con él. De una empresa de
las características de la de Bayreuth no había ningún tipo de
síntomas precursores, ni hubo transiciones ni tampoco media-
ciones de ninguna clase; el largo camino que conducía a la
meta, así como la meta misma, no los conocía nadie, excepto
Wagner. Ha sido esta empresa la primera circunnavegación en
el campo del arte: en la cual, por lo que parece, se descubrió
no sólo un arte nuevo, sino el arte mismo. Todas las artes modernas que ha habido hasta ahora, bien sea en cuanto artes
solitarias y atrofiadas o en cuanto artes determinadas por el
lujo, con la existencia de dicha empresa han perdido la mitad de su valor; incluso los vacilantes y mal conjuntados recuer-
dos de un arte verdadero que nosotros los modernos teníamos
en nuestra memoria gracias a los griegos, desde este momento
deben quedar en suspenso mientras no sean capaces de brillar
ahora ellos mismos a la luz de una nueva comprensión[3]. A
muchas cosas acaba de llegarles la hora de que mueran; este arte
nuevo es un vidente que no ve solamente artes a punto de
hundirse en su ocaso. Su mano exhortatoria tendrá que pare-
cerle muy siniestra a todo nuestro actual sistema de formación
desde el instante en que enmudezca la risa que provocan sus
parodias: ¡que tenga, pues, todavía un poco de tiempo para
disfrutar y reír!

¡En cambio, nosotros, los discípulos del arte resucitado, tendremos tiempo y voluntad para la seriedad, para la profunda y
sagrada seriedad! Las palabras y el barullo que la formación

---

[3] Nietzsche se sirve en todos estos comentarios de ideas wagnerianas muy
conocidas por los lectores de los ensayos del compositor. Sobre las artes aisladas
y solitarias de la modernidad, en contraste con la requerida obra de arte integral;
sobre el pernicioso influjo del lujo y sobre la decisiva importancia del arte
griego clásico que todavía perdura en el recuerdo, véase, por ejemplo, R. Wagner, *La obra de arte del futuro*, ed. de J. B. Llinares y F. López, Valencia, Publicacions
de la Universitat de València, 2000, pp. 51-125.

existente hasta ahora ha producido sobre el arte los hemos de sentir en estos momentos como una desvergonzada impertinencia; todo nos obliga a guardar silencio, un silencio pitagórico de cinco años de duración. ¡Quién de nosotros no se ha manchado las manos y el corazón en el repugnante culto a los ídolos de la formación moderna! ¡Quién no está necesitado del agua que lo purifique, quién no oyó la voz que lo exhortase con este mensaje: ¡Guardar silencio y ser puro! ¡Guardar silencio y ser puro! Sólo si escuchamos esa voz seremos también partícipes de la mirada grande con la que dirigiremos nuestros ojos hacia el acontecimiento de Bayreuth: y sólo en esta mirada se encuentra el *futuro grande* de ese acontecimiento.

En aquel día de mayo del año 1872, cuando bajo una lluvia torrencial y un cielo encapotado se colocó la piedra fundacional en la colina de Bayreuth, Wagner regresó en coche a la ciudad con algunos de nosotros, en el trayecto guardaba silencio y dirigía sus ojos hacia sí mismo con una prolongada mirada que no se podría describir con palabras. Cumplía ese día los 60 años de edad: todo lo precedente era la preparación para ese momento. Se sabe que hay humanos que, en instantes de peligro excepcional o al tomar en absoluto una decisión importante para sus vidas, condensan todo lo que han vivido mediante una visión interior infinitamente acelerada y reconocen de nuevo con agudeza muy singular tanto lo más reciente como lo más lejano. ¿Qué puede haber visto Alejandro Magno en aquel instante en el que llevó a Asia y a Europa a beber de una misma copa? Sin embargo, lo que Wagner vio en su interior aquel día — cómo llegó a ser quien es, qué es él actualmente, y qué es lo que será de él —, nosotros, sus más allegados, también lo podemos volver a ver hasta cierto punto: y sólo desde esa mirada wagneriana podremos comprender su grande acción misma — *para, mediante esta comprensión, garantizar su fecundidad.*

2^4

Sería raro que aquello que a uno más le gusta hacer y que mejor hace no se evidenciara también a su vez en la configuración entera de su vida; más aún, en personas de aptitud sobresaliente su vida llega a ser no sólo una copia de su carácter, como sucede con todo el mundo, sino también y sobre todo una fiel imagen de su intelecto y de aquella facultad de éste que le es más propia. La vida del poeta épico llevará consigo algo de la epopeya — como, dicho sea de paso, sucede con Goethe, en quien los alemanes, de modo muy errado, suelen ver ante todo al lírico —, y la vida del dramaturgo transcurrirá dramáticamente.

Lo dramático en el llegar a ser de Wagner[5] es imposible de ignorar desde el instante en que la pasión que en él predominaba se hace consciente de sí misma y concentra toda la naturaleza de su persona: pues entonces finaliza el tantear, el andar vagando, la proliferación de excrecencias, y en los más intrincados caminos y cambios, en el curvo proyecto, a menudo arriesgado, de sus planes impera una única legalidad interior, una voluntad a partir de la cual todos ellos son explicables, por muy sorprendentes que muchas veces parezcan estas explicaciones. Ahora bien, hubo una fase predramática en la vida de Wagner, la de su infancia y juventud, y no es posible abordarla sin tropezar con enigmas. Él *mismo* parece que todavía no está anunciado en modo alguno; y aquello que ahora, mirando en retrospectiva, quizá se podría comprender como unos anuncios, sin duda se revela por lo pronto como un conjunto de propiedades que, más que producir esperanzas, han de provocar vacilaciones: un espíritu de inquietud, de excitabilidad, una precipitación nerviosa en la captación de cien cosas diferentes, un apasionado encontrarse a gusto en estados de ánimo exaltados y casi enfermizos, una brusca inversión que va desde instantes

---

[4] Cfr. FP II 1.ª, 11 [42]; 11 [27] y 12 [10].
[5] Véase la carta de Nietzsche a Wagner del 24 de mayo de 1875, en la que se dice lo siguiente: «Cuando pienso en su vida, siempre tengo la sensación de que tiene un curso dramático...».

de la más entrañable paz anímica hasta lo violento y estridente. No le limitaba la práctica rigurosa, hereditaria y familiar, de
un arte determinado: la pintura, la poesía, el teatro y la música
le resultaban tan próximos como la educación y el futuro de
los doctos; quien lo mirase de forma superficial podría opinar
que había nacido para ser un diletante. El pequeño mundo en
cuya órbita creció no era de tal especie que pudiéramos de-
searle a un artista que hubiera tenido la suerte de un hogar con
semejantes características. Le acechaba el peligroso deleite de
la degustación espiritual, de la misma manera que también lo
hacía esa arrogancia asociada al saber plural y heterogéneo que
es frecuente en lugares habitados por doctos; su sensibilidad se
excitaba con facilidad, pero no se satisfacía a fondo; por lejos
que planease el ojo del muchacho, se veía circunscrito por una
personalidad curiosamente sabihonda, aunque emprendedora,
en relación con la cual el teatro multicolor contrastaba de forma ridícula y el emocionante sonido de la música se le oponía
de una manera inconcebible. Así pues, al experto en hacer
comparaciones le llama la atención en realidad que precisamente la persona moderna, si ha recibido el don de un elevado
talento, en su infancia y juventud muy rara vez pueda tener el
atributo de la ingenuidad, el atributo de la sencilla peculiaridad
y mismidad, y que, si ése es el caso, lo tenga en mínima medida; más bien aquellos individuos excepcionales que, como
Goethe y Wagner, consiguen llegar en fin de cuentas a la ingenuidad, siempre la poseen sobre todo en cuanto adultos más
que cuando todavía están en la edad de los niños y los adolescentes. Al artista, a quien le es innata en particular medida la
fuerza imitativa, le ha de atacar de manera especial, como una
virulenta enfermedad infantil, la raquítica índole polifacética
de la vida moderna; de muchacho y adolescente se parecerá a
un viejo más que a su propio sí mismo. La imagen primordial
admirablemente exacta del adolescente, a saber, Siegfried en *El
anillo del nibelungo*, sólo pudo crearla un hombre, pero un hombre que tan sólo ha encontrado su propia juventud de modo
tardío. Su edad adulta, como la juventud de Wagner, también
le llegó tarde, de manera que, por lo menos en este punto, él
es la antítesis de una naturaleza que se anticipa.

El drama de su vida también comienza tan pronto como se inicia su virilidad espiritual y moral. ¡Y qué distinto es ahora el panorama! Su naturaleza aparece simplificada de manera tremenda, desgarrada en dos impulsos o esferas. En el fondo se agita en raudo torrente una impetuosa voluntad que, por decirlo así, a través de todas las sendas, grutas y gargantas quiere salir a la luz y reclama poder. Tan sólo una fuerza completamente pura y libre podría indicarle a esa voluntad un camino hacia lo bueno y lo benéfico; unida a un espíritu estrecho, una tal voluntad, con su ilimitada apetencia tiránica, hubiera podido resultar fatal; y, en todo caso, pronto tenía que haber una vía hacia lo libre, y a esa ruta se le añadirían el aire claro y la luz del sol. Un vehemente afán que una y otra vez tenga la oportunidad de contemplar su propio fracaso nos hace perversos; la insuficiencia puede radicar a veces en las circunstancias, en lo inexorable del destino, no en la falta de fuerzas: pero aquel que, pese a esta insuficiencia, no pueda prescindir de su afán, en cierto modo se degrada, y se hace entonces irritable e injusto. Quizá busque en los demás las causas de su frustración, incluso es posible que acuse a todo el mundo con odio lleno de pasión; tal vez vaya también obcecado por desvíos y sendas clandestinas, o cometa actos de violencia: sucede así, en efecto, que naturalezas buenas se embrutezcan camino de lo mejor. Hasta entre quienes intentan conseguir su propia purificación moral, entre ermitaños y monjes, se encuentran tales personas embrutecidas y totalmente presas de las enfermedades, socavadas y carcomidas por su frustración. Fue entonces cuando le habló a Wagner un espíritu amoroso, un espíritu que alentaba con bondad y dulzura suaves en extremo, al que le son odiosas tanto las acciones violentas como la autodestrucción, y que no quiere ver a nadie encadenado. Se posó sobre él y le cubrió con sus alas, consolándole, y le señaló el camino[6]. Pasemos

---

[6] La metáfora del ángel bueno, que guarda al futuro músico-poeta Wagner y lo convierte de hecho en un verdadero artista, procede del propio compositor, véase R. Wagner, *Eine Mittheilung an meine Freunde* [*Una comunicación a mis amigos*], ed. cit., tomo 6, 1851, p. 236.

ahora a dar una mirada a la otra esfera de la naturaleza de Wagner: pero ¿qué debemos hacer para describirla?

Las figuras que un artista crea no son idénticas a él mismo, pero la serie sucesiva de figuras de las que manifiestamente depende con el amor más entrañable algo expresa, sin duda, del propio artista. Que nuestra alma contemple ahora a Rienzi, al holandés errante y a Senta, a Tannhäuser y Elisabeth, Lohengrin y Elsa, a Tristán y Marke, Hans Sachs, Wotan y Brünnhilde: a través de todos ellos pasa una corriente subterránea de ennoblecimiento y engrandecimiento moral que les une, la cual fluye cada vez más pura y acrisolada — y aquí nos hallamos, si bien con púdico recato, ante un proceso sumamente íntimo de la propia alma de Wagner. ¿En qué artista se puede percibir algo semejante y de similar grandeza? Las figuras de Schiller, desde *Los bandidos* hasta *Wallenstein* y *Tell*, recorren una trayectoria de similar ennoblecimiento y expresan igualmente algo del proceso constitutivo de su creador, pero en Wagner la escala es todavía más grande, el camino es más largo. Todo, no sólo el mito, sino también la música, participa de esa purificación y la expresa; en *El anillo del nibelungo* encuentro la música más moral que conozco, por ejemplo, en la escena en la que Siegfried despierta a Brünnhilde; en esos momentos Wagner asciende hasta alcanzar un estado de ánimo tan elevado y tan sagrado que hemos de pensar en la incandescencia de las cimas de hielo y nieve de los Alpes: así de pura, de solitaria, de difícilmente accesible, de carente de impulsos, de aureolada por el resplandor del amor, así se eleva aquí la naturaleza; las nubes y tormentas, e incluso lo sublime, se hallan bajo ella. Si desde ahí miramos en retrospectiva hacia *Tannhäuser* y *El holandés errante*, sentiremos el proceso mediante el cual se ha constituido la persona de Wagner: cómo empezó oscuro e inquieto, cómo de manera tempestuosa buscó satisfacción, ambicionó poder y placer embriagador, y muchas veces retrocedió lleno de asco; cómo quiso arrojar de sí la carga, y deseó olvidar, negar y renunciar, cómo toda la corriente se precipitó ora en este, ora en aquel valle, y penetró en las más lóbregas gargantas: — en la noche de esta agitación semisubterránea apareció sobre él en lo alto una estrella de pálido brillo, a la que Wagner, en cuanto

la hubo reconocido, la denominó: *¡Fidelidad, fidelidad desinteresada!* ¿Por qué le resplandecía con más claridad y pureza que
ninguna otra cosa? ¿Qué secreto encierra para todo su ser la
palabra «fidelidad»? Pues en todo lo que pensó y poetizó ha
estampado la imagen y el problema de la fidelidad, en sus obras
hay una serie casi completa de todos los tipos posibles de fidelidad, entre los cuales se hallan los más espléndidos y rara vez
presentidos: la fidelidad del hermano a la hermana, del amigo
al amigo, del servidor al señor, de Elisabeth a Tannhäuser, de
Senta al holandés, de Elsa a Lohengrin, de Isolda, Kurwenal y
Marke a Tristán, de Brünnhilde al más íntimo deseo de Wotan
— y estos ejemplos sólo son los inicios de la serie. He aquí la
experiencia primordial más propia que Wagner vive en sí mismo y que venera como un misterio religioso: él la expresa con
la palabra «fidelidad», no se cansa de extrovertirla en cien figu-
raciones y de obsequiarla en la plenitud de su agradecimiento
con lo más espléndido que puede y tiene — esa maravillosa
experiencia y ese conocimiento de que una de las dos esferas
de su personalidad, la esfera creadora, inocente y más clara, ha
permanecido fiel a la otra, la esfera oscura, indómita y tiránica,
y le ha guardado fidelidad por amor, por un amor libre y absolutamente desinteresado.

3[7]

En la mutua relación de ambas fuerzas profundísimas, en la entrega de una a la otra radicaba la única necesidad grande mediante la cual pudo Wagner permanecer siendo íntegro y él mismo: a la vez, eso era lo único que no tenía en su poder, lo único que hubo de observar y aceptar mientras veía que en él acechaba siempre de nuevo la tentación de la infidelidad, con los horribles peligros que conllevaba. De aquí fluye una fuente muy abundante de sufrimientos para quien está en proceso de formación, la incertidumbre. Cada uno de sus impulsos tendía a lo inconmensurable, todos sus talentos, gozosos de existir, querían desgajarse individualmente y satisfacerse por separado; cuanto más grande era su abundancia, tanto más grande era el tumulto y tanto más hostiles las relaciones entre ellos. A lo anterior se añadía que el azar y la vida acuciaban a ganar poder, brillo y placer de incandescencia extrema, pero todavía con mayor frecuencia producía tormentos el implacable apremio de, en definitiva, tener que vivir; por todas partes había cadenas y trampas. ¿Cómo es posible mantener en tales circunstancias la fidelidad y permanecer íntegro? — Esta duda le asaltaba a Wagner a menudo, y entonces se expresaba en esa forma precisamente en que un artista manifiesta sus dudas, a saber, en figuras artísticas: Elisabeth no puede sino sufrir, rezar y morir por Tannhäuser, ella salva al inquieto e inmoderado gracias a su fidelidad, pero no le salva para esta vida. Las cosas suceden de manera peligrosa y desesperada en el transcurso vital de todo verdadero artista que haya sido arrojado a la existencia en los tiempos modernos. Por muchos caminos puede lograr honores y poder, la tranquilidad y la satisfacción se le ofrecen en múltiples ocasiones, pero siempre lo hacen, en efecto, tan sólo en la figura en que la persona moderna las conoce, una figura bajo la cual para el artista honesto se han de convertir en humo asfixiante. En la tentación que eso provoca y, de igual modo, en el rechazo de esta tentación, en el asco por las maneras modernas de conquistar placer y prestigio, así como

---

[7] Cfr. FP II 1.ª, 11 [27]; 11 [45]; 11 [39] y 11 [38].

en la rabia que se vuelve contra todo bienestar egoísta, típico del ser humano de la actualidad, radican sus peligros. Imagíneselo en un puesto de funcionario — tal como Wagner tuvo que desempeñar el cargo público de un «maestro de capilla»[8] en los teatros de la Corte y de la ciudad; percíbase cómo el más serio de los artistas quiere imponer con fuerza la seriedad allí donde los montajes modernos se han construido casi por principio con ligereza y reclaman una ligereza igual, véase cómo lo consigue en parte, pero siempre fracasa en la totalidad, cómo el asco le va ganando y él quiere huir, cómo no encuentra un lugar donde poder marcharse y tiene que volver una y otra vez junto a los gitanos y parias de nuestra cultura como uno de los suyos[9]. Cuando se libra de una situación, rara vez logra conseguirse una mejor, en ocasiones cae en la indigencia más profunda. Así iba cambiando Wagner las ciudades, las compañías y los países, y casi no podemos concebir bajo qué tipo de pretensiones y circunstancias ha resistido siempre durante bastante tiempo. Sobre una porción considerable de la vida que hasta ahora ha tenido gravita una atmósfera pesada; parece que ya no tenía esperanzas de índole general, sino tan sólo de un día para otro, y así, ciertamente, no caía en la desesperación, pero tampoco recobraba la fe. Como anda por la noche un caminante, con pesada carga y extrema fatiga, pero excitado por el desvelo, así tuvo que sentirse a menudo; la muerte repentina no se presentaba entonces a sus ojos como un horror, sino como un insinuante fantasma lleno de atractivos[10]. La carga, el

---

[8] Es decir, de un «director de orquesta» de titularidad más o menos compartida, pero con la estabilidad y las obligaciones de un funcionario del Estado, responsable además de la «dirección artística» de unos teatros oficiales.

[9] Wagner reconoce que encontró consuelo «entre esos hijos perdidos de nuestra moderna sociedad burguesa», a los que ve «como gitanos» y entre quienes desea contarse, véase R. Wagner, *Epilogische Bericht über die Umstände und Schicksale welche die Aufführung des Bühnenfestspieles «Der Ring des Nibelungen» bis zur Veröffentlichung der Dichtung desselben begleiteten* [*Noticia epilogal sobre las circunstancias y los azares que acompañaron a la realización del festival escénico «El anillo del nibelungo» hasta la publicación del poema del mismo*], ed. cit., tomo 3, 1871, pp. 335-351, exactamente en p. 338.

[10] Esta escalofriante referencia a la muerte procede del propio compositor, véase R. Wagner, *Eine Mittheilung an meine Freunde* [*Una comunicación a mis ami-*

camino y la noche, ¡eliminado todo de un solo golpe! — eso sonaría con seducción. Cien veces volvió a lanzarse de nuevo a la vida con aquella esperanza de corto aliento y abandonó a sus espaldas a todos los fantasmas. Pero en la forma en que lo hacía había casi siempre una falta de mesura, indicio de que no creía firme y profundamente en esa esperanza, sino que tan sólo se embriagaba con ella. La antítesis entre sus deseos y su habitual incapacidad o semicapacidad de satisfacerlos lo atormentaba como un aguijón, su imaginación, excitada por renuncias constantes, se extraviaba en el desenfreno si en algún momento desaparecía de súbito la privación. La vida se fue haciendo cada vez más complicada; pero también fueron cada vez más audaces e inventivos los medios y recursos que él, el dramaturgo, descubrió, aun cuando no eran sino expedientes dramáticos, motivos disuasorios que engañan un instante y sólo se inventan para un instante. Él sabe moverlos a la velocidad del rayo, pero se desgastan con la misma rapidez. La vida de Wagner, mirada muy de cerca y sin amor, tiene en sí, para recordar una idea de Schopenhauer, mucho de comedia, de una comedia, por cierto, singularmente grotesca[11]. Hasta qué punto tuvo que influir sobre el artista el sentimiento que de ello se deriva, la admisión de una grotesca falta de dignidad durante períodos enteros de su vida, dado que los artistas, en mayor medida que todos los demás, tan sólo pueden respirar con libertad en lo sublime y en lo supra-sublime — esto da que pensar a quien ejercita el pensamiento.

En medio de tales quehaceres, a los que solamente la más precisa de las descripciones puede infundir el grado de compasión, de pavor y de asombro que merecen, se desarrolló en Wagner una *aptitud para aprender* que incluso entre alemanes, el genuino pueblo-del-aprendizaje, es de todo punto extraordi-

gos], ed. cit., tomo 6, 1851, p. 281, donde así consta en el texto como la única salida que le quedaba al artista solitario si no quería pervertirse en el contexto de las modernas circunstancias vitales y artísticas.

[11] Véase la obra capital de Schopenhauer, *WWV,* 1, § 58. Nietzsche ya utilizó esta idea en el capítulo 10 de su obra *El nacimiento de la tragedia,* con la siguiente alusión indirecta: «No sé quién ha aseverado que todos los individuos, como individuos, son cómicos y, por tanto, no trágicos».

naria; y en esta aptitud volvió a crecer un nuevo peligro que todavía era más grave que el de una vida en apariencia desarraigada e inestable, enfocada hacia cualquier dirección por una ilusión sin reposo. De ser un novato en fase de pruebas Wagner pasó a convertirse en un maestro de la música y de la escena en todas sus facetas, y en un inventor y un experto en cada uno de los requisitos técnicos. Nadie le discutirá ya la fama de haber proporcionado el más elevado modelo para todo arte de ejecución grande. Pero llegó a ser aún mucho más, y para llegar a ser esto y aquello no se le ahorró nada de lo que se exige a los otros, a saber, apropiarse mediante el aprendizaje de la cultura más alta. ¡Y de qué manera lo logró! Es un placer observar ese proceso; en todos los aspectos fue creciendo, llevando las cosas hacia él y haciendo que se desarrollaran desde él, y cuanto más grande y más pesado era el proyecto, con tanta mayor fuerza se fue tensando el arco de un pensamiento que todo lo ordenaba y dirigía. Y, sin embargo, rara vez ha tenido alguien tantas dificultades para encontrar los accesos a las ciencias y a las artes, y con mucha frecuencia él hubo de improvisar esos accesos. El innovador del drama simple, el descubridor de la posición de las artes en la verdadera sociedad humana, el poetizante intérprete de pretéritas formas de considerar la vida, el filósofo, el historiador, el esteta y crítico Wagner, el maestro del lenguaje, el mitólogo y mitopoeta que por vez primera acabó de forjar un anillo que abrazó todo un magnífico, antiquísimo, tremendo conjunto, en el cual dejó grabadas las runas de su espíritu — ¡qué caudal de saber tuvo que reunir y abarcar Wagner para poder convertirse en todo eso! Y, sin embargo, ni esta suma de conocimientos aplastó su voluntad de acción, ni lo particular y más fascinante logró desviarlo. Para calibrar lo prodigioso de tal comportamiento, tómese, por ejemplo, la gran contrafigura de Goethe, quien, en cuanto volcado a aprender y en cuanto sapiente, aparece como un muy ramificado sistema fluvial que, pese a ello, no transporta al mar toda su energía, sino que pierde y dispersa por sus cauces y meandros al menos tanta como llevaba ya consigo en el punto de partida. Es verdad que un ser como el de Goethe tiene y produce más gozo, en su entorno hay algo suave y de pródiga nobleza, mientras que el curso y la potencia del caudal de Wagner quizá puedan atemorizar y ahuyentar. Pero que tenga miedo el que quiera tenerlo: los demás queremos llegar a ser incluso más valientes, puesto que nos es lícito ver con nuestros ojos a un héroe que, hasta en lo que respecta al sistema moderno de formación, «no ha aprendido a tener miedo»[12].

Tampoco ha aprendido Wagner a sosegarse mediante la historia y la filosofía y a extraer en su provecho precisamente ese bálsamo mágico y esa disuasión a actuar que se hallan entre los efectos que aquéllas causan. Ni como artista creador ni como artista combativo lo desviaron de su órbita el aprendizaje y la formación. En cuanto le sobreviene su fuerza plástica, la historia se le convierte en arcilla que sus manos modulan a placer; entonces se encuentra de golpe ante ella de modo distinto a cualquier docto, más bien de manera similar a como el griego se encontraba ante su mito, a saber, ante algo en lo cual se crea una forma y se poetiza con amor y con una cierta y reservada devoción, sin duda alguna, pero también con los derechos de soberanía del creador. Y precisamente porque la historia es para él todavía más elástica y variable que cualquier sueño, en un único acontecimiento puede introducir poéticamente lo típico de épocas enteras y alcanzar de este modo en la representación una verdad que el historiador jamás alcanza. ¿Dónde se ha convertido la Edad Media caballeresca con todo su cuerpo y toda su alma en un conjunto figurativo de las características del que se presenta en *Lohengrin*? ¿Y no hablarán de la esencia alemana a las épocas más remotas del porvenir *Los maestros cantores*, y, más que hablarles, no serán más bien uno de los frutos más maduros de esa esencia que siempre quiere reformar, pero no rebelarse[13], y que sobre el amplio fundamento

---

[12] Alusión inequívoca a Siegfried, el «héroe que no sabe tener miedo», según la famosa escena del Acto primero del drama musical del mismo nombre, *Siegfried*, Segunda jornada del festival escénico *El anillo del nibelungo*. Véase la ed. cit. de las obras de Wagner, tomo 3, p. 178.

[13] Esta tesis que opone «*reformieren*» a «*revolvieren*» sigue directamente una afirmación del maduro Wagner en su *Beethoven* de 1870, donde se dice que el alemán no es revolucionario (*revolutionär*) sino reformador (*reformatorisch*), véase ed. cit., tomo 9, pp. 38-109, concretamente en p. 65.

de su bienestar no ha olvidado ni siquiera el malestar más noble, el de la acción innovadora?

Y precisamente a esa especie de malestar fue empujado Wagner una y otra vez por dedicarse a la historia y a la filosofía: en ellas no sólo encontró armas y equipamiento, sino que ante todo aquí sintió el aliento entusiasta que trasciende de las tumbas de todos los grandes luchadores, de todos los grandes sufridores y pensadores. Por nada puede uno contrastar tanto con toda la época actual como por el uso que hace de la historia y la filosofía. La primera de ellas, tal como habitualmente se la entiende, parece tener asignada ahora la tarea de darle un respiro a la persona moderna que jadeante y fatigada corre hacia sus metas, de manera que, por decirlo así, pueda sentirse por un instante sin los aparejos que la traban. Lo que significa el individuo Montaigne en la agitación del espíritu de la Reforma, un conseguir serenarse en uno mismo, un pacífico ser-para-sí y espirar — y, sin duda, así lo sintió Shakespeare, su mejor lector —, eso es ahora la historia para el espíritu moderno. Si desde hace un siglo los alemanes se han dedicado en especial a los estudios históricos, ello significa que en el movimiento del mundo moderno son el poder que frena, retrasa y sosiega: cosa que quizá algunos podrían convertir en una alabanza en su honor. En conjunto, sin embargo, es un síntoma peligroso que la lucha espiritual de un pueblo se concentre de modo particular en el pasado, un indicio de debilitamiento, de regresión y decadencia: así que los alemanes están expuestos hoy de manera sumamente peligrosa a cualquier fiebre que se propague a su alrededor, por ejemplo, a la fiebre política. Un tal estado de debilidad, en contraste con todos los movimientos de reforma y de revolución, lo representan en la historia del espíritu moderno nuestros doctos, pues no se han planteado la tarea de mayor orgullo, sino que se han asegurado una especie propia de apacible felicidad. Bien cierto, dar cualquier paso más libre y más viril ya los deja rezagados — ¡aunque en modo alguno se vaya entonces por delante de la historia misma! Ésta todavía contiene en su haber fuerzas de todo punto distintas, como presienten precisamente naturalezas tales como Wagner: sólo que, ante todo, se la ha de escribir por una vez en un sentido mucho más serio y estricto, a partir de un alma con poder y, desde ahora, de ninguna manera ya en forma optimista, como siempre ha venido siendo el caso; se la ha de escribir, por tanto, de un modo distinto a como lo han hecho hasta el presente los doctos alemanes. En todos sus trabajos se halla algo atenuante, sumiso y satisfactorio, ellos están conformes con el curso de las cosas. Ya es mucho que alguno permita que se note que sólo lo acepta precisamente porque hubiera podido ser todavía peor: la mayoría de ellos creen de modo involuntario que dicho curso, tal como ha sucedido con toda exactitud, es muy bueno. Si la historia no continuase siendo una teodicea cristiana encubierta[14], si estuviera escrita con mayor justicia y vehemente simpatía, entonces, en verdad, el servicio que menos podría prestar es el que ahora procura: el de un opiáceo contra todo lo subversivo e innovador. Algo similar ocurre con la filosofía: de la cual la mayoría no quieren aprender sino cierta comprensión aproximada de las cosas — ¡muy dudosa y poco próxima! —, para desde entonces plegarse y adaptarse a ellas. Y hasta sus representantes más nobles destacan el poder sosegante y consolador de la filosofía con tanta fuerza que quienes buscan tranquilidad e inercia han de opinar que persiguen lo mismo que ella busca. Por el contrario, a mí me parece que la cuestión más importante de toda la filosofía es hasta qué punto tienen las cosas una articulación y una figura inalterables: para luego, cuando ya se haya resuelto esa cuestión, acometer con un coraje en extremo temerario el *perfeccionamiento de esa vertiente del mundo reconocida como modificable*. Esto lo enseñan los verdaderos filósofos incluso de modo personal mediante sus acciones, pues trabajaban para mejorar la muy alterable capacidad de reflexión de los seres humanos y no reservaban para

---

[14] Interesante variación nietzscheana de la famosa sentencia de Ludwig Feuerbach que dice que «la filosofía es una teología encubierta», sentencia que Nietzsche bien pudo leer en los textos del propio Wagner, por ejemplo, en la *Introducción a los tomos tercero y cuarto* de la edición de *Escritos y poemas completos* de 1871, véase edición citada, tomo 6, p.194. Sobre las lecturas y la huella de Feuerbach en Wagner, véase nuestra «Introducción» a R. Wagner, *La obra de arte del futuro*, ed. cit. de J. B. Llinares y F. López, Valencia, 2000, pp. 18-22 en especial, así como la «Dedicatoria a Ludwig Feuerbach», pp. 172-173.

sí mismos su sabiduría; y también lo enseñan quienes son verdaderos discípulos de las verdaderas filosofías, los cuales, como Wagner, de ellas saben extraer para su voluntad justamente una decisión y una inflexibilidad acrecentadas, pero en absoluto les absorben jugos narcotizantes. Wagner es en extremo filósofo allí donde actúa de manera más enérgica y más heroica. Y precisamente como filósofo atravesó sin tener miedo no sólo el fuego de distintos sistemas filosóficos, sino también el vaho del saber y de la erudición[15], y permaneció fiel a su sí mismo más elevado, el cual le exigía *acciones totales* que integrasen su *polifónica naturaleza*, y, para que pudiera llevarlas a cabo, le hacía sufrir y aprender.

---

[15] Referencia indirecta al *Fausto* de Goethe, al v. 395 en especial, donde aparece la «densa humareda del saber». Véase la ed. de M. J. González y M. A. Vega, Madrid, Cátedra, 1994, p. 122.

4^{16}

La historia de la evolución de la cultura desde los griegos es bastante breve, si se considera el verdadero camino realmente recorrido y no se toman en cuenta los altos y retrocesos ni las vacilaciones y retrasos. La helenización del mundo y aquello que la hizo posible, la orientalización de lo helénico — la doble tarea de Alejandro Magno —, todavía no ha dejado de ser el último gran acontecimiento; la antigua cuestión de si es posible trasladar una cultura extraña continúa siendo el problema en el que se afanan los modernos. El rítmico juego de esos dos factores contrapuestos ha determinado en particular el curso de la historia hasta el presente. El cristianismo, por ejemplo, aparece en él como un fragmento de antigüedad oriental, pensado y llevado a cabo hasta sus últimas consecuencias por seres humanos de irrestricta radicalidad. Con la disminución de su influencia ha vuelto a aumentar el poder de la cultura helénica; estamos viviendo fenómenos tan desconcertantes que flotarían inexplicables en el aire si, por encima de un lapso de tiempo notablemente poderoso, no pudiéramos vincularlos con analogías griegas. Pues entre Kant y los eleatas, entre Schopenhauer y Empédocles, entre Esquilo y Richard Wagner hay unas afinidades y aproximaciones tales que recibimos de manera casi palmaria una exhortación sobre la muy relativa consistencia de todos nuestros conceptos sobre el tiempo: por poco parece como si ciertas cosas se pertenecieran de modo recíproco y que el tiempo sólo fuera una nube que dificultase a nuestros ojos la visión de esa mutua copertenencia. En especial la historia de las ciencias exactas produce incluso la impresión de que justo ahora nos halláramos sumamente cercanos al mundo griego alejandrino y que el péndulo de la historia retrocediera otra vez hacia el punto en que comenzó a oscilar, lanzándose a una distancia y un extravío enigmáticos. La imagen de nuestro mundo presente no es nueva en absoluto: quien conoce la historia tendrá que llegar a sentir cada vez más como si volviera a reconocer viejos rasgos familiares de un

---

[16] Cfr. FP II 1.ª, 11 [22]; 11 [23]; 11 [26]; 11 [20] y 11 [1].

rostro. En nuestro presente, el espíritu de la cultura helénica se halla en infinita dispersión: mientras se amontonan las violencias de toda especie y los frutos de las ciencias y las artes modernas se nos ofrecen como un medio de intercambio, la imagen de lo helénico vuelve a traslucirse con pálidos rasgos, aunque todavía muy distante y espectral. La tierra, que hasta ahora ya se ha orientalizado bastante, vuelve a sentir nostalgia de la helenización; quien en ello quiera ayudarla necesitará, en efecto, presteza y pies alados para reunir los puntos del saber más diversos y alejados, los continentes del mundo del talento que se hallan más apartados los unos de los otros, con el fin de recorrer y dominar todo ese ámbito tremendamente dilatado. De manera, pues, que ahora se ha hecho imprescindible una serie de *Antialejandros* que tengan la fuerza poderosísima de compendiar y vincular, de aproximar los hilos más distantes y preservar el tejido para que no sea despedazado. No han de cortar el nudo gordiano de la cultura griega, como hizo Alejandro, con lo cual sus cabos revoloteaban en todas las direcciones del cosmos, sino que han de *atarlo después de que haya estado deshecho* — ésa es ahora la tarea. En Wagner reconozco a un tal Antialejandro: agarra y reúne lo que estaba aislado, debilitado y abandonado, tiene, si está permitida una expresión médica, una fuerza *astringente*: en este sentido pertenece a las más grandes potencias culturales. Impera sobre las artes, las religiones, las diferentes historias de los pueblos y, no obstante, es la antítesis de un polígrafo, de un espíritu que solamente recopila y ordena: porque es un escultor que sintetiza en una única imagen y le da vida a lo que ha unificado, con lo cual es un *simplificador del mundo*. No hay que dejarse desorientar por una tal representación cuando se compara esta tarea universalísima que su genio le ha propuesto con la mucho más estrecha y cercana en la que ahora suele pensarse, en primer lugar, cuando se oye el nombre de Wagner. De él se espera una reforma del teatro: suponiendo que consiguiera llevarla a cabo, ¿qué significaría esa reforma para aquella tarea más elevada y remota?

Pues bien, si consiguiera hacerla, la persona moderna cambiaría y se reformaría: en nuestro mundo moderno una cosa depende de las otras de manera tan necesaria que basta con sacar un clavo para que el edificio se tambalee y caiga. De cualquier otra reforma efectiva tendría también que esperarse lo mismo que, bajo la apariencia de una exageración, enunciamos nosotros aquí de la reforma wagneriana. Es de todo punto imposible producir el efecto más elevado y más puro del arte teatral sin innovar por todas partes, en las costumbres y en el Estado, en la educación y en el trato social. Si el amor y la justicia consiguieran tener poder en un solo punto, como sucedería aquí en el terreno del arte, habrían de seguir extendiéndose de acuerdo con la ley de su interna necesidad y no podrían regresar a la inercia de su anterior estado de crisálidas. Para poder captar la medida en que la posición de nuestras artes respecto a la vida es un símbolo de la degeneración de ésta, para poder comprender el grado en que nuestros teatros son un oprobio para quienes los construyen y visitan, para eso hemos de replantearlo todo por completo y tener la capacidad de percibir en algún momento lo habitual y cotidiano como algo muy insólito y muy complicado. Una singular ofuscación de la capacidad de juzgar; una mal disimulada manía por deleitarse y por divertirse a cualquier precio; prevenciones eruditas, presunción e histrionismo con la seriedad del arte por parte de los ejecutantes; brutal avidez de lucro por parte de los empresarios; superficialidad y aturdimiento de una sociedad que sólo piensa en el pueblo en cuanto le es útil o le resulta peligroso, y que asiste al teatro y a los conciertos sin acordarse jamás de sus obligaciones — todo esto en conjunto constituye la enrarecida y perniciosa atmósfera de nuestras actuales circunstancias artísticas: pero una vez que se está tan acostumbrado a ella como lo están aquellos de nosotros que han tenido una formación, entonces bien llega uno a figurarse que ese aire es necesario para su salud, y se encuentra mal si, por cualquier obligación, ha de prescindir de ella por un tiempo. En efecto, solamente se dispone de un único medio para convencerse con rapidez de lo vulgares, de lo excepcional e inextricablemente vulgares que son nuestras instituciones teatrales: ¡basta con compararlas con la antigua realidad del teatro griego! En el supuesto de que no supiéramos nada de los griegos, entonces quizá no hubiera forma de encontrarles deficiencias a nuestras circunstancias, y se tendrían por quimeras de gente que vive en la luna objeciones tales como las que Wagner ha sido el primero en hacer en gran estilo. Quizá se diría que, tal como ahora son los seres humanos — ¡y jamás han sido diferentes! —, les basta y les conviene un arte semejante. Pero es bien cierto que los humanos sí que han sido distintos, e incluso ahora hay personas a las que no les bastan las instituciones existentes en la actualidad — y eso es justo lo que el hecho de Bayreuth demuestra. En Bayreuth encontraréis espectadores preparados y consagrados, la profunda emoción de personas que se hallan en el punto álgido de su felicidad y que sienten precisamente entonces que todo su ser se ha concentrado para dejarse fortalecer y obtener así una voluntad más amplia y más elevada; en Bayreuth encontraréis el más abnegado sacrificio de los artistas y el espectáculo de los espectáculos, el victorioso creador de una obra que es la síntesis misma de una plétora de acciones artísticas victoriosas. ¿No parece casi como un hechizo que se pueda encontrar en el presente un fenómeno semejante? Aquellos a quienes les está permitido colaborar y coparticipar en Bayreuth ¿no han de estar ya transformados y renovados para que les sea posible producir también una transformación y renovación en otros ámbitos de la vida a partir de ese momento? ¿No se ha encontrado un puerto tras la desoladora vastedad del mar? ¿No hay en este lugar una bonanza que se extiende sobre el agua? — Quien desde la profundidad y soledad del estado de ánimo que imperan en Bayreuth retorna a las por completo diferentes llanuras y tierras bajas de la vida, ¿no se ha de preguntar sin cesar, como Isolda: «Cómo lo pude soportar? ¿Cómo lo soporto todavía?»[17]. Y si no resiste ocultar en él con egoísmo su dicha y su desdicha, aprovechará de ahora en adelante cada oportunidad para dar testimonio de ello en sus acciones. Preguntará: ¿En qué lugar se hallan los que sufren por las instituciones actuales? ¿Dónde están nuestros aliados naturales, en cuya compañía podamos luchar contra la pujante y represora proliferación del actual

---

[17] Véase R. Wagner, *Tristán e Isolda*, Acto segundo, Escena segunda, ed. cit., tomo 4, p. 46.

concepto de buena formación? Pues por ahora — ¡por ahora! —, tan sólo tenemos un único enemigo, a saber, esas «personas formadas» para quienes la palabra «Bayreuth» significa una de sus más aplastantes derrotas — no colaboraron, se opusieron furiosamente o manifestaron esa sordera todavía más eficaz que ahora se ha convertido en el arma habitual del más premeditado de los antagonismos. Pero precisamente por ello sabemos que con su hostilidad y su perfidia no pudieron destruir la esencia misma de Wagner ni impedir su obra, más aún: han delatado que son débiles y que la resistencia de los que hasta ahora detentan el poder ya no soportará muchos ataques. Ha llegado el momento para quienes quieran conquistar y vencer de manera poderosa, están abiertos los imperios de mayor grandeza, tienen ya puesto un interrogante los nombres de los propietarios donde quiera que haya propiedad. Así, por ejemplo, se ha reconocido como en ruinas el edificio de la educación, y por todas partes hay individuos que ya lo han abandonado sin decir ni una palabra. ¡Ojalá se pudiera llevar a quienes en efecto ya ahora están profundamente insatisfechos con él a que ejerzan una manifestación y sublevación abiertas! ¡Ojalá se les pudiera quitar su desalentador disgusto! Bien sé que, si se eliminase precisamente la silenciosa contribución de estas personas del producto de todo el conjunto de nuestro sistema de formación, se produciría la más notable sangría mediante la cual se lo podría debilitar. De los doctos, por ejemplo, tan sólo quedarían bajo el antiguo régimen los contagiados por la locura política y los literatos de todo tipo. El repugnante conjunto que ahora extrae sus fuerzas del contacto con las esferas de la violencia y la injusticia, de su conformidad con el Estado y la sociedad, y encuentra su ventaja en hacer que éstos sean cada vez más perversos y desconsiderados, tal conjunto, sin ese contacto, es una cosa endeble y agotada: tan sólo se necesita despreciarlo a fondo para que se desplome en ruinas. Quien lucha por la justicia y el amor entre los seres humanos es quien menos ha de tenerle miedo: pues sus verdaderos enemigos únicamente se le enfrentarán cuando haya conseguido acabar su combate, esa lucha que por ahora sostiene contra lo que constituye la vanguardia de aquéllos, la cultura actual.

Para nosotros Bayreuth significa la consagración matutina en la jornada de lucha. No se podría ser más injusto con nosotros si se supusiera que lo único que nos importa es el arte: como si se lo hubiese de tener por un remedio y un narcótico con el cual se pudiera uno librar de todos los demás estados miserables. En la imagen de esa obra de arte trágica de Bayreuth nosotros vemos justo la lucha de los individuos contra todo lo que se les enfrenta como necesidad en apariencia invencible, contra el poder, la ley, la tradición, los pactos y las completas clasificaciones de las cosas. En modo alguno pueden los individuos vivir de una manera más hermosa que preparándose para la muerte e inmolándose en la lucha por la justicia y el amor. La mirada con la que nos percibe el ojo misterioso de la tragedia no es ningún hechizo inhibidor y extenuante. Aunque la tragedia exija reposo mientras nos esté mirando — pues no existe el arte para la lucha misma, sino para las treguas que lo preceden y se le intercalan, para esos minutos en que, contemplando el pasado y anticipando el futuro, comprendemos lo simbólico, minutos en que, con la sensación de un leve cansancio, se nos acerca un sueño reparador. Irrumpe enseguida el día y la lucha, las sombras sagradas se esfuman y el arte está otra vez lejos de nosotros; pero su consuelo se posa sobre el ser humano desde la hora matutina. Por todas partes comprueba el individuo su insuficiencia personal, su medianía y sus incapacidades: ¡con qué coraje tendría que luchar si antes no hubiera sido consagrado a algo suprapersonal! Los sufrimientos más grandes que existen para el individuo, la falta de comunidad de todos los humanos en el saber, la inseguridad de los últimos criterios y la desigualdad de las capacidades, todo ello lo hace necesitado de arte. No se puede ser feliz mientras a nuestro alrededor todo sufra y se produzca sufrimientos; no se puede ser ético mientras el curso de las cosas humanas esté determinado por la violencia, el engaño y la injusticia; ni siquiera se puede ser sabio mientras toda la humanidad no haya competido tenazmente por la sabiduría y haya conducido de la más sabia manera al individuo hacia la vida y el saber. Cómo podría soportarse esta triple sensación de insuficiencia si en su luchar, su aspirar y hundirse en su ocaso uno no fuese ya ca-

paz de reconocer algo sublime y lleno de sentido y no apren-
diese de la tragedia a disfrutar del ritmo de la gran pasión y del
sacrificio de ésta. El arte, sin duda, no adiestra ni educa para la
acción inmediata; el artista jamás es en este sentido un educador y un consejero; los objetos ansiados por los héroes trágicos
no son de modo automático las cosas en sí más dignas de ser
deseadas por ellas mismas. Como en los sueños, la valoración
de las cosas se altera mientras sentimos que estamos firmemente atrapados bajo el influjo del arte: lo que en semejante situación tenemos por tan deseable que estamos de acuerdo con el
héroe trágico cuando prefiere la muerte a renunciar a lo de-
seado — en la vida real rara vez es de idéntico valor y digno
de idéntica energía activa: precisamente por ello el arte es la
actividad del que descansa. Las luchas que el arte muestra son
simplificaciones de las luchas reales de la vida; sus problemas
son abreviaciones de la suma infinitamente intrincada de las
acciones y voliciones humanas. Pero la grandeza e indispensa-
bilidad del arte radican precisamente en que produce la *apariencia* de un mundo más simple, de una solución más breve de
los enigmas de la vida. Nadie que sufra por la vida puede
prescindir de esta apariencia, del mismo modo que nadie puede prescindir del sueño. Cuanto más difícil llega a ser el conocimiento de las leyes de la vida, con tanto mayor afán anhelamos la apariencia de esa simplificación, aunque sólo sea
momentánea, y tanto mayor se torna la tensión entre el conocimiento general de las cosas y la capacidad ético-espiritual del
individuo. El arte *existe para que no se rompa el arco*.

El individuo debe consagrarse a algo suprapersonal — eso
es lo que la tragedia quiere; debe olvidar la terrible angustia
que la muerte y el tiempo le producen: porque incluso en el
más breve instante, en el más diminuto átomo del curso de su
vida puede sobrevenirle algo sagrado que compense con creces
toda la lucha y todas las necesidades vitales — eso significa
poseer un sentido trágico. Y aunque toda la humanidad haya de
morir algún día — ¡a quién le sería lícito ponerlo en duda! —,
para todos los tiempos que han de venir le está fijada como
tarea suprema la meta de fundirse de tal modo en lo uno y lo
común, que como *un todo* se encamine hacia su próximo oca-

so con un *talante* («Gesinnung») *trágico*; en esta tarea suprema también radica todo ennoblecimiento de los seres humanos; de su definitivo repudio surgiría la imagen más sombría que un amigo de lo humano podría concebir en su alma. ¡Éste es mi sentir! No hay más que una única esperanza y una única garantía para el futuro de la humanidad: y radica en *que no desaparezca el talante trágico*. El grito de dolor más lacerante tendría que resonar sobre la tierra si los humanos hubieran de perderlo algún día por completo; y, por el contrario, no existe un placer más reconfortante que saber lo que nosotros sabemos, — que el pensamiento trágico ha vuelto a nacer y a incorporarse al mundo. Porque este placer es completamente suprapersonal y universal, es el júbilo de la humanidad por la conexión y continuación auténticas y fidedignas de lo humano en absoluto. —

5[18]

Wagner conmocionó la vida presente y el pasado al someterlos al rayo de luz de un conocimiento que tenía bastante intensidad para poder lograr con su ayuda una visión de excepcional alcance: por ello es un simplificador del mundo; pues simplificar el mundo consiste siempre en que la mirada del cognoscente vuelva de nuevo a dominar la enorme multiplicidad y vastedad de un caos aparente y comprima en una unidad lo que antes estaba incompatiblemente distanciado. Wagner lo hizo al encontrar una relación entre dos cosas frías y extrañas que parecían vivir como en esferas separadas: entre *música y vida*, y asimismo entre *música y drama*. No se trata de que haya inventado o incluso creado estas relaciones, pues están ahí y se hallan propiamente a la disposición de cualquiera: como siempre suele suceder, un gran problema se parece a esa piedra preciosa por encima de la cual pasan miles hasta que, al fin, uno la recoge. ¿Qué significa, se pregunta Wagner[19], que en la vida de las personas modernas haya surgido con fuerza tan incomparable un arte de características tales como el de la música? No se necesita algo así como tener en poco esta vida para ver aquí un problema; por el contrario, cuando se ponderan todas las grandes potencias que son propias de esta vida y ante el alma se presenta la imagen de una existencia muy pujante que lucha por lograr *libertad consciente e independencia de pensamiento* — tan sólo entonces aparece la música en ese mundo como un enigma. ¿No tendríamos que decir: ¡la música no *podía* surgir en esta época!? ¿Qué es, por tanto, su existencia? ¿Una casualidad? Ciertamente, también un gran artista aislado podría ser una casualidad, pero la aparición de una serie de grandes artistas como la que presenta la historia moderna de la música, la cual hasta ahora tan sólo ha tenido su equivalente una única vez, a saber, en la época de los griegos, lleva a pensar que aquí

---

[18] Cfr. FP II 1.ª, 12 [24]; 12 [25] y 12 [28].
[19] Véase R. Wagner, *Zukunftsmusik* [*Música del futuro*], 1860, ed. cit., tomo 8, pp. 45-101, concretamente un pasaje de la p. 72.

no impera el azar, sino la necesidad. Esta necesidad es justamente el problema al que Wagner da una respuesta[20].

A él se le hizo patente ante todo la situación de perentoria
necesidad que se extiende hasta los confines de los pueblos que
ahora están unidos por la civilización en general: en todos y en
cada uno de los lugares de este ámbito civilizado está enfermo
el *lenguaje*, y la presión de esta tremenda enfermedad gravita
sobre todo el desarrollo humano. Mientras tuvo el lenguaje que
ascender sin descanso hasta los últimos escalones de lo que le
era alcanzable para así captar —a la mayor distancia posible de
la fuerte excitación sentimental a la que originariamente tenía
capacidad de corresponder con toda sencillez— lo contrapues-
to al sentimiento, esto es, el reino del pensamiento, a causa de
estas desmesuradas tensiones su fuerza se agotó en el breve
fragmento de tiempo de la civilización moderna, de manera
que ahora ya no es capaz de lograr aquello que es la única
razón de que exista: que quienes sufren se pongan de acuerdo
entre ellos en lo que atañe a las más elementales y urgentes
necesidades vitales. El ser humano que está afectado por una
necesidad apremiante no puede ya darse a conocer por medio
del lenguaje, no puede, por tanto, comunicarse de veras: en ese
estado oscuramente sentido el lenguaje se ha convertido por
doquier en una potencia autónoma que entonces agarra a los
humanos como con brazos fantasmales y los empuja hacia donde ellos en realidad no quieren; en cuanto tratan de entenderse unos con otros y de unirse en una sola obra, se apodera de
ellos la locura de los conceptos generales, más aún, la de los
puros sonidos verbales, y, a consecuencia de esta incapacidad
de comunicarse, las creaciones de su sentido colectivo vuelven
a llevar entonces el signo de que no se han entendido entre sí,
puesto que tales creaciones no corresponden a las necesidades
apremiantes reales, sino tan sólo precisamente a la vacuidad de
aquellas palabras y conceptos predominantes: de este modo a
todos sus sufrimientos la humanidad todavía les añade el dolor
de la *convención*, es decir, de estar de acuerdo en las palabras y

---

[20] Véase *ibid.*, p. 71, donde Wagner la llama incluso *die metaphysische Notwen-
digkeit* [*la necesidad metafísica*].

las acciones sin llegar a un acuerdo en la esfera del sentimiento. Así como en la marcha descendente de todo arte se alcanza un punto donde sus medios y formas, proliferando de manera enfermiza, logran una preponderancia tiránica sobre las jóvenes almas de los artistas y los convierten en sus esclavos, así ahora, en el declive de los lenguajes, se es el esclavo de las palabras; bajo esta coerción nadie es capaz ya de mostrarse a sí mismo ni de hablar con ingenuidad, y pocos tienen la capacidad de conservar en absoluto su individualidad en la lucha contra una formación que cree demostrar su éxito no ayudando a construir sensaciones y necesidades claras, sino de otra manera, atrapando al individuo en la red de los «conceptos claros» y enseñándole a pensar correctamente: como si tuviera algún valor hacer de nadie un ser que piense y que deduzca correctamente si no se ha conseguido convertirlo previamente en un ser que sienta correctamente. Así las cosas, cuando en una humanidad con tales heridas suena la música de nuestros maestros alemanes, ¿qué es lo que en realidad llega a sonar? Pues ni más ni menos que la *sensación correcta*, la enemiga de toda convención, de toda alienación e incomprensibilidad artificiales entre los seres humanos: esta música es un retorno a la naturaleza y, al mismo tiempo, es una purificación y transformación de la naturaleza; pues en el alma de las personas más saturadas de amor ha surgido la apremiante necesidad de ese retorno y *en su arte resuena la naturaleza transformada en amor*[21].

Tomemos esto como la primera respuesta de Wagner a la pregunta ¿qué significa la música en nuestro tiempo?, pues todavía tiene una segunda. La relación entre la música y la vida no es solamente la de un tipo de lenguaje con otro tipo de lenguaje, también es la relación del perfecto mundo de la audición con todo el mundo de la visión. No obstante, la exis-

---

[21] Todo este párrafo, centrado en la enfermedad que sufre el lenguaje por los convencionalismos imperantes, aprovecha tesis wagnerianas que se hallan desarrolladas en diversos escritos, sobre todo en su importante ensayo *Oper und Drama* [*Ópera y drama*], véase R. Wagner, ed. cit., tomo 7, 1851, pp. 191 ss. Hay traducción castellana de Ángel-Fernando Mayo, Sevilla, Junta de Andalucía y Asociación sevillana de amigos de la Ópera, 1997, pp. 189 ss.

tencia de las personas modernas, tomada como manifestación visual y comparada con las anteriores manifestaciones de la vida, deja patente una inexpresable pobreza y agotamiento pese a la asimismo indecible policromía con la que sólo puede sentirse feliz la mirada más superficial. Limitémonos a ver con un poco más de agudeza y a analizar la impresión de este juego de colores tan rápido y agitado: ¿no es el conjunto entero como el fulgor y el destello de innumerables piedrecitas y partículas, rescatadas del ocultamiento en que permanecían en antiguas culturas? ¿No es todo en dicha existencia pompa innecesaria, movimiento ridículamente imitado, usurpada exterioridad? ¿Un traje de retazos multicolores para quien está desnudo y aterido de frío? ¿Una aparente danza de la alegría, exigida al doliente? ¿Gestos de opulento orgullo, exhibidos por una persona llena de profundas heridas? Y en medio de todo esto, oculto y disimulado tan sólo por la velocidad del movimiento y del torbellino — ¡una gris impotencia, un desasosiego corrosivo, un aburrimiento extremadamente laborioso, una miseria sin honor ni veracidad! La manifestación (*Erscheinung*) de la persona moderna se ha convertido por completo en apariencia (*Schein*); esa misma persona, en aquello que ahora representa, no se hace visible, más bien se esconde; y el resto de la actividad artística inventiva que todavía se ha conservado en un pueblo, como entre los franceses y los italianos, se consume en el arte de este jugar al escondite. En cualquier parte en que ahora se exija «forma», en la sociedad y en el entretenimiento, en la expresión literaria, en las relaciones interestatales, de modo involuntario se entiende por ello una apariencia simpática, esto es, la antítesis del verdadero concepto de forma como una configuración necesaria, la cual nada tiene que ver ni con ser «simpática» ni con ser «antipática», precisamente porque es necesaria y no arbitraria. Pero incluso en aquellos pueblos de la civilización en que ahora no se exige de manera expresa la forma, allí tampoco se posee esa configuración necesaria, simplemente en el esfuerzo por lograr una apariencia simpática no se es tan afortunado, si bien se intenta conseguirla como mínimo con igual denuedo. Pues *hasta qué punto* aquí y allí es *simpática* la apariencia y por qué le ha de gustar a todo el mundo que la persona moderna al menos se esfuerce en aparentarla, eso cada cual lo siente en la medida en que él mismo es una persona moderna. «Sólo los galeotes se conocen — dice Tasso —, pero nosotros *dejamos de reconocer* cortésmente a los demás tan sólo para que ellos, por su parte, no nos reconozcan a nosotros»[22].

En este mundo de las formas y del oportuno no-reconocimiento aparecen ahora las almas saturadas de música — ¿con qué finalidad? Ellas se mueven siguiendo el compás de un ritmo grande y libre, con elegante sinceridad, en una pasión que es suprapersonal, se abrasan en el fuego poderosamente sereno de la música, un fuego que en ellas surge a la luz desde profundidades insondables — y todo ello ¿con qué finalidad?

A través de estas almas la música reclama a su hermana de igual ritmo y armonía, la *gimnasia*, como su necesaria configuración en el reino de lo visible: buscándola y reclamándola se convierte en jueza de todo el mendaz mundo de ostentación y de apariencia del presente. Ésta es la segunda respuesta de Wagner a la pregunta por la significación que la música ha de tener en este tiempo[23]. ¡Ayudadme, así llama a todos los que lo pueden oír, ayudadme a descubrir esa cultura que mi música vaticina como el reencontrado lenguaje de la sensación correcta, tened en cuenta que el alma de la música ahora quiere configurarse un cuerpo, no olvidéis que a través de todos vosotros busca su camino hacia la visibilidad mediante movimiento, acción, institución y costumbre! Hay personas que com-

---

[22] Véase Goethe, J. W., *Tasso*, vv. 3338 ss. Rafael Cansinos Assens traduce este pasaje de la citada obra de teatro, a la que denomina *Torcuato Tasso*, del modo siguiente: «Gustamos de engañarnos a nosotros mismos y rendimos pleitesía a esos réprobos que nos la rinden a nosotros. No conocen unos a unos los hombres; sólo se conocen los galeotes que hombro a hombro reman, encadenados al banco de la misma galera; allí donde ninguno tiene nada que esperar ni nada tampoco que perder es donde los hombres se conocen; allí, donde cada uno tiénese por un bribón y por bribones, también, tiene a sus compañeros. Nosotros, por el contrario, desconocemos cortésmente a los demás para que ellos nos paguen en la misma moneda...». Goethe, J. W., *Obras Completas*, tomo 3, Madrid, Aguilar, 1963, 4.ª ed., p. 1720.

[23] Véase R. Wagner, *Über musikalische Kritik* [*Sobre crítica musical*] (1852), ed. cit., tomo 6, pp. 378-391; pp. 385-389 en especial.

prenden esta llamada que les dirige, y cada día habrá más; ellas también vuelven a comprender por vez primera qué significa fundar el Estado en la música — algo que los antiguos griegos no sólo ya habían comprendido, sino que también lo exigían de ellos mismos: mientras que esas mismas personas que han conseguido una plena comprensión criticarán al Estado actual de una forma tan incondicional como ya ahora la mayoría de los humanos critican a la Iglesia. El camino hacia una meta tan nueva, la cual, ciertamente, no ha sido algo inaudito en toda época, conduce a que se reconozca en qué radica la deficiencia más bochornosa de nuestra educación y la auténtica causa de su incapacidad para superar la barbarie: le falta el alma movilizadora y configuradora de la música, pues sus requisitos e instituciones, por el contrario, son el producto de una época en la que no había nacido aún esa música en la cual estamos depositando una confianza tan extraordinariamente significativa. Nuestra educación es el organismo más atrasado del presente, y está así en relación precisamente con la única nueva potencia educativa disponible que, para aventajar a los siglos anteriores, las actuales personas tienen — ¡o podrían tener, si en el presente no quisieran seguir viviendo nunca más de una manera tan irreflexiva bajo la tiranía del instante! Hasta ahora no han permitido que en ellas se establezca el alma de la música, tampoco han presentido aún la gimnasia en el sentido griego y wagneriano de esta palabra; y ésta es la causa de que sus artistas plásticos estén condenados a la desesperanza mientras ellas precisamente, como todavía sucede ahora, no quieran aceptar que la música les guíe hacia un nuevo mundo visual: puede crecer aquí el talento que se quiera, viene demasiado tarde o demasiado temprano y, en cualquier caso, viene a destiempo, porque es superfluo e ineficaz, puesto que incluso lo perfecto y supremo de épocas anteriores, el paradigma de los artífices actuales, es superfluo y casi ineficaz y apenas continúa poniendo piedra sobre piedra. Si en su visión interior esos artífices no perciben ante sí tipo alguno de nuevas configuraciones, porque siempre están viendo sólo las antiguas que quedaron a sus espaldas, de ello se deduce que sirven a la historia, pero no a la vida, y que ya están muertos antes de haber expirado; pero quien en sí mismo sienta ahora vida verdadera y fecunda, y eso en el presente significa una única cosa: música, ¿podría esa persona dejarse seducir aunque sólo fuera un instante por algo que se esfuerce en configuraciones, formas y estilos, y abrirse entonces hacia esperanzas que lleven más lejos? Semejante persona está más allá de todas las vanidades de esta especie; y no piensa encontrar milagros plásticos al margen de su mundo auditivo ideal, como tampoco espera que todavía surjan grandes escritores de nuestras lenguas agotadas y desteñidas. Antes que prestar oídos a cualquier tipo de vanas promesas, prefiere soportar que la mirada profundamente insatisfecha se centre sobre nuestra esencia moderna: ¡que la hiel y el odio la llenen si su corazón no es lo bastante cálido para la compasión! ¡Incluso la maldad y el escarnio son mejor opción que entregarse a un bienestar falaz y a un alcoholismo silencioso al modo de nuestros «amigos del arte»! No obstante, hasta en el caso de que tal persona sepa hacer más cosas que negar y burlarse, aunque sepa amar, compadecer y colaborar en las tareas de construcción, pese a ello *ha de* comenzar por negar para abrirle así un nuevo camino a su alma, dispuesta a prestar ayuda. Para que algún día la música produzca en muchas personas una misma y devota reflexión y les haga partícipes de sus más elevados propósitos, sería necesario acabar primero con todo el trato adictivamente reducido al placer con un arte tan sagrado; se tendría que eliminar el fundamento sobre el que descansan nuestros entretenimientos artísticos, teatros, museos, sociedades filarmónicas, es decir, es justamente ese «amigo del arte» el que habría de desaparecer; el favor estatal que se otorga a sus deseos se ha de convertir en una negativa oficial que se les oponga; el juicio público que concede un valor excepcional precisamente a la ejercitación en tal amistad para con el arte se ha de combatir y derrotar con la fuerza de un juicio mejor. De momento, hasta el *enemigo declarado del arte* ha de valernos como un verdadero y útil aliado, puesto que aquello frente a lo que se declara enemigo no es precisamente más que el arte tal como lo entiende el «amigo del arte»: ¡no conoce otro arte! Bien puede de todos modos demostrarle documentalmente a ese amigo del arte el absurdo derroche de dinero que cuesta la construcción de sus teatros y monumentos públicos, la contratación de sus «famosos» cantantes y actores, el mantenimiento de sus escuelas de arte y sus pinacotecas completamente estériles: sin tener que recordar en absoluto toda la energía, todo el tiempo y el dinero que se despilfarran en cada casa, en la educación de presuntos «intereses artísticos». No hay en todo ello ni hambre ni saciedad de ningún tipo, sino siempre tan sólo un juego insípido con la apariencia de ambas, ideado para una exhibición de todo punto vacua con miras a confundir el juicio que provoque a otros; o todavía peor: si aquí se toma el arte relativamente en serio, entonces hasta se exige de él la producción de una especie de hambre y de apetencia, y se encuentra su tarea precisamente en esta excitación producida de modo artificial. Como si se tuviese miedo de destruirse a sí mismo por asco y estupidez, se llama a todos los démones malignos para dejarse acosar como un animal salvaje por esos cazadores: se está anhelante de sufrimiento, ira, odio, enardecimiento, terror súbito y tensión sin respiro, y en tal estado se llama al artista para que conjure esa cacería infernal[24]. El arte es ahora, en la economía psíquica de nuestras personas formadas, una necesidad fingida por entero o una necesidad vergonzosa y degradante, o bien es una nada o es algo perverso. Un artista francamente bueno y muy excepcional está como sumido en un sueño aturdidor para no ver todo esto, y con voz insegura repite vacilante palabras de fantasmal belleza que cree escuchar de lugares muy lejanos, pero que no percibe con bastante claridad; en cambio, el artista de ralea completamente moderna aparece imbuido de absoluto desprecio contra el tanteo y discurso de beatífico ensueño de su compañero más noble y lleva atada consigo toda la aullante jauría de pasiones y atrocidades agrupadas para soltarla contra las personas modernas cuando se lo pidan: éstas prefieren ciertamente que se las cace, se las

---

[24] La referencia a todos esos malignos démones (*Dämonen* es la palabra que Nietzsche utiliza) y a la cacería infernal aparece también como *pandemonium* y en un contexto similar en R. Wagner, *Deutsche Kunst und deutsche Politik* [*Arte alemán y política alemana*] (1867/68), ed. cit., tomo 8, pp. 247-352, concretamente en pp. 281-282.

hiera y se las desgarre antes que tener que convivir consigo mismas en sosiego. ¡Consigo mismas! — esta idea conmociona a las almas modernas, es *su* angustia y *su* miedo fantasmal.

Cuando en populosas ciudades veo a millares de personas que circulan con expresión de bochorno y de prisa, entonces me digo una y otra vez: las cosas les han de ir mal. Para todas ellas, sin embargo, el arte no existe sino para que las cosas les vayan todavía peor, les vayan de manera aún más bochornosa y absurda, o todavía más apresurada y ansiosa. Pues la *sensación incorrecta* las dirige y las adiestra sin cesar y no tolera de ningún modo que puedan reconocerse ante sí mismas su miseria; cuando quieren hablar, el convencionalismo les susurra algo al oído, con lo cual olvidan lo que propiamente querían decir; cuando quieren ponerse de acuerdo unas personas con otras, su entendimiento se queda paralizado como por obra de fórmulas mágicas, de manera que denominan dicha a lo que es su desdicha, e incluso con premeditación unas se unen con otras para su propia desgracia. Así pues, esas personas se han transformado y degradado total y absolutamente, convirtiéndose en esclavas sumisas de la sensación incorrecta.

6[25]

Sólo con dos ejemplos quiero mostrar cómo la sensación ha llegado a invertirse en nuestro tiempo y cómo éste no tiene conciencia alguna de esa inversión. Antiguamente se miraba con sincero desprecio aristocrático a las personas que traficaban con dinero, aun cuando se las necesitase; se admitía que toda sociedad había de tener sus intestinos. Ahora son el poder predominante en el alma de la humanidad moderna, la parte más codiciada de ella. Antiguamente contra nada se prevenía más que contra tomar demasiado en serio el día, el momento presente, y se recomendaba el *nil admirari* [no maravillarse ante nada] y el cuidado para con los objetivos eternos; ahora tan sólo ha quedado en el alma moderna una única especie de seriedad, aplicada a las noticias que trae el periódico o el telégrafo. ¡Aprovechar el instante y, para sacarle provecho, juzgarlo con tanta rapidez como sea posible! — se podría creer que a las personas modernas también les ha quedado una única virtud, la de la presencia de espíritu. Por desgracia, esa virtud es, en verdad, más bien la omnipresencia en cada individuo de una sucia codicia insaciable y de una curiosidad al acecho hacia todos los puntos cardinales. La investigación que compruebe si ahora el *espíritu* está *presente* en absoluto — preferimos aplazarla para esos jueces futuros que algún día cribarán con su cedazo a las personas modernas. No obstante, esta época es vil, eso ya se puede ver ahora, pues venera lo que despreciaron anteriores épocas nobles; aunque se haya apropiado incluso de todo lo de gran valor de la sabiduría y del arte del pasado, y se pasee con ese vestido, el más rico de todos los trajes, nuestra época manifiesta, sin embargo, una siniestra autoconciencia de su vileza en que no necesita ni usa ese ropaje para abrigarse, sino tan sólo para engañar sobre sí misma. La apremiante necesidad de disimular y de ocultarse le parece más urgente que la de no morirse de frío. De este modo los doctos y filósofos actuales no utilizan la sabiduría de la India y de Grecia para llegar a ser en sí mismos sabios y tener serenidad: su trabajo solamente ha

---

[25] Cfr. FP II 1.ª, 11 [33]; 12 [32]; 12 [33] y 13 [1].

de servir para proporcionarle al presente una fama ilusoria de sabiduría. Los investigadores de la historia animal se esfuerzan por presentar los arrebatos animales de violencia, astucia y sed de venganza en las actuales relaciones que entre ellos entablan los Estados y los seres humanos como leyes inmutables de la naturaleza. Los historiadores se desviven con escrupuloso celo por demostrar el principio de que cada época tiene su propio derecho y sus propias condiciones — con el objetivo de preparar ahora mismo la idea fundamental de la defensa en el futuro procedimiento judicial con el que nuestra época será severamente sometida a prueba. La teoría del Estado, del pueblo, de la economía, del comercio, del derecho — todo tiene ahora ese carácter *preparatorio apologético*; más aún, parece que la parte del espíritu que todavía muestra actividad, aunque no se la use ni siquiera en el funcionamiento del gran mecanismo de la ganancia y del poder, esa parte está dedicada en exclusiva a defender y a disculpar el presente.

Y la pregunta que entonces nos hacemos con extrañeza dice así: ¿Ante qué acusador? Ante la propia mala conciencia.

El resultado de este interrogatorio también arroja de golpe claridad sobre la tarea del arte moderno: ¡necedad o embriaguez! ¡adormecer o aturdir! ¡Convertir la sabiduría en mera ignorancia[26], de cualquiera de las maneras! ¡Ayudar al alma moderna para que se sobreponga del sentimiento de culpa, no para que retorne a la inocencia! ¡Y que lo haga al menos en algunos momentos! ¡Defender al ser humano ante sí mismo, mientras se lo lleva a tener que callar, a no poder oír en su interior! — A los pocos que, al menos por una vez, hayan percibido realmente esta tarea en extremo vergonzosa, esta horrorosa degradación del arte, el alma se les habrá llenado hasta los bordes de desolación y de lástima, y continuarán en ese estado: pero también estarán repletos de un nuevo e incontenible anhelo. Aquel que quiera liberar el arte y volverle a proporcionar su no profanado carácter sagrado, primero tendría que haber-

---

[26] Juego de palabras en el original entre «*Gewissen*» (lo que ya se sabe, aquello de lo que se tiene conciencia) y «*Nichtwissen*» (el no-saber, la ignorancia, la inconsciencia).

se liberado a sí mismo del alma moderna; tan sólo en cuanto persona sin culpa estaría legitimado para encontrar la inocencia del arte, previamente habrá tenido que llevar a cabo dos enormes purificaciones y consagraciones. Si triunfara al hacerlo, si con el alma liberada hablase a los humanos con su arte liberado, entonces, y sólo entonces, se hallaría en el peligro más grande, en la lucha más tremenda; los seres humanos preferirían destruirlo y destruir su arte antes que admitir que en su presencia habrían de morir de vergüenza. Sería posible que la redención del arte, el único rayo de luz que cabe esperar en la época actual, continúe siendo un acontecimiento para unas pocas almas solitarias, mientras la mayoría una y otra vez soportan la visión del oscilante y humeante fuego del arte que consideran suyo: pues no *quieren* luz, sino deslumbramiento, y, ciertamente, *odian* la luz — sobre sí mismos.

Se apartan así del nuevo portador de luz[27]; pero éste, obligado por el amor que le ha engendrado, corre tras ellos y les quiere forzar. «*Debéis* pasar por mis misterios, les dice, necesitáis sus purificaciones y sus conmociones. Tened el valor de hacerlo por vuestra salud, y abandonad de una vez ese fragmento oscuramente iluminado de naturaleza y de vida que parece que sea lo único que conozcáis; os conduzco a un reino que también es real, vosotros mismos debéis decir, cuando desde mi caverna retornéis a vuestro día, qué vida es más verdadera y dónde está propiamente el día y dónde la caverna[28]. La naturaleza es, en su interior, mucho más rica, más poderosa, más dichosa, más fecunda, pero vosotros, tal como vivís habitualmente, no la conocéis: aprended a convertiros de nuevo vosotros mismos en naturaleza y dejaos transformar entonces con ella y en ella por mi hechizo mágico de amor y de fuego».

Es la voz *del arte de Wagner* la que así les habla a los humanos. Que nosotros, hijos de una época miserable, hayamos sido los primeros en poder escuchar su sonido demuestra lo digna

---

[27] Alusión al texto del *Evangelio de Juan* 3, 19.
[28] Clara reformulación del célebre mito platónico de la caverna, véase *República*, VII, 514a ss.

de conmiseración que ha de ser precisamente esta época, y demuestra en absoluto que la verdadera música es un fragmento de *fatum* [destino] y de ley primordial; pues es de todo punto imposible explicar la efectividad sonora que tiene precisamente en la actualidad partiendo de un azar vacío y absurdo; un Wagner casual hubiera sido aplastado por la predominante violencia del otro elemento al que había sido arrojado. Pero en el proceso de constitución del verdadero Wagner hay una necesidad transfiguradora y justificante[29]. Su arte, observado mientras va surgiendo, es el espectáculo más soberbio, por muy doloroso que haya podido ser ese proceso de gestación, pues por todas partes se manifiestan la razón, la ley y la finalidad. El observador, sumido en la dicha de ese espectáculo, incluso elogiará su dolorosa gestación y con placer considerará cómo a la naturaleza y al talento originalmente determinados todas las cosas se le han de convertir en salud y en provecho por duras que sean las escuelas por las que haya de pasar, cómo cada peligro le hace más valiente, cada victoria, más sensato, cómo se alimenta de veneno y desdicha, pero consigue llegar a ser sano y fuerte. La burla y la oposición del mundo circundante son su estímulo y su aguijón; si se equivoca de camino, regresa a casa desde el error y el extravío con el botín más maravilloso; cuando duerme, entonces «mientras duerme le sobrevienen nuevas fuerzas»[30]. Él mismo templa el cuerpo y lo hace más vigoroso; cuanto más vive, menos vida consume; dirige al ser humano como lo hace una pasión alada y lo deja volar precisamente cuando su pie se ha fatigado en la arena y se ha herido en el pedregal. No puede otra cosa sino compartir, todo el mundo ha de cooperar en su obra, no es mezquino con sus dones. Rechazado, regala con riqueza superior; habiendo sufrido abusos por parte de la persona obsequiada, todavía entrega la joya más preciada que posee — y en ningún momento fueron los obsequiados totalmente dignos del regalo ofrecido, como enseña la experiencia más antigua y la más

---

[29] En la primera versión de este pasaje esa necesidad se atribuía a Beethoven.
[30] Cita casi literal de un verso de Hans Sachs en R. Wagner, *Los maestros cantores de Núremberg*, Acto tercero. Véase ed. cit., tomo 4, p. 179.

reciente. Por todo ello, la naturaleza originariamente determinada, esa naturaleza mediante la cual la música le habla al mundo fenoménico, es la cosa más enigmática que existe bajo el
sol, es un abismo en el que se hallan íntimamente enlazadas la
fuerza y la bondad, un puente entre el sí mismo y lo que no es
la propia mismidad. ¿Quién es capaz de enunciar claramente la
finalidad para la que aquélla existe en absoluto, si bien hasta el
pleno acierto en la forma en que se gestó debería permitir
adivinarla? No obstante, partiendo del presentimiento más
afortunado es legítimo preguntar: ¿debe existir verdaderamente lo superior a causa de lo inferior, el talento máximo en favor
del talento mínimo, lo más sagrado y la virtud suprema en
consideración a lo que es débil? ¿Hubo de sonar la música
verdadera por ser lo que los humanos *menos merecían, pero más
necesitaban*? Si se profundiza, aunque sea una sola vez, en el
milagro abrumador de esta posibilidad y, después de haberlo
contemplado, se mira hacia atrás para ver la vida, entonces ésta
brilla llena de luz, por muy oscura y nebulosa que se haya ma-
nifestado antes. —

7^{31}

No es posible de otra forma: el observador ante cuya mirada se yergue una naturaleza de las características de la de Wagner ha de ser remitido involuntariamente de vez en cuando hacia sí mismo, hacia su pequeñez y debilidad, y se preguntará: ¿para qué te sirve? ¿para qué, así pues, propiamente, existes *tú*? — Lo más probable es que entonces no tenga ninguna respuesta y se quede callado, extrañado y perplejo ante su propio ser. Que le baste entonces el haber tenido precisamente esta vivencia; que en el hecho justamente de *sentirse enajenado a su ser* perciba la respuesta a esas preguntas. Pues con este sentimiento participa de modo directo en la más poderosa expresión vital de Wagner, en el punto central de su fuerza, en esa demónica *transferibilidad* y autoexteriorización[32] de su naturaleza, que se puede comunicar a otros con la misma facilidad con la que a sí misma se comunica otras formas de ser y tiene su grandeza en ese dar y recibir. Mientras el observador sucumbe aparentemente a la exuberante y pletórica naturaleza de Wagner, participa ya de su misma fuerza y de ese modo, por decirlo así, *gracias a él* se ha convertido en poderoso *contra él*; y cualquiera que se examine con rigor sabe que incluso es constitutivo del considerar un antagonismo lleno de secretos, el de mirar de frente[33]. Si su arte nos permite vivenciar todo aquello

[31] Cfr. FP II 1.ª, 12 [26] y 11 [57].

[32] Este uso del término «autoexteriorización» (*Selbstentäusserung*) con el adjetivo «demónico» o «demoníaco» (*dämonisch*) aparece ya en R. Wagner, *Über Schauspieler und Sänger* [*Sobre actores y cantantes*] (1872), ed. cit., tomo 9, pp. 183-263, exactamente en la p. 249, y aparece incluso subrayado, aplicado al «impulso mímico» del verdadero actor.

[33] En el § 1 del «Prólogo» de 1886 a la edición de ese año del segundo volumen de *Humano, demasiado humano*, Nietzsche recuerda y subraya lo que ya afirmaba en esta frase, y al hacerlo explícita con claridad el contexto de redacción de esta *Cuarta Consideración Intempestiva*: «Incluso mi discurso triunfal y de homenaje en honor a Richard Wagner con ocasión de su triunfo en Bayreuth en 1876 — Bayreuth es la victoria más grande que nunca un artista ha conseguido —, una obra que lleva consigo la más fuerte apariencia de "actualidad", fue en el fondo un homenaje, un gesto de gratitud hacia un trozo de mi pasado, hacia el período de bonanza más bello, pero también más peligroso de mi

de lo que tiene experiencia un alma que ha andado muchos caminos, ha participado de otras almas y de sus destinos y ha aprendido a mirar el mundo con muchos ojos, entonces también nosotros, desde una enajenación y un distanciamiento tales, y después de haber tenido la vivencia plena de su persona, seremos capaces de verle a él mismo. Y sentiremos entonces todo eso con suma determinación: en Wagner todo lo visible del mundo quiere profundizarse e interiorizarse hasta lo audible, pues busca su alma perdida; del mismo modo, en Wagner todo lo audible del mundo quiere salir y ascender a la luz incluso como manifestación visual, quiere, por decirlo así, adquirir corporalidad[34]. Su arte le conduce siempre por un camino doble, desde un mundo como espectáculo auditivo hacia otro mundo enigmáticamente afín como espectáculo visual, y viceversa: él está de continuo forzado — y el observador con él —, a traducir el movimiento visible en su retorno al alma y a la

viaje... y en efecto fue una separación, una despedida. (¿Acaso el mismo Richard Wagner se engañó respecto a ello? No creo. Mientras se ama, no se pintan retratos como ése; aún no se "observa", uno no se coloca tanto en la distancia como tiene que hacer el observador. "A la observación le pertenece ya una misteriosa hostilidad, la de mirar de frente — se dice en la p. 46 de ese escrito, con un giro revelador y melancólico, quizá sólo para pocos oídos)"». Véase F. Nietzsche, *Humano, demasiado humano,* vol. II, traducción de M. Parmeggiani, en OC III, Tecnos, 2014, p. 276. Convendría destacar la estricta coherencia que Nietzsche mantiene entre este comentario en torno al «observar» (o «contemplar», o «considerar», *betrachten*), en el que destaca el imprescindible y misterioso antagonismo que ese verbo conlleva, y el título de la obra sobre Wagner en que aparece, una serie de cuatro libros que está basada en la ejercitación de esa acción, ya que es, en efecto, su «*Cuarta Consideración* (u *Observación,* o *Contemplación, Betrachtung) Intempestiva*». Nótese, además, la clarividente premonición de lo afirmado inmediatamente antes: gracias al propio Wagner, quien lo observa o considera se va convirtiendo en un observador-antagonista cada vez más poderoso *contra* Wagner mismo.

[34] La reivindicación de la complementariedad de los sentidos y de la integridad unificada del ser humano artísticamente creador y artísticamente receptivo es una constante del gran ensayo de R. Wagner, *Das Kunstwerk der Zukunft* [*La obra de arte del futuro*] (1849), ed. cit., tomo 6, pp. 9-157, especialmente en esta sentencia subrayada que se encuentra en la p. 67: «el ser humano enteramente artístico existe sólo allí donde la vista y el oído se aseguran recíprocamente de su manifestación» (traducción de J. B. Llinares y F. López, ed. cit., p. 84).

vida originaria, y a ver de nuevo como manifestación (*Erschei-nung*) la trama más recóndita de lo íntimo y a vestirla con un cuerpo aparente (*Schein-Leib*). Todo ello es la esencia del *dramaturgo ditirámbico*, tomado este concepto en un sentido tan integral que abarque de modo simultáneo al actor, al poeta y al músico: así es como este concepto se ha de inferir necesariamente de la única manifestación perfecta del dramaturgo ditirámbico anterior a Wagner, de Esquilo y de los artistas griegos, compañeros suyos. Si se ha intentado que los desarrollos más grandiosos deriven de inhibiciones o carencias interiores, si, por ejemplo, para Goethe escribir poesía era una especie de sucedáneo de una fallida vocación de pintor, si se puede hablar de los dramas de Schiller como de una elocuencia parlamentaria trasladada a otro lugar, si Wagner mismo trata de explicarse el fomento de la música por parte de los alemanes entre otras cosas también porque éstos, al estar desprovistos del seductor estímulo de una voz dotada de melodía natural, tuvieron la apremiante necesidad de considerar el arte de los sonidos poco más o menos con la misma profunda seriedad que sus hombres de la Reforma consideraron el cristianismo[35] —: si de manera parecida se quisiera relacionar la evolución de Wagner con una inhibición interna similar, entonces bien se podría suponer en él un talento teatral originario que tendría que negarse a obtener su satisfacción por la vía más común y más trivial, un talento que encontró su expediente y su salvación en la contribución de todas las artes a una gran revelación teatral. Pero con los mismos derechos se tendría que estar autorizado entonces para decir que esta poderosísima naturaleza musical, en su desesperación por haber de dirigirse a personas semimusicales y no-musicales, abrió con poder el acceso a las otras artes para, de ese modo, comunicarse al fin con centuplicada claridad y obligar a que se le entendiera, a que se le comprendiera de la forma más popular. Sea cual fuere la represen-

---

[35] Esta consideración se halla desarrollada en R. Wagner, *Brief an einen italienischen Freund über die Aufführung des «Lohengrin» in Bologna* [*Carta a un amigo italiano sobre la representación de «Lohengrin» en Bolonia*] (1871), véase ed. cit., tomo 2, pp. 203-207; p. 206 en especial.

tación que nos hagamos de la evolución de un dramaturgo originario, en su madurez y perfección es una figura sin ninguna inhibición y sin vacíos: es el artista propiamente libre que no puede sino pensar en todas las artes a la vez, el mediador y conciliador entre esferas en apariencia separadas, el restaurador de la unidad y la totalidad de las capacidades artísticas, a quién no es posible adivinar ni inferir, porque solamente puede mostrarse en sus acciones. Pero a aquél ante quien éstas se lleven a cabo de inmediato, a ese individuo esas acciones le subyugarán como lo hace el más siniestro y el más cautivador de los hechizos: se hallará de golpe ante un poder que supera la resistencia de la razón e incluso deja que todo lo otro en cuyo seno hasta entonces se vivía aparezca como irracional e inconcebible: situados fuera de nosotros, nadamos entonces en un enigmático elemento ígneo, dejamos de comprendernos a nosotros mismos, no reconocemos ni lo más conocido; ya no disponemos de ninguna medida, todo lo estipulado por las leyes, todo lo fijo comienza a moverse, todas las cosas brillan con nuevos colores y nos hablan en nuevas escrituras: — aquí se ha de ser ya Platón para, en medio de esta combinación de goce y de miedo poderosos, tener la capacidad de tomar una decisión como él la toma, y para decirle al dramaturgo: «queremos a un hombre que en virtud de su sabiduría pueda convertirse en todo lo que se proponga y pueda imitar todas las cosas; cuando venga a nuestra comunidad, lo veneraremos como algo sagrado y milagroso, derramaremos ungüentos sobre su cabeza y la abrigaremos con lana, pero trataremos de inducirlo para que se vaya a otra comunidad»[36]. Tal vez pueda y tenga que obtener de sí mismo algo similar quien viva en la comunidad platónica, pero todos nosotros, que no vivimos en ésa sino en otra comunidad por entero distinta, anhelamos y exigimos en consecuencia, aunque le tengamos miedo, que el hechicero nos visite precisamente para que así nuestra comunidad, y la razón y el poder perversos que encarna, por una vez aparezca negada. Un estado de la humanidad con una comunidad, unas costumbres, una organización de la vida y una disposición general que

---

[36] Véase Platón, *República*, 398a.

pudieran prescindir del artista imitativo quizá no sea algo de todo punto imposible, pero precisamente este «quizá» forma parte, en efecto, de las dubitaciones más temerarias que existen, y su levedad pesa tanto como un obstáculo muy grave[37]; tan sólo debería tener libertad para hablar de ello quien, anticipándolo, pudiera engendrar y sentir el instante supremo de todo lo que ha de venir y quien entonces, igual que Fausto, enseguida habría de quedar ciego — y con todo derecho: — pues nosotros no lo tenemos ni siquiera para esa ceguera, mientras que, por ejemplo, Platón lo tuvo para estar ciego ante todo lo helénico-real, una vez conseguida aquella única visión de su ojo con la que captó lo helénico-ideal. Nosotros, que somos diferentes, más bien necesitamos el arte porque precisamente nos hemos hecho *videntes mirando de frente a lo real*: y, en consecuencia, necesitamos al dramaturgo integral para que, al menos por unas horas, nos redima justamente de la horrible tensión que la persona vidente siente ahora entre ella misma y las tareas que, como una carga, le han sido impuestas. Con él escalamos los peldaños más elevados de la sensibilidad y sólo allí nos imaginamos de nuevo en la naturaleza libre y en el reino de la libertad; como en enormes espejismos, desde allí nos vemos a nosotros y a nuestros iguales en la lucha, en la victoria y en el ocaso como algo sublime y lleno de significación, encontramos placer en el ritmo de la pasión y en la víctima de ésta, escuchamos en cada poderoso paso del héroe la sorda resonancia de la muerte y comprendemos en su cercanía el supremo encanto de la vida: — transformados de este modo en trágicos seres humanos, retornamos a la vida en un estado de ánimo de singular consuelo, con un nuevo sentimiento de seguridad, como si desde los peligros, excesos y éxtasis más grandes hubiéramos encontrado ahora el camino que nos conduce de vuelta a lo limitado y familiar: a ese lugar donde es posible entablar relaciones de superior bondad y, en cualquier caso, de mayor distinción que antes; pues, en comparación con

---

[37] Juego de palabras en el original entre «*vielleicht*» (quizá), su sustantivización «*Vielleicht*» (muy-ligero, literalmente, si se lee dividiendo la palabra) y su neologismo opuesto «*Vielschwer*» (muy-pesado).

la trayectoria que nosotros mismos hemos recorrido, aunque sólo en sueños, todo lo que aparece aquí como seriedad y apremiante necesidad, como el curso que se dirige hacia una meta, se asemeja tan sólo a fragmentos milagrosamente aislados de aquellas vivencias totales de las que somos conscientes con terror; en efecto, hasta nos introduciremos en lo peligroso y estaremos tentados de tomar la vida con excesiva ligereza, precisamente porque la habremos captado en el arte con seriedad tan extraordinaria, remitiéndonos a las palabras que Wagner ha dicho de los azares de su vida[38]. Pues si ya a nosotros, que no somos los creadores, sino sólo quienes tenemos experiencia de este arte de la dramaturgia ditirámbica, el sueño quiere afirmársenos como más verdadero casi que la vigilia y que la realidad: ¡de qué manera el creador tendrá que valorar por su parte esta antítesis! Ahí se halla él mismo en medio de todas las ruidosas llamadas e importunidades del día, en el seno de la apremiante necesidad de la vida, la sociedad y el Estado — ¿cómo qué? Quizá como si fuese él precisamente el único despierto, el único con sentido de lo verdadero y real entre confusos y atormentados durmientes, entre muchos dementes y sufrientes; a veces, ciertamente, él mismo se siente dominado por un insomnio permanente, como si tuviese que pasar su vida clara y consciente, saturada de tantas noches en vela, en compañía de sonámbulos y de seres que actúan con seriedad de fantasmas: de manera que a él le parece siniestro justamente aquello que a los demás les resulta habitual, y se siente tentado de combatir la impresión de ese fenómeno con una bur-

---

[38] Véase R. Wagner, *Über Staat und Religion* [*Sobre el Estado y la Religión*] (1864), ed. cit., tomo 8, pp. 217-246, especialmente pp 217-221, y *Mein Leben* [*Mi vida*] (1865-1880), edición de Eike Middell, vol. II, Bremen, Schünemann, pp.123-124. Traducción castellana de Ángel-Fernando Mayo, Madrid, Turner, 1989, p. 503. Aunque esa peculiarísima autobiografía todavía no había sido ni totalmente redactada ni tampoco editada públicamente en 1876, Nietzsche la conocía en parte desde 1869-1870 e intervino en los preparativos para su edición privada en una imprenta de Basilea (a lo largo de 1870-1875 se editaron de manera extremadamente restringida los tres primeros tomos, como explica M. Gregor-Dellin en su «Epílogo a la edición alemana», véase la citada traducción, pp. 681-696).

la insolente. Ahora bien, ¡de qué modo tan singular se escinde esta sensación cuando a la claridad de su escalofriante insolencia se le añade un impulso de todo punto distinto, la nostalgia por descender de lo elevado y bajar hasta lo profundo[39], el amoroso anhelo de la tierra, de encontrar la dicha en una comunidad — precisamente en el momento en el que recuerda todo aquello de lo que, en cuanto creador-solitario, está privado, como si debiera de inmediato, como un dios que desciende a la tierra, «levantar con ígneos brazos hacia el cielo»[40] todo lo débil, lo humano, lo perdido, para encontrar, al fin, amor y dejar de una vez de recibir adoración[41], y desposeerse por completo de sí mismo exteriorizándose en ese amor! Ahora bien, precisamente esa escisión que aquí hemos asumido es el milagro que en efecto acontece en el alma del dramaturgo ditirámbico: y si en algún lugar fuese posible captar su esencia también mediante conceptos, tendría que ser en éste. Pues los momentos en los que su arte se engendra se producen cuando él vive en tensión por hallarse en este cruce de sensaciones escindidas, y esa siniestramente insolente extrañeza y admiración ante el mundo se abraza con el nostálgico afán de acercarse a este mismo mundo como un amante. Incluso las miradas que entonces lanza a la tierra y a la vida siempre son rayos de sol que «atraen agua», acumulan niebla, esparcen por todas partes vahos dispuestos a provocar tormentas. *Dotada al mismo tiempo de reflexiva claridad y de desinteresada entrega amorosa*, su mirada desciende: y todo lo que ahora se ilumina con esta doble fuerza

---

[39] Cita textual de una expresión de R. Wagner, «*die Sehnsucht aus der Höhe in die Tiefe*», que éste utiliza, subrayada, en el importante ensayo autobiográfico *Eine Mittheilung an meine Freunde* [*Una comunicación a mis amigos*] (1852), ed. cit., tomo 6, p. 271.

[40] Cita casi literal de un verso de Goethe, de su balada *Der Gott und die Bajadere* [*El dios y la bayadera*]. Se encuentra al final del poema, cuya conclusión, en la versión castellana de R. Cansinos Assens, dice así: «Y [los dioses] con sus ígneos brazos hasta el cielo levantan a los pobres mortales en la abyección caídos.» Véase Goethe, J. W., *Obras Completas*, tomo 1, Madrid, Aguilar, 1974, 4.ª ed., 1.ª reimp., p. 882.

[41] Esto mismo lo dice casi literalmente R. Wagner refiriéndose a Lohengrin en *Eine Mittheilung an meine Freunde* [*Una comunicación a mis amigos*] (1852), ed. cit., tomo 6, pp. 271-272.

resplandeciente de su mirar incita con pavorosa rapidez a la
naturaleza a que descargue también todas sus fuerzas y revele
sus más ocultos secretos: y, sin duda, *por pudor*. Es más que una
imagen metafórica decir que con ese mirar él ha sorprendido
a la naturaleza y la ha visto mostrándose desnuda: porque entonces ella quiere, pudorosa, refugiarse en sus antítesis. Lo invisible, lo que hasta ese momento era interno, se salva en la
esfera de lo visible y adquiere apariencia; lo que hasta ahora
sólo era visible, huye al oscuro mar de lo sonoro: *de este modo
la naturaleza, al querer ocultarse, desvela la esencia de sus antítesis*.
En una danza impetuosamente rítmica y, sin embargo, llena de
elasticidad, con gestos extáticos, el dramaturgo originario habla
de lo que en esos momentos acontece en él, de lo que entonces tiene lugar en la naturaleza: el ditirambo de sus movimientos es tanto una estremecida comprensión y una insolente y
penetrante visión como un amoroso acercamiento y una autoexteriorización llena de gozo. La palabra sigue, embriagada, el
impulso de este ritmo; la melodía resuena, íntimamente abra-
zada con la palabra; y de nuevo continúa lanzando la melodía
sus chispas hacia el reino de las imágenes y los conceptos. Una
aparición onírica, que se parece y no se parece a la imagen de
la naturaleza y de su pretendiente, se acerca flotando, se con-
densa en figuras más humanas, se despliega siguiendo la estela
de un querer total heroicamente insolente, de un hundirse en
su ocaso lleno de delicias y ya no-querer-más: — así surge la
tragedia, así se le ofrece a la vida el don de la sabiduría más
excelente sobre ella misma, la sabiduría del pensamiento trágico, y así, al fin, crece el más grande hechicero y bienhechor
entre los mortales, el dramaturgo ditirámbico[42]. —

---

[42] En versiones anteriores de este pasaje se refiere Nietzsche expresamente
a Esquilo y a Wagner como prototipos de dramaturgos ditirámbicos, aprovechando sugerencias ya formuladas por R. Wagner en muchos textos, por ejemplo, en el notable ensayo sobre el teatro *Deutsche Kunst und deutsche Politik*
[*Arte alemán y política alemana*] (1867), ed. cit., tomo 8, pp. 247-352, sobre todo
en pp. 280-281, pasaje en el que el compositor se refiere expresamente al dramaturgo griego.

8[43]

La propia vida de Wagner, es decir, la paulatina revelación del dramaturgo ditirámbico, fue al mismo tiempo una lucha incesante consigo mismo en cuanto todavía no era exclusivamente ese dramaturgo ditirámbico: la lucha contra el mundo que le oponía resistencia tan sólo se le hizo tan enconada y siniestra porque desde su sí mismo escuchaba hablar a ese mundo, a ese enemigo seductor, y porque en sí albergaba un poderoso demón que le hacía oponerse y resistir. Cuando surgió en él la *idea dominante* de su vida, a saber, que a partir del teatro se podría lograr un efecto incomparable, el efecto más grande de todo arte, esta idea sacudió su ser y lo llevó a la más vehemente efervescencia. Lo cual no significó que enseguida tomase una clara y luminosa decisión sobre sus posteriores afanes y acciones; dicha idea primero apareció casi exclusivamente en una figura tentadora como expresión de ese tenebroso querer personal que, de modo insaciable, reclama *poder y lucimiento*. Lograr efecto, un efecto incomparable — ¿por medio de qué? ¿sobre quién? —, desde ese momento éste fue el infatigable interrogar y buscar de su mente y de su corazón. Él quería vencer y conquistar como jamás lo hizo artista alguno, y alcanzar, a ser posible de un solo golpe, esa tiránica omnipotencia hacia la que estaba impulsado de una manera tan oscura. Con celosa mirada escrutadora ponderó todo lo que tenía éxito y examinó con mayor detención todavía a aquél sobre el cual se tenía que producir efecto. Con el ojo hechicero del dramaturgo que lee en las almas como en un texto escrito mediante los signos más habituales, sondeó al espectador y al oyente, y pese a que, mientras conseguía comprenderlos, llegó a estar intranquilo muchas veces, enseguida utilizó los medios para someterlos. Estos medios estaban a su disposición; lo que quería y también lo que podía hacer es aquello que tenía un fuerte efecto sobre él; de sus modelos únicamente comprendía en cada etapa lo que él mismo estaba en condiciones de configu-

---

[43] Cfr. FP II 1.ª, 11 [2]; 11 [25]; 11 [29]; 11 [10]; 12 [13]; 12 [14]; 12 [15]; 12 [16] y 12 [17].

rar y modelar, jamás dudó de poder hacer aquello que le gustaba. Quizá sea al respecto una naturaleza todavía «más presuntuosa» que Goethe, quien de sí mismo decía lo siguiente:
«siempre pensé que, fuera la cosa que fuese, ya la poseía yo; si
se me hubiera puesto una corona, hubiese pensado que era algo
perfectamente obvio»[44]. Las capacidades de Wagner y su «gusto»
así como sus objetivos — todo ello encajaba en todo momento con tanta exactitud como una llave en su cerradura: — ese
conjunto *se fue haciendo* grande y *se fue haciendo* libre —, pero
él, por entonces, aún no era grande ni libre. ¡Qué le importaba
esa sensación débil, aunque más noble y, sin embargo, egocéntricamente solitaria, que, al margen de la gran masa, tenía tal o
cual amigo del arte que contase con formación literaria y estética! Ahora bien, esas violentas tempestades de las almas que
la gran masa desencadena en determinadas intensificaciones del
canto dramático, esa ebriedad que de súbito se propaga en los
ánimos, por completo sincera y desinteresada — ¡He aquí el
resonante eco de sus propias experiencias y sentimientos, en el
cual le penetró una ardiente esperanza de máximo poder y
efecto! Pues de ese modo fue como entendió la *gran ópera*
como aquel medio que ya poseía y con el que le resultaba
posible expresar su idea dominante[45]; hacia esa ópera le acuciaba su apremiante deseo, y él tenía dirigidos sus ojos hacia la
patria de tal ópera[46]. Un prolongado período de su vida, junto

[44] Cita inspirada en parte en Goethe, *Aus meinem Leben. Fragmentarisches.
Spätere Zeit* [*De mi vida. Fragmentos. Época tardía*]. En la edición de *Sämmtliche
Werke in vierzig Bänden* [*Obras completas en cuarenta tomos*], Stuttgart, 1857, el
pasaje se halla en el tomo 27, p. 507, y dicho tomo formaba parte de la biblioteca de Nietzsche.

[45] Una breve exposición de lo que R. Wagner pensaba en sus referencias a
la «gran ópera» puede leerse en su ensayo autobiográfico *Eine Mittheilung an
meine Freunde* [*Una comunicación a mis amigos*] (1852), ed. cit., tomo 6, especialmente en pp. 230-232.

[46] Alusión indirecta a París, avalada por los paralelos que pueden hallarse
en diferentes textos autobiográficos de Wagner, por ejemplo, el que prosigue el
pasaje que acabamos de citar en la nota anterior y el que se encuentra en su
Autobiografische Skizze [*Esbozo autobiográfico*] (1843), en R. Wagner, *Escritos y
confesiones*, traducción de R. Ibero, Barcelona, Labor, 1975, pp. 100-107, textos
que Nietzsche tenía bien presentes en su redacción de estas páginas.

con los más atrevidos cambios en sus planes, sus estudios, sus lugares de residencia y sus relaciones humanas, no se explica sino por ese ardiente deseo y por las resistencias exteriores a las que hubo de hacer frente este artista alemán menesteroso, inquieto y apasionadamente ingenuo. Otro artista entendió mejor la manera de dominar en ese terreno; y ahora que se ha ido conociendo poco a poco mediante qué red de influencias de toda índole, tejida de manera sumamente artificiosa, Meyerbeer sabía preparar y conseguir cada uno de sus grandes triunfos, y con qué escrupulosidad ponderaba la serie de «efectos» en la ópera misma, se comprenderá también el grado de avergonzada exasperación que le sobrevino a Wagner cuando se le abrieron los ojos sobre esos «medios artísticos» prácticamente imprescindibles para arrancar un éxito al público. Dudo de que haya habido en la historia un gran artista que comenzase con un error tan enorme y se comprometiera de modo tan candoroso y sincero con la más escandalosa configuración de un arte: y, sin embargo, la forma en que lo hizo tuvo grandeza y, por ello mismo, una asombrosa fecundidad. Pues a partir de la desesperación que le produjo reconocer ese error entendió el éxito moderno, comprendió al público moderno y captó toda la esencia mentirosa del arte moderno. Mientras se estaba convirtiendo en crítico del «efecto», los presentimientos de su propia purificación le llenaron de estremecimientos. Era como si desde ese instante el espíritu de la música le hablara con un hechizo psíquico completamente nuevo. Como si volviera a la luz después de una larga enfermedad, apenas se fiaba ya de sus manos y de sus ojos, proseguía su camino con una gran lentitud; y de ese modo se percató, como si se tratara de un descubrimiento maravilloso, de que todavía era músico y artista, más aún, que sólo entonces había empezado a serlo.

Toda etapa posterior en la evolución de Wagner tiene la característica de que las dos fuerzas básicas de su ser se unen de forma cada vez más estrecha: cede la suspicacia de la una para con la otra, desde entonces el sí mismo superior ya no otorga la gracia de su servicio al violento hermano más terrenal, sino que lo *ama* y tiene que estar a su servicio. Lo más delicado y puro se halla al final, en la meta de la evolución, contenido también en lo más poderoso, el impulso vehemente sigue su curso como antes, pero por otras vías, hacia el lugar donde reside el sí mismo superior; y éste, por su parte, desciende a la tierra y en todo lo terrenal reconoce un símbolo suyo. Si fuera posible hablar así de la meta última y del resultado de esa evolución sin que se hubiera dejado de comprendernos, entonces también sería legítimo poder encontrar el giro metafórico que permitiese que caracterizáramos una larga etapa intermedia de tal evolución; pero yo dudo de lo primero y por eso no ensayo lo segundo. Esa etapa intermedia se delimita históricamente respecto a la anterior y la posterior en dos palabras: Wagner se convierte en *revolucionario de la sociedad*, Wagner descubre al único artista que ha habido hasta entonces, *el pueblo poetizante*. A ambas lo condujo la idea dominante que, después de aquella gran desesperación y contrición, apareció ante él en una figura nueva y más poderosa que nunca. ¡Efecto, un efecto incomparable que proceda del teatro! — pero ¿sobre quién? Le entraban escalofríos al recordar sobre quién había querido producir efecto hasta entonces. Partiendo de sus vivencias comprendió toda la ignominiosa posición en que se encuentran el arte y los artistas: en el seno de una sociedad que carece de alma o que es desalmada, que se llama buena pero que propiamente es mala, y que entre su séquito de esclavos tiene al arte y a los artistas para la satisfacción de sus *exigencias de apariencia*. Captó, por un lado, que el arte moderno es un lujo, del mismo modo que también captó, por el otro, que su existencia depende del derecho imperante en una sociedad de lujo. Dicha sociedad, mediante la más despiadada y avispada utilización de su poder, supo hacer a los que no lo tienen, al pueblo, cada vez más servil, más bajo y más desarraigado de sentido nacional, y a partir de él supo crear al moderno «trabajador», asimismo y de la misma forma tal sociedad ha despojado al pueblo de lo más grande y más puro que éste se había generado desde la más profunda y apremiante necesidad y en lo cual, como verdadero y único artista, comunicaba su alma con bondadoso corazón, esto es, le ha arrebatado su mito, su forma de cantar, su danza y su inventiva lingüística, para destilar de todo ello un voluptuoso remedio contra el agotamiento y el tedio de su existencia — las artes modernas[47]. Cómo se formó esta sociedad, cómo de las esferas de poder aparentemente contrapuestas supo conseguirse nuevas fuerzas, cómo, por ejemplo, el cristianismo, pervertido en hipocresía y en banalidades, se dejó utilizar como protección contra el pueblo, como consolidación de aquella sociedad y de sus propiedades, y cómo la ciencia y los doctos se lanzaban a esta servidumbre con excesiva pusilanimidad: Wagner persiguió todos estos interrogantes a través de las diferentes épocas para, al final de sus observaciones, saturado de asco y de rabia, saltar en un estallido: por compasión con el pueblo se había convertido en un revolucionario. Desde entonces lo amó y lo añoró, del mismo modo que también echaba en falta el arte del pueblo, pues, ¡ay!, sólo en él, sólo en ese pueblo que había desaparecido, que apenas se podía entrever y que se hallaba escondido de modo artificial, veía Wagner ahora al único espectador y oyente que pudiera ser digno y estar a la altura del poder de su obra de arte tal como él en sueños se la imaginaba. Siguiendo esos hilos su meditación se concentró en la pregunta siguiente: ¿Cómo se forma el pueblo? ¿Cómo resurge de nuevo?

Pero siempre encontró una sola respuesta: — si una multitud sufriera la misma apremiante necesidad que yo sufro, esa multitud sería el pueblo, se decía Wagner[48]. Y allí donde esa misma necesidad condujese a un impulso y a un deseo idénticos, allí también tendría que buscarse la misma manera de encontrarles satisfacción, y allí tendría que hallarse una dicha idéntica en esa satisfacción. Cuando se puso a buscar qué era aquello que en su apremiante necesidad a él mismo más a fondo lo consolaba y lo alentaba, qué era lo que con máxima vitalidad satisfacía esa necesidad suya, entonces tomó conciencia con sublime certeza de que sólo dos cosas lo conseguían, el

---

[47] Todo este párrafo está directamente sugerido por las tesis wagnerianas mantenidas en su ensayo *Das Kunstwerk der Zukunft* [*La obra de arte del futuro*] (1849), ed. cit., tomo 6, pp. 9-157; pp. 16-17 en especial; véase traducción castellana, pp. 36-37.

[48] Nueva referencia directamente inspirada en ese mismo ensayo, *La obra de arte del futuro*, véase ed. cit., p. 15; traducción castellana cit., p. 35.

mito y la música, el mito, que él conocía como producto y lenguaje de la apremiante necesidad del pueblo, y la música, de un origen similar, aunque todavía más enigmático. En esos dos elementos bañaba y curaba Wagner su alma, de ellos tenía menester con muy irreprimible celo: — todo ello le permitió inferir el íntimo parentesco de su necesidad con la que apremiaba al pueblo cuando éste se formó y concluir entonces que, si había *muchos Wagner*, el pueblo tendría que resurgir de nuevo. Pues bien, ¿cómo vivían el mito y la música en nuestra moderna sociedad, en la medida en que no hubieran sido víctimas de ella? Les había tocado en suerte un destino similar, testimonio corroborativo de su secreta vinculación: el mito estaba degradado y desvirtuado de manera profunda, transformado en «cuento», en posesión lúdicamente venturosa de los niños y las mujeres del pueblo atrofiado, despojado por completo de su maravillosa naturaleza viril, grave y sagrada; la música se había conservado entre los pobres y humildes, y entre los solitarios, el músico alemán no había logrado integrarse con fortuna en la empresa de lujo de las artes, él mismo se había convertido en un cuento monstruoso, hermético, repleto de los más conmovedores sones y signos, en un torpe interrogador, en algo completamente hechizado y necesitado de redención. En tales circunstancias el artista escuchaba con claridad la orden que sólo a él le concernía — volver a crear el mito en lo viril y deshacer el hechizo que sufre la música para que pueda hablar: de golpe sentía que ya no estaba atada su fuerza para el *drama*, que su señorío se fundaba sobre un reino intermedio todavía por descubrir entre el mito y la música. Puso entonces ante los seres humanos su nueva obra de arte, en la que había reunido todo lo que conocía de poderoso, de efectivo y sublime, planteándoles su grave *pregunta*, dolorosamente decisiva: «¿Dónde estáis los que, como yo, sufrís y padecéis necesidades? ¿Dónde está esa multitud que yo anhelo como constituyendo el pueblo? Os reconoceré, porque vosotros debéis tener en común conmigo la misma dicha y el mismo consuelo: ¡en vuestra alegría se me revelará vuestro sufrimiento!». Éste es el interrogante que formuló con *Tannhäuser* y *Lohengrin*, y con esas obras miró a su alrededor en busca de sus iguales; el solitario ansiaba la multitud.

Ahora bien, ¿cómo se sintió? Nadie dio una respuesta, nadie había entendido la pregunta. No es que se permaneciera en silencio, al contrario, se contestaba a mil cuestiones que en absoluto había planteado, se parloteaba sobre las nuevas obras de arte como si se las hubiera creado a fin de cuentas para que las palabras las taladrasen y demoliesen. Entre los alemanes irrumpió como una fiebre toda una entusiástica manía estética en la escritura y en las charlas, las obras de arte y las personas de los artistas se manosearon y se examinaron con esa falta de pudor que es demasiado característica tanto de los doctos alemanes como de los periodistas alemanes. Wagner intentó que se comprendiera su pregunta mediante la publicación de escritos: nuevo desconcierto, nuevos cuchicheos — un músico que escribía y que pensaba le resultaba entonces a todo el mundo una cosa absurda; y comenzaron a gritar: ¡es un teórico que quiere transformar el arte mediante conceptos de rebuscada sutileza, lapidadlo! — Wagner se quedó estupefacto; no se comprendía su pregunta, no se sentía su apremiante necesidad, su obra de arte parecía una comunicación dirigida a sordos y a ciegos, y su pueblo — una fantasmagórica construcción cerebral; sintió vértigo y empezó a tambalearse. Ante su mirada se presentó la posibilidad de una subversión completa de todas las cosas, y ya no se asustó ante semejante posibilidad: quizá sea preciso levantar, más allá de la subversión y la devastación, una nueva esperanza, quizá no — en cualquier caso, siempre será mejor la nada que algo que es repugnante. En breve tiempo Wagner se convirtió en refugiado político y estaba en la miseria[49].

¡Y sólo entonces, exactamente con ese terrible giro de su destino exterior e interior, comenzó en la vida de esta gran persona el período marcado por el resplandor de la suprema maestría, similar al brillo del oro líquido! ¡Sólo entonces el

[49] Esta sucinta versión de la participación wagneriana en los «revolucionarios» sucesos de Dresde puede ampliarse mediante la lectura de los textos autobiográficos del propio compositor, por ejemplo, *Eine Mittheilung an meine Freunde* y *Mein Leben*, que, como ya hemos dicho, Nietzsche conocía bien.

genio de la dramaturgia ditirámbica se arrancó el último velo
y lo lanzó lejos de él! Se encontraba aislado, la época le resultaba vana[50], ya no tenía esperanzas: en tales circunstancias su
mirada universal descendió de nuevo a lo profundo, pero esta
vez llegó hasta el fondo: allí vio el sufrimiento en la esencia de
las cosas y desde ese momento, convertido por decirlo así en
más impersonal, asumió con mayor serenidad la porción de
sufrimiento que le ha sido asignada[51]. Las ansias de poder supremo, herencia de estados y situaciones anteriores, se volcaron
ahora por completo a la creación artística; mediante su arte
sólo hablaba consigo mismo, ya no lo hacía con tal o cual público o pueblo, y luchó por darle a ese arte la máxima claridad
y aptitud para que estuviera en condiciones de entablar un
diálogo tan extraordinariamente poderoso. Incluso en la obra
de arte del período anterior las cosas todavía habían sido distintas: incluso en esa obra de arte había prestado atención, aunque lo hizo de manera delicada y ennoblecida, a la forma de
conseguir un efecto inmediato: pues dicha obra de arte estaba
concebida como pregunta que debía provocar una respuesta
inmediata; e innumerables veces quiso Wagner facilitar que le
comprendieran a aquellos a quienes dirigía sus preguntas — de
manera que les ayudaba en su falta de experiencia ante tal tarea
interrogativa y se adaptaba a formas y medios de expresión
artísticos que eran más tradicionales; allí donde no tenía más
remedio que temer que con su lenguaje más propio no con-
seguiría convencerlos ni hacerse entender, había intentado persuadir y anunciar su pregunta en una lengua medio extraña,
pero más conocida por sus oyentes. Pero a partir de esas nuevas
circunstancias nada había ya que le hubiera podido inducir a
que prestase una tal atención, tan sólo deseaba entonces una
única cosa: entenderse consigo mismo, pensar en acontecimientos y filosofar en sonidos sobre la esencia del mundo; el

---

[50] Cita directa de una expresión autobiográfica wagneriana que se encuentra en *Epilogischer Bericht...* [*Noticia epilogal...*] (1871), ed. cit., tomo 3, pp. 335-
351; la expresión se halla en la p. 337.
[51] En una versión previa de este pasaje Nietzsche anotó: «El arte se convierte en religión: el revolucionario se resigna.»

resto de sus *propósitos* se orientaba hacia las *concepciones* últimas. Quien sea digno de saber lo que por entonces ocurrió en él, sobre qué solía dialogar consigo mismo en la más sagrada oscuridad de su alma — y no son muchos los dignos de saberlo: que escuche, contemple y viva *Tristán e Isolda*, el auténtico *opus metaphysicum* [obra metafísica] de todo arte, una obra en la que se halla la desfalleciente mirada de un moribundo con su insaciable y dulcísima nostalgia de los secretos de la noche y la muerte, muy lejos de la vida, la cual, como lo maligno, lo engañoso y lo separador, resplandece en una espantosa y fantasmagórica nitidez y claridad matinal: un drama, además, de muy austero rigor en la forma, arrebatador en su sencilla grandeza y sólo así adecuado precisamente al secreto de que habla, estar muerto en un cuerpo vivo, ser uno en la dualidad. Y, sin embargo, aún hay algo más maravilloso que esta obra: el artista mismo que después de ella fue capaz de crear en un breve lapso de tiempo una imagen del mundo con la coloración más diferente, *Los maestros cantores de Núremberg*, el cual, ciertamente, en estas dos obras, por decirlo así, tan sólo descansó y se repuso para coronar con mesurada prisa el cuádruple edificio gigantesco, proyectado y comenzado con anterioridad, ¡el fruto de su meditar y su poetizar a lo largo de veinte años, su obra de arte bayreuthiana, *El anillo del nibelungo*! Quien sea capaz de sentirse extraño ante la vecindad del *Tristán* y *Los maestros cantores*, en un punto importante no ha comprendido la vida y el ser de todos los alemanes verdaderamente grandes: nada sabe del único fundamento sobre el cual puede crecer esa *serenidad* propia y exclusivamente *alemana* de Lutero[52], Beethoven y Wagner, una serenidad que los otros pueblos no entienden en absoluto y que los actuales alemanes mismos parecen haber perdido — ese combinado de color dorado claro, fermentado con sencillez, amorosa penetración, sentido de la observación y picardía, que Wagner ha servido como la más exquisita bebida a todos los que han sufrido profundamente en la vida y que de nuevo se dirigen hacia ella, como quien dice, con la sonrisa de los que han recobrado la salud. Y conforme él mis-

---

[52] En una versión previa figuraba también Durero entre Lutero y Beethoven.

mo miraba el mundo cada vez con una mayor reconciliación, con menor frecuencia le afectaban la rabia y el asco, renunciando al poder con aflicción y amor más que estremeciéndose de horror ante él; a medida que de una manera tan callada iba desarrollando su obra más grande y presentaba partitura tras partitura[53], sucedió algo que le hizo prestar atención: vinieron los *amigos* para anunciarle un movimiento subterráneo de numerosos espíritus — aún faltaba mucho para que fuese el «pueblo» el que se moviera y el que se anunciara en ese movimiento, pero quizá ahí estuviese el germen y la primera fuente de vida de una sociedad verdaderamente humana que se consumaría en un futuro lejano; por de pronto era sólo la garantía de que su gran obra podría ponerse alguna vez en las manos y bajo la custodia de personas leales que habrían de velar por ese legado sumamente excelente y que serían dignas de hacerlo; por el amor de los amigos los colores del día de su vida se hicieron más brillantes y cálidos; su más noble preocupación, conseguir que su obra llegase a la meta antes de que, por decirlo así, cayera la noche, y encontrar para la misma un albergue, en adelante ya no le incumbía solamente a él. Y entonces se produjo un acontecimiento que Wagner tan sólo pudo comprender simbólicamente y que para él significó un nuevo consuelo, una afortunada señal. Una gran guerra de los alemanes, de esos mismos alemanes que sabía tan profundamente degenerados, tan distanciados del elevado sentido alemán tal como lo había investigado y reconocido con la conciencia más honda en sí mismo y en los otros grandes alemanes de la historia, le hizo alzar la mirada — entonces vio que esos alemanes mostraban en una situación completamente horrorosa dos virtudes auténticas: simple valentía y cordura, y con muy íntima felicidad comenzó a creer que quizá no era en modo alguno el último alemán, y que un día saldría en defensa de su obra un poder todavía con más energías que la sacrificada pero exigua fuerza de sus pocos amigos, imprescin-

---

[53] Formulación que aprovecha lo que Wagner escribió en *Epilogischer Berich...* [*Noticia epilogal...*] (1871), ed. cit., tomo 3, pp. 335-351; el pasaje se halla en la p. 346.

dible para aquella prolongada etapa en que su obra debía esperar el futuro que le había estado predestinado, en tanto es la obra de arte de ese futuro. Es posible que esta creencia no pudiera protegerse constantemente de la duda, sobre todo cuanto más trataba de elevarse hacia esperanzas inmediatas: fue suficiente, sin embargo, para que Wagner recibiese un poderoso impulso que le hizo acordarse de un elevado *deber* todavía no cumplido.

Su obra no estaría acabada, no hubiera tenido conclusión, si tan sólo la hubiese confiado a la posteridad como partitura que permanece en silencio: no tuvo más remedio, por tanto, que mostrar y enseñar públicamente lo más inimaginable, lo que le estaba reservado de manera más personal, a saber, el nuevo estilo de su ejecución y representación, con el fin de dar el ejemplo que nadie más podía dar, y así fundar una *tradición de estilo* que no está inscrita en signos sobre papel, sino en los efectos que produce sobre las almas humanas[54]. Eso había llegado a convertírsele en el deber más grave, tanto más cuanto que sus otras obras habían tenido entretanto, precisamente en lo que respecta al estilo de la ejecución, el destino más insoportable y más absurdo: eran famosas, admiradas y — maltratadas, y parecía que nadie se molestara[55]. Pues, por extraño que este hecho pueda sonar, mientras Wagner, que ya poseía una valoración muy clarividente de sus coetáneos, cada vez renun-

[54] Sobre la excepcional importancia que Wagner atribuía a dar «ejemplo» directo e innovador a músicos, cantantes y actores, ya que estas tres cosas a la vez es lo que han de ser los buenos intérpretes de sus dramas musicales, aprovechando para ello la innata capacidad de imitar que todos tenemos, véase *Über Schauspieler und Sänger* [*Sobre actores y cantantes*] (1872), ed. cit., tomo 9, pp. 183-263; sobre todo pp. 237-238 y 243.

[55] Sobre cómo deben ejecutarse sus obras, Wagner tiene muchos textos que están en directa relación con lo aquí indicado por Nietzsche, véase, por ejemplo, *Über das Dirigiren* [*Sobre la dirección de orquesta*] (1869), ed. cit., tomo 8, pp. 129-213; en especial p. 183. Hay traducción castellana de Julio Gómez con el título *El arte de dirigir la orquesta*. Madrid, Imprenta de L. Rubio, 1925, 155 pp. Agradecemos al profesor Salvador Seguí que nos proporcionase informaciones y una copia integral de esta notable y rigurosa edición, aunque, por desgracia, poco conocida y citada, y a Guillem Calaforra el que precisara el año de esa edición, dato que no aparece en ella.

ciaba más radicalmente a tener éxito entre ellos y abandonaba la idea de alcanzar poder, éstos le llegaron, el «éxito» y el «poder»; al menos eso es lo que le contaba todo el mundo. Para nada sirvió que una y otra vez dejara en claro de la forma más tajante y decidida el carácter completamente equívoco, e incluso para él vergonzoso, de tales «éxitos»; se estaba tan poco acostumbrado a ver que un artista hiciera análisis estrictos respecto a la naturaleza de sus efectos que ni siquiera una sola vez se aceptaron realmente sus más solemnes protestas. Después de habérsele hecho manifiesto la correlación que existe entre, por una parte, nuestro teatro actual y tener éxito en él y, por la otra, el carácter del ser humano de nuestros días, en ese teatro a su alma nada realmente creativo le quedaba ya por hacer; había perdido todo interés por el entusiasmo estético y por el júbilo de las masas exaltadas, más aún, tenía que irritarlo ver que su arte desaparecía de una manera muy indiscriminada en las fauces bostezantes del aburrimiento insaciable y del afán de distracción. Que en semejante teatro cada efecto tenía que ser meramente superficial y vacío de ideas, que ese teatro trataba, en efecto, no tanto de alimentar a un hambriento, sino más bien de hartar a un insaciable, eso Wagner lo infería sobre todo a partir de un fenómeno que se repetía con regularidad: por doquier se tomaba su arte, incluso entre aquellos que intervenían en la representación y ejecución de sus obras, como una música escénica cualquiera, según el repugnante código del estilo de la ópera; más aún, gracias a los directores de orquesta y a su característica formación, se cortaron y trocearon esas obras adaptándolas directamente a la ópera, del mismo modo que los cantantes creían que sólo las dominaban tras eliminarles cuidadosamente su espíritu; y cuando se deseaba que las cosas se hicieran de verdad bien, las prescripciones de Wagner se aceptaban con torpeza y con sofocante mojigatería, más o menos como si se quisiese representar el nocturno tumulto del pueblo en las calles de Núremberg, tal como está prescrito en el segundo Acto de *Los maestros cantores*, con bailarines que lo figuraran artificiosamente: — y en todo eso parecía que se actuaba de buena fe, sin segundas intenciones llenas de perversidad. Los abnegados intentos que Wagner llevó a cabo mediante su acción y su ejemplo por indicar que las representaciones fuesen al menos sencillamente correctas y completas y por introducir a algunos cantantes en el estilo de ejecución totalmente nuevo, el fango del aturdimiento y la rutina imperantes los hizo fracasar una y otra vez; además, siempre lo obligaron a ocuparse precisamente de ese teatro que en todos y cada uno de sus aspectos le producía náuseas. Hasta el mismo Goethe, en verdad, había perdido las ganas de asistir a las representaciones de su *Ifigenia*: «Sufro horriblemente», dijo al explicarlo, «cuando tengo que pelearme con esos fantasmas que no aparecen en la forma en que lo deberían hacer»[56]. No obstante, día a día aumentaba el «éxito» en ese teatro que a Wagner se le había hecho insufrible; al final se llegó al punto en que precisamente los grandes teatros vivían casi en su mayor parte de las sustanciosas ganancias que les producía el arte wagneriano en su desfiguración como arte de la ópera. La desorientación en torno a esta creciente pasión del público teatral afectaba incluso a muchos amigos de Wagner: él tuvo que soportar lo más amargo — ¡como gran mártir! —, y ver a sus amigos embriagados de «éxitos» y «victorias», precisamente allí donde su única y más elevada idea quedaba destrozada y repudiada sin resquicios. Casi parecía como si un pueblo serio y profundo en muchos de sus aspectos no quisiera dejar que se atrofiara respecto al más serio de sus artistas una fundamental frivolidad, como si precisamente por esta razón todo lo vil, irreflexivo, torpe y perverso de la esencia alemana tuviera que ensañarse con él. — Cuando, durante la guerra alemana, parecía apoderarse de los ánimos una tendencia más libre y grandiosa, Wagner recordó su deber de lealtad para salvar al menos su más grande obra de esos éxitos y ultrajes provocados por los malentendidos, y para ofrecerla en su ritmo más propio, como ejemplo para todos los

---

[56] Véase Goethe, *Conversaciones con Eckermann*, respuesta dada por el poeta en la conversación del 1 de abril de 1827. En la versión de R. Cansinos Assens el citado pasaje dice así: «Debo confesar que nunca he tenido la suerte de presenciar una representación perfecta de mi *Ifigenia*. Por eso es por lo que ayer tampoco fui a ver ésta. Pues me hace sufrir horrores el encontrarme con esos espectros que no saben afirmarse como debieran». *Obras Completas*, tomo 2, Madrid, Aguilar, 1962, p. 1333.

tiempos: así creó la *idea de Bayreuth*. Entre los componentes de
esa tendencia de los ánimos creía presenciar también el desper-
tar de un más acentuado sentimiento del deber en todos aquellos a quienes quería confiar el más preciado de sus bienes:
— de esta duplicidad de deberes surgió el acontecimiento que,
como un extraño resplandor solar, ha iluminado los últimos
años e iluminará los próximos: concebido para ser la salud de
un futuro lejano, de un futuro que sólo es posible, pero que no
es demostrable, un futuro que para el presente y para los humanos de este único presente no es mucho más que un enigma
o un suplicio, pero para los pocos a los que les estuvo permitido prestarle su ayuda es un goce adelantado, una vida antici-
pada de índole suprema mediante la cual se saben, mucho más
allá del curso de su propia vida, felices, sublimes y fecundos, y
para Wagner mismo es un oscurecimiento producido por la
fatiga, la preocupación, la reflexión y la pena, un renovado
ataque de furia de los elementos hostiles, pese a lo cual ¡todo
está eclipsado por la victoriosa estrella de la *abnegada lealtad* y,
a su luz, transformado en dicha inefable!

Apenas es necesario decirlo: sobre esta vida sopla el aliento de lo trágico. Y quien en su propia alma pueda adivinar
algo de todo ello, aquel a quien no le resulten en absoluto
extrañas ninguna de estas cosas: la coerción de un engaño
trágico sobre la finalidad de la vida, la alteración y la ruptura
de los propósitos, la renuncia y la purificación por amor, ése
sentirá por fuerza, en lo que nos muestra ahora Wagner en la
obra de arte, una rememoración onírica de la propia existencia heroica de esta gran persona. Desde muy lejos sentiremos
como si Siegfried estuviese hablando de sus hazañas: en la más
conmovedora dicha del recuerdo teje sus hilos la honda tris-
teza del verano agonizante, y en silencio está la naturaleza
entera en la dorada luz del atardecer[57]. —

---

[57] Véase R. Wagner, *Götterdämmerung* [*El ocaso de los dioses*], Acto tercero,
vv. 345 ss., ed. cit., tomo 3, pp. 303-304.

9[58]

Reflexionar sobre qué es *el artista Wagner* y, sin dejar de hacer observaciones, pasar por delante del espectáculo de un poder y un deber que han llegado a ser verdaderamente libres: he aquí lo que le será necesario para recobrar su salud y para reponer sus fuerzas a todo aquel que haya pensado sobre *cómo ha ido formándose la persona de Wagner* y haya sufrido al meditarlo. Si el arte no es a fin de cuentas sino la capacidad de comunicar a otros lo que se ha vivido, si toda obra de arte que no puede darse a comprender se contradice a sí misma, entonces la grandeza del artista Wagner ha de consistir precisamente en esa demónica comunicabilidad de su naturaleza, la cual se diría que habla de sí misma en todas las lenguas y permite que se reconozca con la máxima nitidez su vivencia íntima y más propia; su aparición en la historia de las artes se parece a una erupción volcánica de la capacidad artística íntegra e indivisa de la naturaleza misma, después de que la humanidad se hubiera acostumbrado, como si fuese una regla, al panorama del aislamiento de cada una de las artes. Por tanto, se puede estar indeciso sobre el nombre con el que se lo debería denominar, si se lo ha de llamar poeta, o artista figurativo, o músico, tomada cada una de estas palabras en una extraordinaria ampliación de su significado, o bien si se ha de crear para él un término nuevo.

Lo *poético* en Wagner se manifiesta en que piensa en procesos visibles y sensibles, no en conceptos, es decir, en que piensa de manera mítica, que es como siempre ha pensado el pueblo[59]. El mito no se basa en un pensamiento, como creen los hijos de una cultura excesivamente artificiosa, él mismo es, por el contrario, una actividad del pensamiento; el mito co-

---

[58] Cfr. FP II 1.ª, 11 [18]; 11 [40]; 11 [15]; 11 [8]; 11 [28]; 11 [42]; 11 [51] y 12 [32].

[59] Véase R. Wagner, *Oper und Drama* [*Ópera y drama*] (1851), ed. cit., tomo 7, pp. 59 y 150 ss. en especial; traducción castellana de Ángel-Fernando Mayo, Sevilla, 1997, pp. 73 y 155 ss., en donde se halla una de las más lograr das exposiciones wagnerianas de su teoría del mito.

munica una representación del mundo, pero en una secuencia de procesos, acciones y sufrimientos. *El anillo del nibelungo* es un formidable sistema de pensamiento sin la forma conceptual del pensamiento. Quizá un filósofo podría poner a su lado algo que le correspondiera por completo, que careciera por entero de imágenes y acciones y que tan sólo nos hablara en conceptos: tendríamos entonces lo mismo, pero representado en dos esferas incompatibles: para el pueblo, por un lado, y, por el otro, para la antítesis del pueblo, para la persona teorética. A ésta, por tanto, no se dirige Wagner; pues la persona teorética entiende de lo propiamente poético, del mito, tanto como un sordo entiende de música, esto es, ambos ven un movimiento que les parece absurdo. Desde ninguna de estas dos esferas incompatibles es posible mirar en el interior de la otra: mientras estamos bajo la influencia del poeta, pensamos juntamente con él, como si sólo fuésemos seres que sentimos, vemos y oímos; las conclusiones que sacamos son las conexiones de los procesos que hemos visto, es decir, causalidades fácticas, no lógicas.

Ya que los héroes y dioses de dramas míticos tales como los que Wagner escribe en cuanto poeta también deben expresarse claramente en palabras, el primer peligro que entonces se presenta es que este *lenguaje verbal* despierte en nosotros nuestra personalidad teorética y con ello nos traslade a otra esfera diferente, la que no es mítica: de manera que mediante la palabra no sólo no hubiéramos comprendido con una mayor claridad lo que sucedía ante nosotros, sino que al final no hubiésemos comprendido absolutamente nada. Wagner obliga por ello al lenguaje a que retroceda a un estado originario en el que todavía casi no piensa nada en conceptos, pues en tal estado el lenguaje mismo todavía es poesía, imagen y sentimiento; la temeridad con la que Wagner se lanzó a esta tarea de todo punto aterradora muestra el grado de violencia que sobre él ejercía el espíritu poético que le guiaba, como si fuera un individuo que estuviera obligado a seguir caminando, fuera cual fuese la senda que escogiera su fantasmagórico guía. Se debía poder cantar cada palabra de estos dramas, y los dioses y héroes debían asumirlas en su boca: ésa fue la extraordinaria exigencia que Wagner le planteó a su imaginativa fantasía lingüística. Cualquier otro se hubiera desesperado al intentarlo; pues nuestra lengua parece casi demasiado vieja y devastada como para que alguien tuviera el derecho de reclamarle lo que Wagner le reclamaba: y, sin embargo, el golpe que le dio a la roca hizo que de ella brotara un caudaloso manantial. Precisamente Wagner, puesto que a esta lengua la amaba más y de ella exigía más, también ha sufrido más que cualquier otro alemán por la degeneración y la debilitación que la afectaban, esto es, por las múltiples pérdidas y mutilaciones de las formas, por la torpe estructura de partículas de nuestra sintaxis, por los verbos auxiliares que no se prestan al canto: — todo esto no son sino cosas que se han introducido en la lengua mediante vicios y ruinosos descuidos. En cambio, sentía con profundo orgullo la originalidad e inagotabilidad que incluso ahora persisten en esta lengua, la fuerza llena de música de sus raíces, en las cuales, en contraposición a las lenguas sumamente derivadas y artificiosamente retóricas de los pueblos románicos, adivinaba una maravillosa tendencia y preparación para la música, para la verdadera música[60]. A través de la obra poética de Wagner se hace presente un placer por la lengua alemana, una cordialidad y franqueza en el trato con ella que no se pueden sentir de esa manera en ningún otro escritor alemán, excepto en Goethe. Plasticidad en la expresión, atrevida concisión, potencia y multiplicidad de recursos rítmicos, una singular riqueza de palabras significativas y fuertes, simplificación en la construcción de las frases, una inventiva casi única en el lenguaje de los sentimientos fluctuantes y en el lenguaje de los presentimientos, un carácter popular y sentencioso que a veces brotan en total pureza — tales serían las propiedades que consignar y, por descontado, todavía continuaría en el olvido la más poderosa y la más digna de admiración. Quien lea, una a continuación de la otra, dos obras poéticas como *Tristán e Isolda* y *Los maestros cantores*, percibirá en el lenguaje verbal una sorpresa y una duda similares a las que sentirá en la música: a saber, cómo fue posible gobernar creativamente dos mundos tan distintos en su forma,

---

[60] Véase R. Wagner, ob. cit., pp. 232 ss.; traducción castellana cit. pp. 227 ss.

su colorido y su estructura, y, por descontado, en sus respectivas almas. He aquí lo más poderoso en el talento wagneriano, algo que — tan sólo logrará un gran maestro: acuñar un nuevo lenguaje para cada obra y darle también un nuevo cuerpo y un nuevo sonido a esa nueva interioridad. Allí donde se manifieste un tal poder de tan extrema rareza, siempre seguirá siendo meramente mezquina e infecunda la censura que se refiera a la arrogancia y extravagancia en casos aislados, o a las oscuridades de la expresión y las neblinas del pensamiento, pese a su mayor frecuencia. A ello hay que añadir que a quienes hasta ahora han formulado las críticas más estridentes, en el fondo no les era tan chocante e inaudito el lenguaje cuanto el alma, todo ese nuevo modo de sufrir y de sentir. Si queremos esperar hasta que estos mismos críticos tengan un alma diferente, entonces ellos mismos hablarán también un lenguaje diferente: y entonces, en mi opinión, la lengua alemana en su conjunto también se encontrará en una situación mejor que aquella en la que ahora está.

Ante todo, sin embargo, nadie que reflexione sobre Wagner en cuanto poeta y artífice del lenguaje debe olvidar que ninguno de los dramas wagnerianos está destinado a ser leído y que, por tanto, no se tiene derecho a importunarle con las exigencias que se plantean al drama verbal. Éste quiere actuar sobre el sentimiento únicamente mediante conceptos y palabras; con tal propósito es uno de los súbditos del señorío de la retórica. Ahora bien, la pasión rara vez practica la elocuencia en la vida: en el drama verbal ha de ejercitarla para poder comunicarse, sea de la manera que sea. Pero cuando el lenguaje de un pueblo ya se halla en un estado de decadencia y de desgaste, el dramaturgo verbal tiene la tentación de repintar y transformar de modo inusual el lenguaje y el pensamiento; quiere elevar el lenguaje para que éste permita que vuelva a exteriorizarse la resonancia del sentimiento elevado, y cae así en el peligro de no ser comprendido en absoluto. De igual modo trata de comunicarle a la pasión un poco de altura mediante sublimes sentencias y ocurrencias, pero entonces vuelve a caer en otro peligro: tiene la apariencia de ser artificial y contrario a la verdad. Pues la auténtica pasión de la vida real no habla mediante sentencias, y no es difícil que la pasión poética despierte desconfianza respecto a su sinceridad si se diferencia esencialmente de esa realidad. En cambio, Wagner, que es el primero en haber reconocido las deficiencias internas del drama verbal, ofrece cada uno de los procesos dramáticos en una triple elucidación, mediante la palabra, los gestos y la música; en efecto, la música transfiere inmediatamente las emociones fundamentales que se dan en el interior de los personajes del drama que intervienen en la representación a las almas de los oyentes, los cuales perciben entonces en los gestos de esos mismos personajes la primera manifestación visible de aquellos procesos internos, y captan en el lenguaje verbal incluso una segunda manifestación más amortiguada de éstos, traducida a la volición más consciente. Todos estos efectos suceden de modo simultáneo, sin estorbarse en absoluto los unos a los otros, y obligan a quien asiste a la representación de un drama de tales características a una comprensión y participación completamente nuevas, exactamente como si de pronto sus sentidos se hubieran hecho más espirituales y su espíritu se hiciese más sensual, y como si todo lo que desea salir del ser humano y está sediento de conocimiento se hallase ahora, libre y feliz, celebrando su júbilo por conocer. Ya que cada uno de los procesos de un drama wagneriano se comunica al espectador con la máxima comprensibilidad, y, sin duda, ilumina el entorno y desde su interior está en completa incandescencia gracias a la música, su autor tenía a su disposición la posibilidad de prescindir de todos los recursos que necesita el poeta verbal para proporcionar a sus procesos calor e intensidad de luz. Toda la economía del drama debía ser más simple, el sentido rítmico del arquitecto podía de nuevo tener el atrevimiento de manifestarse en las grandes proporciones del conjunto del edificio; pues faltaba ahora todo pretexto para esa intriga deliberada y esa desconcertante multiformidad del estilo arquitectónico mediante las cuales el poeta verbal se esfuerza por lograr a favor de su obra el sentimiento de sorpresa y de tenso interés, y para acrecentarlo entonces hasta que alcance el sentimiento de gozosa admiración. La impresión de lejanía y de elevación idealizantes no había que crearla tan sólo mediante artificios. El lenguaje se retiraba de la amplitud retórica a la compacidad y a la fuerza del discurso del sentimiento; y pese a que el artista que actuaba en la representación hablaba mucho menos que antes sobre lo que hacía y sentía en la pieza teatral, sus procesos interiores, que el miedo de los dramaturgos verbales a lo presuntamente no dramático había mantenido hasta entonces alejados de la escena, forzaban ahora al oyente a una participación apasionada, mientras el lenguaje gestual que los acompañaba tan sólo necesitaba exteriorizarse en la modulación más delicada. Ahora bien, la pasión cantada tiene en términos absolutos una duración algo mayor que la hablada; la música extiende, por decirlo así, el sentimiento: de lo cual resulta, en general, que el artista que actúa en la representación y que a la vez canta ha de superar la excitación demasiado grande de tal movimiento, una excitación que no es plástica y de la cual adolece el drama verbal representado. Ese actor, que además es cantante, se ve llevado hacia un ennoblecimiento de sus gestos, tanto más cuanto que la música ha sumergido su sensación en un baño de éter más puro y, de ese modo, involuntariamente, lo ha aproximado a la belleza.

Las extraordinarias tareas que Wagner ha encomendado a los actores y cantantes encenderán entre ellos durante generaciones una rivalidad por conseguir representar a la postre la imagen de cada héroe wagneriano con una visibilidad y una perfección sumamente plásticas: tal como esta consumada plasticidad corporal ya se halla prefigurada en la música del drama. Siguiendo a este guía, el ojo del artista plástico acabará viendo las maravillas de un nuevo mundo visual que tan sólo ha mirado antes que él por vez primera el creador de obras tales como *El anillo del nibelungo*: a la manera de un *creador de imágenes* de máxima categoría que, como Esquilo, le indica el camino a un arte incipiente. Bien cierto, la envidia no ha de suscitar que grandes talentos se manifiesten si el arte del artista plástico compara su efecto con el que logra producir una música como la wagneriana: en la que hay una felicidad solar de máxima pureza y luminosidad; de manera que quien la oye comienza a sentirse bien, como si casi toda la música anterior hubiera hablado un lenguaje enajenado, encogido y sin libertad, como si hasta ahora con ella se hubiese querido jugar un juego ante individuos que no eran dignos de que se les tomara en serio, o como si con ella se tuviese el deber de enseñar y de demostrar algo ante gentes que ni siquiera son dignas de asistir a un juego[61]. En esa música anterior irrumpe en nosotros tan sólo por breves horas la felicidad que sentimos siempre en la música wagneriana: esos momentos que la constituyen parecen raros instantes de olvido que, por decirlo así, la asaltan cuando no habla más que consigo misma y dirige entonces la mirada hacia arriba, como la *Santa Cecilia* de Rafael, lejos de los oyentes que le reclaman esparcimiento, diversión o erudición[62].

Del *músico* Wagner cabría decir en general que ha proporcionado un lenguaje a todo aquello que en la naturaleza hasta ahora no había querido hablar: él no cree que tenga que haber nada que sea mudo. Se sumerge incluso en la aurora, en el bosque, en la niebla, el abismo, la cima de la montaña, el aguacero nocturno, el resplandor de la luna, y en todos advierte un secreto anhelo: también quieren hablar en sonidos. Si el filósofo dice que en la naturaleza, tanto en la animada como en la inanimada, hay una única voluntad que ansía la existencia[63], entonces el músico añade lo siguiente: y esa voluntad, en todos

---

[61] Para entender este pasaje debe tenerse presente que la palabra alemana *Spiel* abarca un campo semántico mucho más amplio que su equivalente en castellano, «juego», pues, por ejemplo, y en lo que a Wagner se refiere, un *Spiel* es también y sobre todo una «obra de teatro»; el verbo *spielen*, por tanto, además de «participar en un juego» viene a significar el hecho de «representar o actuar en una obra de teatro»; un *Spieler* es un «jugador» y, a la vez, un «actor»; un *Spielhaus* es, en este contexto, un «local para representar obras de teatro, esto es, el edificio que contiene un escenario, un patio de butacas, etc.»; un *Festspiel* es un «festival», un *Bühnenfestspiel* es un «festival escénico», como el que se organizó en Bayreuth para «representar» *El anillo del nibelungo*, etc. Por otra parte, para entender la filosofía de Nietzsche y su reconocido y profundo parentesco con Heráclito, al menos en lo que se refiere, si hablamos con la conocida expresión de Fink, al «juego como símbolo del mundo», conviene tener siempre muy presente esta notable polisemia del término.

[62] El ejemplo lo toma Nietzsche de la conclusión del libro tercero, en sus últimas líneas, de la obra capital de Schopenhauer, *El mundo como voluntad y representación*.

[63] Inequívoca referencia a la filosofía de A. Schopenhauer.

sus grados y niveles, quiere una existencia que se manifieste en sonidos.

La música anterior a Wagner, tomada en su conjunto, tenía angostas fronteras; se refería a estados permanentes del ser humano, a eso que los griegos llamaban *ethos* y sólo con Beethoven había comenzado precisamente a encontrar el lenguaje del *pathos*, del querer apasionado, de los procesos dramáticos en el interior del ser humano. Anteriormente, una disposición anímica, un estado sereno, o jovial, o devoto, o contrito, debía darse a conocer mediante sonidos; se quería proponer al oyente, mediante una cierta homogeneidad de la forma y mediante la prolongada duración de esa homogeneidad, que se sintiera obligado a darse una interpretación de la música y que se situase a la postre en esa misma disposición anímica. Tales cuadros de disposiciones y estados anímicos requerían formas individualizadas necesariamente; otras formas eran frecuentes en ellos por convención. Sobre la duración que debían tener decidía la precaución del músico, el cual quería llevar al oyente a una determinada disposición anímica, pero no aburrirlo por una excesiva duración de ésta. Se dio un paso hacia delante cuando se planificó que los cuadros de disposiciones anímicas opuestas se sucedieran los unos a los otros, y gracias a ese plan se descubrió el encanto del contraste; y se avanzó otro paso más cuando la misma pieza musical incluía una antítesis del *ethos* en su propio interior, por ejemplo, mediante la enfrentada tensión entre un tema masculino y otro femenino. Todo esto todavía se encuentra en niveles toscos y originariamente incipientes de la música. El miedo a la pasión dicta unas leyes, el miedo al aburrimiento, las otras; todas las profundizaciones y los excesos del sentimiento se sentían como «no éticos». Pero después de que el arte del *ethos* hubiera representado las disposiciones y estados anímicos habituales en centenares de repeticiones, cayó por fin, pese a la muy prodigiosa inventiva de sus maestros, en el agotamiento. Beethoven fue el primero que permitió que la música hablara un nuevo lenguaje, el hasta entonces prohibido lenguaje de la pasión: no obstante, ya que su arte tenía que desarrollarse a partir de las leyes y convenciones del arte del *ethos* e intentar en cierto modo justificarse ante éste, su devenir artístico conllevaba una peculiar dificultad y confusión. Un proceso interno y dramático — pues toda pasión tiene una trayectoria dramática — quería imponerse hasta conseguir una nueva forma, pero el esquema tradicional de la música para las disposiciones anímicas se oponía y hablaba, asumiendo casi por completo el aspecto de la moralidad, contra la introducción de la inmoralidad. Parece a veces como si Beethoven se hubiera propuesto la contradictoria tarea de permitir que el *pathos* se expresara con los medios del *ethos*. Ahora bien, esta concepción no es suficiente para sus obras más grandes y tardías. Para reproducir el gran arco curvado de una pasión encontró efectivamente un nuevo medio: entresacaba puntos aislados de la trayectoria de su vuelo y los indicaba con la máxima determinación, para permitir que entonces, a partir de ellos, el oyente *adivinara* toda la línea. Exteriormente considerada, la nueva forma parecía como la conjunción de varias piezas musicales, cada una de las cuales representaba en apariencia un estado constante, pero en verdad representaba un instante en la trayectoria dramática de la pasión. El oyente podía creer que estaba escuchando la antigua música de las disposiciones anímicas, sólo que la relación de las diferentes partes entre sí se le había vuelto inaprehensible y no se dejaba interpretar ya por el canon del contraste. Incluso en músicos se introdujo una minusvaloración respecto a la exigencia de una artística estructuración del conjunto; el orden de sucesión de las partes se volvía arbitrario en sus obras. La invención de una forma grande para la pasión llevó, a causa de un malentendido, a que se retrocediera al movimiento único con cualquier contenido, y desapareció por completo la tensión entre las distintas partes. De ahí que la sinfonía después de Beethoven sea un constructo tan extraordinariamente confuso, sobre todo cuando en los detalles balbucea todavía el lenguaje del *pathos* beethoveniano. Los medios no se corresponden con el propósito, y el propósito en su conjunto no logra dibujarse con claridad ante el oyente, puesto que tampoco estuvo nunca claro en la mente del compositor. Sin embargo, la exigencia precisamente de que se tenga que decir algo determinado por entero, y de que ello se diga con la máxima claridad, se torna tanto más impostergable cuanto más elevado, más difícil y más estricto sea un género[64].

Por eso Wagner dedicó cada uno de sus esfuerzos a encontrar todos los medios que pueden ponerse al servicio de la *claridad*; para ello lo primero que necesitaba era desligarse de todas las limitaciones y pretensiones de la música más antigua dedicada a los estados de ánimo y ponerle en los labios a su propia música, al proceso que expresa el sentimiento y la pasión mediante sonidos, un discurso totalmente inequívoco. Si miramos lo que ha conseguido nos resultará como si hubiera hecho en el ámbito de la música lo que hizo en el de la plástica el inventor del grupo liberado del trasfondo. En comparación con la wagneriana, toda música anterior parece rígida o atemorizada, como si no fuera legítimo observarla por todas partes y tuviese vergüenza. Wagner capta cada grado y cada color del sentimiento con la mayor firmeza y determinación; toma en sus manos la más delicada, la más remota y la más salvaje de las emociones, sin miedo a perderla, y la sostiene como algo que ya se ha hecho duro y firme, aunque todo el mundo deba ver en ella una mariposa inaprehensible. Su música nunca es indefinida, ni pretende reflejar un estado de ánimo; todo lo que habla a través de ella, sea un ser humano o la naturaleza, tiene una pasión estrictamente individualizada; la tempestad y el fuego asumen en él la apremiante violencia de una voluntad personal. Por encima de todos los individuos que se manifiestan en sonidos y del combate de sus pasiones, por encima de todo el torbellino de contrastes, flota con suprema reflexión un entendimiento sinfónico predominante que de la guerra hace que constantemente nazca la concordia: la música de Wagner, tomada en su conjunto, es una reproducción del mundo tal como lo entendió el gran filósofo de Éfeso, como

---

[64] Sobre la búsqueda de máxima y profunda claridad en la expresión de sus objetivos y en la construcción y representación de la forma de sus obras R. Wagner hizo varios comentarios, véase, por ejemplo, el que ofrece en el importante ensayo autobiográfico que tanto marcó a Nietzsche y que tantas veces hemos citado, *Eine Mittheilung an meine Freunde* [*Una comunicación a mis amigos*] (1851), ed. cit., tomo 6, p. 277.

una armonía que la discordia engendra desde su propio seno, como la unidad de justicia y enemistad[65]. Admiro la posibilidad de calcular, a partir de una multiplicidad de pasiones que corren en diferentes direcciones, la gran línea de una pasión conjunta: que algo así es posible, yo lo veo demostrado en cada uno de los actos de un drama wagneriano, que narra en paralelo la historia particular de diferentes individuos y la historia conjunta de todos ellos. Ya al inicio sentimos que ante nosotros tenemos corrientes individuales antagónicas, pero también una corriente más poderosa que todas ellas que persigue con violencia una única dirección: esta corriente al principio se precipita tumultuosa sobre cortantes rocas ocultas, el torrente parece a veces dividirse en brazos y querer continuar en diferentes direcciones. Poco a poco advertimos que el interno movimiento conjunto se ha hecho más violento y arrollador; la convulsiva inquietud se ha transformado en la quietud de un amplio movimiento pavoroso hacia una meta todavía desconocida; y, al final, la corriente se precipita de pronto hacia lo hondo en toda su amplitud con un demónico placer por el abismo y el embate de las olas. Wagner nunca es más Wagner que cuando las dificultades se multiplican por diez y puede actuar a verdadera gran escala con el placer del legislador. Sujetar impetuosas masas antagónicas a ritmos simples, llevar a cabo a través de una desconcertante variedad de pretensiones y apetencias una única voluntad — he aquí las tareas para las que se siente nacido y en las que se siente libre. Nunca pierde el aliento al realizarlas, nunca llega a su meta respirando con dificultad. Se ha esforzado por imponerse las leyes más graves de una manera tan constante como otros procuran aligerar su carga; la vida y el arte lo oprimen si no puede jugar con sus problemas más difíciles. Aunque sea por una vez, considérese

---

[65] Véanse los *Fragmentos* 8, 10 y 80 de Heráclito de Éfeso, en la edición de Diels-Kranz. En la edición de C. Eggers Lan y V. E. Juliá tienen la numeración siguiente: 719 («Todo sucede según discordia»); 720 («Acoplamientos: cosas íntegras y no íntegras, convergente divergente, consonante disonante; de todas las cosas Uno y Uno de todas las cosas») y 781 («Es necesario saber que la Guerra es común, y la justicia discordia, y que todo sucede según discordia y necesidad»), *Los filósofos presocráticos* I, Madrid, Gredos, 1978, pp. 381 y 389.

la relación entre la melodía cantada y la melodía del discurso no cantado — cómo Wagner trata la altura, la intensidad y el ritmo del ser humano que habla apasionadamente como modelo natural que ha de transformar en arte: — considérese entonces, por otro lado, la inserción de una pasión, pero de estas características y que cante, en el contexto sinfónico completo de la música, para, de ese modo, llegar a conocer directamente un prodigio de dificultades superadas; en todo esto su inventiva en lo grande y en lo pequeño, la omnipresencia de su espíritu y de su laborioso cuidado, son de tal índole, que ante una partitura wagneriana podría creerse que, antes de él, no hubiera habido en absoluto ni verdadero trabajo ni auténticos esfuerzos. Parece que incluso en lo que respecta a la dificultad del arte hubiese podido decir que la virtud propia del dramaturgo consistía en la exteriorización de su sí mismo, pero él probablemente contestaría: sólo hay una única dificultad, la de quien todavía no se ha emancipado; la virtud y el bien son cosa fácil.

Considerado en conjunto como artista, Wagner tiene en sí entonces, para recordar un tipo más conocido, algo de Demóstenes: la terrible seriedad con los diferentes asuntos y la potencia de su alcance, de manera que cada vez consigue atraparlos; lanza su mano hacia ellos y, al instante, los tiene firmemente apresados, como si esa mano fuese de bronce. Igual que aquél, oculta su arte o hace que lo olviden mientras obliga a pensar en el asunto en cuestión; y, sin embargo, él es, como Demóstenes, la manifestación última y suprema de toda una serie de poderosos espíritus artísticos y, por consiguiente, tiene más que ocultar que los primeros de la serie; su arte actúa como naturaleza, como naturaleza que ha sido producida y reencontrada. No lleva en sí nada de epidíctico, cosa que tienen todos los músicos anteriores, los cuales, ocasionalmente, al ejercer su arte también practican un juego y en él exhiben su maestría. Desde dentro de la obra de arte wagneriana no se piensa ni en lo interesante, ni en lo delicioso, ni en Wagner mismo, ni, en general, en el arte: se siente únicamente que aquello es *necesario*. Nadie le podrá jamás calcular y comprobar tanto la severidad y la regularidad de la voluntad cuanto la autosuperación del artista en la época de su evolución, factores que le fueron ineludibles para finalmente, en la madurez, hacer con gozosa libertad en cada momento de su creación aquello que es necesario: basta que sintamos en algunos casos aislados cómo su música se subordina con una cierta crueldad de decisión a la marcha del drama, inexorable como el destino, mientras el alma ardiente de este arte suspira por deambular un día sin trabas en territorio libre y salvaje.

10[66]

Un artista que tiene esta potencia sobre sí mismo domina, incluso sin quererlo, a todos los demás artistas. Sólo a él, por otra parte, los dominados, sus amigos y adeptos, no se le convierten en un peligro, en un freno: mientras que los caracteres inferiores, al intentar apoyarse en sus amigos, suelen perder su libertad a causa de ellos. Maravilla en grado extremo ver cómo Wagner ha eludido a lo largo de su vida toda formación de partidos, cómo en cada fase de su arte, sin embargo, se agenció un círculo de adeptos, para que lo mantuviera firme, aparentemente, en la respectiva etapa. Él siempre pasaba por entre ellos, atravesando ese círculo, y no se dejaba atar; su camino ha sido, por lo demás, demasiado largo como para que algún individuo hubiera podido acompañarlo con toda facilidad desde el principio: y tan insólito y de desnivel tan pronunciado que en algún momento incluso el más leal tendría que desfallecer. Casi en todas las etapas de la vida de Wagner sus amigos gustosamente hubieran querido someterlo a dogmas; y asimismo, aunque por otras razones, sus enemigos. Si la pureza de su carácter artístico hubiera sido siquiera un solo grado menos decisiva, entonces hubiera podido convertirse mucho antes en el definitivo señor de las circunstancias actuales del arte y de la música: en lo cual también ahora, finalmente, se ha convertido, pero en el sentido mucho más elevado de que todo lo que acontece en cualquiera de los ámbitos del arte se ve situado de modo involuntario ante el tribunal de su arte y de su carácter artístico. Ya ha conseguido subyugar a los más recalcitrantes: ya no hay ningún músico con talento que no lo escuche interiormente y que no lo considere más digno de ser escuchado que a sí mismo y a toda la música restante. Varios que a toda costa quieren significar algo combaten precisamente contra este impulso interior que los desborda, se confinan con angustiosa diligencia en la órbita de maestros más antiguos y prefieren apoyar su «autonomía» en Schubert o Händel antes que en

---

[66] Cfr. FP II 1.ª, 11 [32]; 11 [37]; 11 [4]; 11 [9]; 11 [19]; 11 [24]; 11 [35]; 11 [37]; 14 [3]; 14 [4] y 14 [7].

Wagner. ¡En vano! Al luchar contra la mejor conciencia que poseen, se rebajan y empequeñecen a sí mismos como artistas; arruinan su carácter al tener que tolerar malos aliados y amigos: y pese a todos estos sacrificios les ocurre, quizá en algún sueño, que, ciertamente, su oído atiende a Wagner. Estos adversarios son dignos de compasión: creen perder mucho si se pierden a sí mismos, y se equivocan al creerlo.

En efecto, es obvio que a Wagner no le importa mucho que los músicos compongan desde ahora al modo wagneriano, ni tampoco le preocupa en absoluto que compongan o dejen de componer; más aún, hace lo posible por destruir esa funesta creencia de que ahora se le haya de adherir una nueva escuela de compositores. En la medida en que tiene una influencia inmediata sobre los músicos, trata de instruirlos en el arte de una ejecución grande; a él le parece que en la evolución del arte ha llegado el momento en el que la buena voluntad de convertirse en un competente maestro de la representación y de la disciplina es mucho más valiosa que el antojo de «crear» uno mismo al precio que sea. Pues, en el nivel que ahora se ha alcanzado en al arte, esta creación tiene la fatal consecuencia de trivializar lo verdaderamente grande en sus efectos, cosa que ocurre al multiplicarlo en la máxima medida de lo posible, y al desgastar por su uso cotidiano los medios y recursos artísticos del genio. Incluso lo bueno en el arte es superficial y nocivo si ha surgido de la imitación de lo mejor. Los fines y los medios wagnerianos están en estricta correspondencia: para sentir esa correlación no se requiere otra cosa sino tener integridad artística, pues entresacarle los medios y utilizarlos para objetivos que son por completo diferentes e inferiores demuestra que no se posee integridad.

Por tanto, cuando Wagner no admite que perduraría en un grupúsculo de músicos que practicasen la composición al modo wagneriano, plantea de manera tanto más enérgica a todos los talentos la nueva tarea de encontrar con él las leyes del estilo para la ejecución dramática. La más profunda de las exigencias lo impulsa a fundar para su arte *la tradición de un estilo* mediante la cual su obra pueda perdurar sin que su figura pierda pureza de una época a otra, hasta que alcance ese *futuro* para el que la predestinó su creador.

Wagner posee un insaciable impulso de comunicar todo lo que está en relación con esa fundación del estilo y, por ello mismo, con la perduración de su arte. Su obra, en cuanto es, para decirlo con palabras de Schopenhauer, un sagrado *depositum* y el verdadero fruto de su existencia, se ha de convertir en patrimonio de la humanidad, legándola a una posteridad que juzgue mejor, he aquí lo que para él ha sido el objetivo que prevalece sobre *todos los demás objetivos*, y por el cual lleva la corona de espinas que algún día debe reverdecer transformada en una corona de laurel: a la salvaguardia de su obra se concentró su afán con la misma determinación con la que un insecto, en su figura definitiva, se dedica a salvaguardar sus huevos y provisiones para las crías cuya existencia jamás verá: deposita los huevos allí donde está seguro de que encontrarán vida y alimento, y muere consolado[67].

Este objetivo final, que prevalece sobre todos los demás, lo impulsa a invenciones siempre nuevas; él las extrae del manantial de su demónica comunicabilidad con una abundancia tanto mayor cuanto más claramente se siente combatiendo contra la época más desafecta, la cual ha acarreado la peor voluntad de escuchar. Pero poco a poco incluso esta época comienza a ceder a sus incansables tentativas y a sus dúctiles acometidas, y a prestar oídos. Donde en la distancia se insinuara una oportunidad, fuese pequeña o significativa, de explicar sus ideas con un ejemplo, Wagner estaba dispuesto a aprovecharla: hacía que esas ideas suyas se adaptasen a las respectivas circunstancias, y conseguía que hablaran hasta en la representación más indigente. En el sitio en el que se le abriera un alma medianamente receptiva, en ella sembraba su semilla. Despertaba esperanzas allí donde un frío observador se encoge de hombros; soporta equivocarse cien veces con tal de tener razón una única vez frente a ese observador. Así como el sabio no se relaciona con seres humanos vivos sino en la medida en que en el fondo sabe que gracias a ellos se acrecienta el tesoro de sus propios cono-

---

[67] Cfr. Schopenhauer, A., *Parerga y Paralipómena,* II, final del aforismo 60.

cimientos, así también parece casi como si el artista no pudiera tener con los seres humanos de su época ningún trato que no promueva la perduración de su arte: a él no se lo ama de otra forma más que amando esa perduración, del mismo modo que tan sólo percibe un único tipo de odio dirigido contra él, a saber, el odio que le quiere destruir los puentes que llevan hacia ese futuro de su arte. Los discípulos que Wagner se iba formando, los únicos músicos y actores a los que les dirigía una palabra y les hacía un gesto, las grandes y pequeñas orquestas ante cuyo atril se situaba, las ciudades que lo veían dedicado muy seriamente a su actividad, los príncipes y mujeres que tanto con temor como con amor participaban en sus planes, los distintos países europeos de los que por un tiempo formaba parte como el juez y la mala conciencia de sus artes: todo se convertía poco a poco en eco de sus ideas, de su insaciable afán de una futura fecundidad; aunque a menudo ese eco regresara a sus oídos incluso desfigurado y confuso, al predominio del poderoso sonido que por cien vías distintas él producía en el mundo tiene que corresponderle también, finalmente, una predominante resonancia; y pronto ya no será posible dejar de escucharlo, ni comprenderlo de forma falsa. Ya ahora es esta resonancia la que hace estremecer los centros del arte de los seres humanos modernos; cada vez que el aliento de su espíritu soplaba sobre esos jardines, se movía todo lo que en ellos hubiera de enclenque y de reseco; y una duda que por todas partes se presenta habla de manera aún más elocuente que ese estremecimiento: nadie sabe ya decir dónde seguirá irrumpiendo de improviso el efecto de Wagner. Para él es absolutamente imposible considerar la salud del arte al margen de cualquier otro tipo de salud o enfermedad: donde quiera que el espíritu moderno entrañe peligros, allí también detecta con el ojo de la desconfianza más acechante el peligro que amenaza al arte. En su representación de tal espíritu desmonta el edificio de nuestra civilización y no deja que se le escape nada caduco, nada deficientemente ensamblado: cuando en esa inspección tropieza con sólidos muros y, en definitiva, con fundamentos más persistentes, enseguida piensa entonces en el medio que le permita ganar para su arte defensas y techos protectores. Vive como un fugitivo que tratara de poner a salvo no su persona, sino un secreto; como una mujer desgraciada que no quiere salvar su propia vida, sino la del niño que lleva en el seno: vive como Sieglinde, «por el amor»[68].

Porque es, ciertamente, una vida llena de múltiples penas y vergüenzas el estar en un mundo sin firmeza y sin hogar y, sin embargo, hablarle, tener que plantearle exigencias, despreciarlo y, no obstante, no poder prescindir de lo que ha sido despreciado — he aquí la apremiante necesidad del artista del futuro; el cual, a diferencia del filósofo, no puede perseguir para sí el conocimiento en un oscuro rincón: pues necesita almas humanas como mediadoras hacia el futuro, e instituciones públicas como salvaguardia de ese futuro, como puentes entre el ahora y el entonces. Su arte no puede embarcarse en la nave de la anotación escrita, tal como el filósofo tiene la capacidad de hacer: el arte quiere en cuanto transmisores a personas capaces, no letras ni notas. Sobre trechos enteros de la vida de Wagner resuena el sonido de la angustia de no estar ya cerca de esas *personas capaces* y verse reducido forzosamente a la indicación por escrito en lugar del ejemplo que tendría que darles y, en vez de ejecutar su acción en directo, mostrar un destello extremadamente pálido de esa acción a individuos que se dedican a leer libros, lo cual quiere decir, a fin de cuentas, lo siguiente: que tales individuos no son artistas.

Wagner en cuanto *escritor* muestra la compulsión de una persona valiente a la que le han destrozado la mano derecha y que combate con la izquierda: cuando escribe, siempre es una persona que sufre, porque le ha sido arrebatada por una necesidad temporalmente insuperable la comunicación que resulta adecuada a su manera de ser, esto es, mediante la figura de un ejemplo iluminador y victorioso. Sus escritos no tienen absolutamente nada de canónico, nada de estricto: porque el canon no está en ellos sino en las obras. Son tentativas de captar el instinto que lo impulsó hacia éstas y, por decirlo así, de mirarse a sí mismo a los ojos; una vez que ya ha logrado transformar

---

[68] Véase R. Wagner, *Die Walküre* [*La Walkyria*], Acto tercero, palabras de Brünnhilde a Sieglinde, ed. cit., tomo 3, p. 133.

su instinto en conocimiento, él espera que se produzca en las almas de sus lectores el proceso inverso: con este propósito escribe. Si quizá sucediera que en toda esa peripecia se hubiese intentado algo en cierto modo imposible, Wagner, sin duda, tan sólo compartiría el mismo destino de todos aquellos que reflexionaron sobre el arte; y aventajaría a la mayoría de éstos en que en él había establecido su sede un instinto integral del arte de máxima potencia. No conozco textos de estética que aporten tanta luz como los de Wagner; de ellos se aprende vitalmente todo aquello de lo que en absoluto cabe tener experiencia sobre el nacimiento de la obra de arte. Quien en sus escritos se presenta como testigo es uno de los humanos de total grandeza, el cual, desde el fondo indeterminado del que partía, perfecciona, emancipa, aclara y realza cada vez más su testimonio a través de una larga serie de años; incluso en las ocasiones en que, en cuanto cognoscente, da un tropezón, saca chispas del golpe y enciende el fuego. Algunos textos, como *Beethoven, Sobre la dirección de orquesta, Sobre actores y cantantes* y *Estado y religión*, hacen que enmudezcan todas las ganas de contradecir e imponen una silenciosa contemplación, íntima y ferviente, como sucede cuando se abren preciados relicarios. Otros, sobre todo los de época más temprana, incluyendo *Opera y drama*, incitan y perturban: en ellos hay una irregularidad en el ritmo por la cual, como prosa, desconciertan. En sus páginas la dialéctica se encuentra rota de múltiples formas, los saltos que da el sentimiento frenan la marcha más que la aceleran; una especie de disgusto del escritor se proyecta sobre esos escritos como una sombra, exactamente como si el artista se avergonzase de hacer demostraciones mediante conceptos. Lo que tal vez más dificultades provoca al no completamente familiarizado es una expresión de dignidad autoritaria, por entero propia de Wagner y difícil de describir: a mí me parece como si en muchas ocasiones *estuviese hablando ante enemigos* — pues todos esos textos están redactados en estilo oral, no en estilo escrito, y se los encontrará mucho más inteligibles si se escuchan bien leídos — ante enemigos con quienes no desea tener ningún trato de confianza, por lo cual se muestra reservado y distante. Pero irrumpe no pocas veces por entre este ropaje deliberado la arrebatadora pasión de su sentimiento; desaparece entonces el período artificioso, pesado e hinchado abundantemente con palabras secundarias, y se le escapan frases y páginas enteras que pertenecen a lo más hermoso que tiene la prosa alemana. No obstante, incluso aceptando que en tales partes de sus textos hablara a amigos y no estuviera ya presente junto a su silla el fantasma de su adversario: todos los amigos y enemigos con los que Wagner entra en relación en cuanto escritor tienen algo en común que los separa radicalmente de ese pueblo para el que crea en cuanto artista. En el refinamiento y la esterilidad de su formación aquéllos son por completo *impopulares*, y quien quiera que esos lo comprendan ha de hablarles de una manera impopular: como han hecho nuestros mejores prosistas, y como hace también Wagner. Se puede adivinar la coerción que sufre. Pero la violencia de ese impulso previsor y, en cierto modo, maternal, por el que realiza cualquier sacrificio, lo vuelve a poner a él mismo en la atmósfera de los doctos e instruidos, un grupo del que siempre, en cuanto creador, se ha mantenido a distancia. Se somete entonces al lenguaje de la formación superior y a todas las leyes de sus modos de comunicación, aunque haya sido el primero en haber sentido la profunda insuficiencia de esta peculiar comunicación.

Pues si algo hay que a su arte lo diferencia de todo el arte de estos últimos tiempos, ese algo es lo siguiente: ya no habla el lenguaje de la formación de una casta y, en general, no conoce ya la oposición entre los que han recibido una formación y los no formados. De modo que su arte se sitúa en oposición a toda la cultura del Renacimiento, la cual hasta ahora nos había marcado a nosotros, los seres humanos modernos, con su luz y su sombra. En la medida en que por unos momentos el arte de Wagner nos transporta más allá de él, cabe en absoluto que comencemos en tales instantes a apreciar su carácter, de igual naturaleza que el de su creador: entonces Goethe y Leopardi nos aparecen como los últimos grandes epígonos de los filólogos-poetas italianos, el *Fausto* como la representación del enigma más impopular que se han planteado los tiempos modernos en la figura de la persona teórica sedienta de vida; incluso la canción goethiana sigue el modelo establecido previamente por la canción popular, no la ha precedido, y el poeta sabía por qué le recalcaba con tanta seriedad a un adepto suyo esta idea: «mis cosas no pueden hacerse populares; está en el error quien así lo piense y se esfuerce por lograrlo»[69].

Que pudiera haber en absoluto un arte tan brillante, tan claro y tan cálido que sirviese tanto para iluminar con sus rayos a los humildes y pobres de espíritu como para derretir la soberbia de los sapientes: de eso había que tener experiencia y no cabía adivinarlo. Pero en el espíritu de cada una de las personas que ahora la poseen, tal experiencia ha de subvertir todos los conceptos sobre educación y cultura; a esa persona le parecerá que se hubiera levantado el telón ante un futuro en el cual ya no habrá ni dicha ni bien supremos que no sean comunes a los corazones de todos. La ignominia que hasta ahora se hallaba adherida al adjetivo «común», a partir de entonces le quedará eliminada.

Si el presentimiento se aventura hacia semejante lejanía, el discernimiento consciente captará con nitidez la siniestra inestabilidad social de nuestro presente y no se ocultará el peligro que amenaza a un arte que parece no tener raíces como no sea en esa lejanía y en ese futuro, y que nos presenta, antes que el fundamento del que brota, sus ramas en flor. ¿Cómo mantendremos a salvo a este arte apátrida hasta que llegue ese porvenir, cómo encauzaremos la marea de la revolución que por todas partes parece inevitable de manera que, con lo mucho que está condenado a hundirse en su ocaso y que lo merece, no desaparezca también la venturosa anticipación y garantía de un futuro mejor, de una humanidad más libre?

---

[69] Véase Goethe, J.W., *Conversaciones con Eckermann*, diálogo del día 11 de octubre de 1828. La respuesta del poeta en la versión de R. Cansinos Assens dice así: «Mire, hijo mío, quiero confiarle algo que podrá serle muy útil en muchas circunstancias de la vida y reportarle grandes beneficios. "Mis obras no pueden ser populares". Quien otra cosa crea, y se afane por difundirlas, se equivoca de medio a medio. No son obras escritas para la masa, sino para unos cuantos hombres que propugnan algo parecido a lo que yo deseo y siguen una dirección semejante a la que yo sigo». En Goethe, *Obras Completas*, tomo 2, ed. cit., p. 1176.

Quien así se pregunte y se preocupe habrá participado de la inquietud de Wagner; se sentirá impulsado junto con él a buscar esos poderes existentes que tienen la buena voluntad de ser los espíritus protectores de los bienes más nobles de la humanidad en los tiempos de los terremotos y las subversiones. Es sólo en este sentido en el que Wagner mediante sus escritos interroga a las personas con formación si quieren custodiar su legado, el valioso anillo de su arte, allí donde guardan sus tesoros; y hasta la grandiosa confianza que ha otorgado al espíritu alemán incluso en sus objetivos políticos me parece que tiene su origen en que atribuye al pueblo de la Reforma esa fuerza, suavidad y valentía que se requieren para «contener el mar de la revolución en el cauce de la serena corriente que fluye de la humanidad»[70]: y casi me gustaría pensar que eso fue, y no otra cosa, lo que quiso expresar mediante el simbolismo de su *Marcha del Emperador*[71].

En un plano general, sin embargo, el solícito afán del artista creador es demasiado grande, el horizonte de su amor a los humanos es demasiado amplio como para que su mirada tuviera que quedar detenida en las fronteras de la esencia nacional. Sus ideas, como las de todo alemán bueno y grande, son *supraalemanas* y el lenguaje de su arte no habla a los pueblos, sino a los seres humanos.

Pero *a los seres humanos del futuro*.

Esa es la fe que le resulta propia, su tormento y su galardón. Ningún artista del pasado, de cualquiera de ellos, ha recibido de su genio una dote tan singular, nadie sino él ha tenido que beber esa gota de la más acerba amargura mezclada con todo el néctar que le brindara el entusiasmo. No es, como pudiera creerse, el artista incomprendido, maltratado, en cierto modo fugitivo de su época, que para su legítima defensa se hubiera ganado esa creencia: el éxito y el fracaso entre los coetáneos no se la han podido eliminar ni fundamentar. Él no pertenece a

[70] Cita extraída de R. Wagner, *Einleitung* [*Introducción*] a los tomos 3 y 4 de la edición de *Escritos y poemas completos* de 1871, ed. cit., tomo 6, p. 193.

[71] Composición de 1871, dedicada a Guillermo I, que tiene el número 104 en la lista de las obras musicales de Wagner (*WWV*).

esta generación, por mucho que ésta lo alabe o lo condene: he aquí el juicio de su instinto; y que algún día habrá alguna generación que le pertenezca, de esto tampoco se convencerá a quien no lo quiera creer. No obstante, incluso este incrédulo bien puede plantearse la pregunta de qué especie de generación tendrá que ser aquella en la que Wagner reconociera a su «pueblo», entendiéndolo como síntesis de todos lo que sienten una apremiante necesidad común y quieren redimirse de ella gracias a un arte común. Por cierto, Schiller tenía más fe y albergaba más esperanzas: no preguntaba cómo se presentaría un futuro siempre que le diera la razón al instinto del artista que previamente lo había vaticinado, más bien exigía de los artistas lo siguiente:

> ¡Elevaos con alas audaces a lo alto
> por encima de vuestro tiempo!
> ¡Ya trasluce distante en vuestro espejo
> La centuria que se va acercando![72]

---

[72] Versos del poema de F. Schiller, *Die Künstler* [*Los artistas*].

11[73]

Que el buen entendimiento nos guarde de la creencia de que algún día la humanidad encontrará de una vez órdenes ideales definitivos y que entonces la felicidad tendrá que brillar sobre los humanos así ordenados con rayos siempre idénticos, igual que el sol de los países tropicales: Wagner nada tiene que ver con semejante creencia, no defiende ninguna utopía. Si no puede prescindir de la fe en el futuro, eso tan sólo quiere decir exactamente que en los actuales seres humanos percibe propiedades que no forman parte del inmutable carácter ni de la estructura ósea de la esencia humana, sino que son alterables, e incluso perecederas, y que precisamente *a causa de estas propiedades* el arte tiene que ser entre ellos un apátrida y Wagner mismo, el mensajero anticipado de una época diferente. Ninguna edad de oro, ningún cielo inmaculado está destinado a esas generaciones venideras a las que su instinto lo remite, y cuyos rasgos aproximados se pueden adivinar a partir de la escritura secreta de su arte en la medida en que de la índole de la satisfacción es posible deducir la índole de la apremiante necesidad. Tampoco la bondad y la justicia ultrahumanas estarán extendidas como un arco iris inconmovible sobre los campos de este futuro. Quizá esa generación en su conjunto aparezca aún más perversa que la actual — pues será, tanto en el mal como en el bien, *más abierta*; incluso sería posible que su alma, si alguna vez se expresara en un tono pleno y libre, estremeciera y espantara a nuestras almas de manera parecida a como lo haría si se hubiese oído con fuerza la voz de algún maligno espíritu de la naturaleza, hasta entonces oculto. Véase, pues, cómo suenan en nuestros oídos estas frases: que la pasión es mejor que el estoicismo y la hipocresía; que ser sincero, incluso en lo perverso, es mejor que perderse a sí mismo en la moralidad de la tradición; que el ser humano libre puede ser bueno en la misma medida en que puede ser perverso, pero que el ser humano que no es libre es una afrenta a la naturaleza y no participa de consuelo alguno, ni celestial, ni tampoco

[73] Cfr. FP II 1.ª, 14 [11]; 11 [56]; 14 [1] y 14 [2].

terrenal; y, por último, que todo el que quiera llegar a ser libre tiene que conseguirlo por sí mismo, porque a nadie le llega la libertad como si fuera un regalo milagroso. Por mucho que esto pueda sonar de forma estridente y siniestra: estas frases son sonidos procedentes de ese mundo futuro que tendrá *verdadera exigencia del arte* y también podrá esperar de él verdaderas satisfacciones; son el lenguaje de la naturaleza restaurada también en lo humano, son exactamente lo que antes denominé la sensación correcta en contraposición a la sensación incorrecta ahora predominante.

Pues bien, sólo para la naturaleza, pero no para la antinaturaleza y la sensación incorrecta, hay verdaderas satisfacciones y redenciones. A la antinaturaleza, una vez ha llegado a cobrar conciencia de sí misma, sólo le queda el anhelo de la nada, mientras que la naturaleza ansía transformación mediante el amor: aquélla quiere *no* ser, ésta quiere ser *diferente*. Quien haya entendido esto, que reconsidere ahora en todo el silencio del alma los motivos sencillos del arte wagneriano, para preguntarse si con ellos es la naturaleza o la antinaturaleza la que persigue sus metas, tal como acaban de señalarse.

El inquieto y desesperado encuentra la redención de su tormento mediante el amor compasivo de una mujer que prefiere morir a serle infiel: el tema de *El holandés errante*. — La mujer que ama, renunciando a toda su felicidad particular, se convierte en una santa gracias a una transformación celestial de *amor* en *caritas*, y entonces salva el alma del amado: el tema de *Tannhäuser*. — Lo más excelso y elevado desciende anhelante a los humanos y no quiere que se le pregunte por su lugar de procedencia; cuando se plantea la pregunta fatal, con dolorosa coerción retorna a su vida superior: el tema de *Lohengrin*. — El alma amorosa de la mujer e igualmente el pueblo acogen al nuevo genio dador de felicidad, aun cuando los tutores del legado de la tradición y las costumbres lo rechazan y difaman: el tema de *Los maestros cantores*. Dos amantes, que ignoran ambos que son amados, creyéndose más bien heridos y despreciados en lo más hondo, ansían recíprocamente que el otro les dé a beber la bebida letal, en apariencia para expiar el agravio, en verdad, sin embargo, movidos por un impulso inconsciente: quieren que la muerte los libere de toda separación y todo fingimiento. La presunta proximidad de la muerte desata sus almas y las lleva a una breve felicidad estremecida, como si efectivamente se hubieran evadido del día, del engaño, e incluso de la vida: el motivo de *Tristán e Isolda*.

En *El anillo del nibelungo* el héroe trágico es un dios, cuya mente ansía poder, el cual, mientras ensaya todas las vías para conseguirlo, se compromete con pactos, pierde su libertad y se ve implicado en la maldición que pesa sobre el poder. Vive la experiencia de su falta de libertad precisamente en que ya no tiene ningún medio de adueñarse del anillo de oro, el compendio de todo poder terrenal y, al mismo tiempo, de los máximos peligros para él mismo mientras esté en posesión de sus enemigos: lo invade el temor del fin y el ocaso de todos los dioses, como así también la desesperación por ser capaz tan sólo de ver venir este final, sin actuar para impedirlo. Necesita un ser humano libre y sin miedos, el cual, sin su consejo ni ayuda, e incluso en lucha contra el orden divino, lleve a cabo por sí mismo la acción denegada al dios: no lo ve, y precisamente cuando nace todavía una nueva esperanza tiene él que someterse a la coerción que lo ata: sus manos han de aniquilar lo más querido, su apremiante necesidad ha de castigar la compasión más pura. Entonces, finalmente, siente náuseas por el poder que acarrea en su seno el mal y la esclavitud, su voluntad se rompe, él mismo ansía el fin que de lejos le amenaza. Y sólo entonces sucede lo más anhelado anteriormente: aparece el ser humano libre y sin miedos, surgido en oposición a todo lo tradicional; sus progenitores expían el que les uniera un vínculo contra el orden de la naturaleza y la costumbre: ellos perecen, pero Siegfried vive. Ante la visión de su magnífico devenir y florecer desaparecen las náuseas del alma de Wotan, y va siguiendo la historia del héroe con ojos de amor y temor paternales: cómo se forja la espada, mata al dragón, consigue el anillo, elude el más artero de los engaños, despierta a Brünnhilde, cómo la maldición que pesa sobre el anillo tampoco lo respeta, y lo persigue cada vez más de cerca, cómo, leal en la deslealtad, hiriendo por amor a lo más amado, queda envuelto en las sombras y nieblas de la culpa, pero, al final, límpido como el sol, emerge y se hunde en su ocaso, incendiando todo el cielo con el resplandor de su fuego y purificando el mundo de la maldición, — todo esto lo contempla el dios al que se le ha roto la lanza imperante en la lucha con el más libre y en la que ha perdido su poder, lleno de gozo por su propia derrota, sintiendo toda la alegría y todo el sufrimiento de su vencedor: con el brillo de una dolorosa felicidad posa sus ojos en los últimos acontecimientos, ha llegado a ser libre en el amor, se ha liberado de sí mismo.

Y ahora, ¡vosotros, la generación de seres humanos que estáis vivos en la actualidad!, haceos esta pregunta: ¿Ha sido esto compuesto *para vosotros*? ¿Tenéis el valor de señalar con vuestra mano las estrellas de todo este firmamento de belleza y de bondad y luego decir: es *nuestra* vida la que Wagner ha trasladado a las estrellas?

¿Dónde están entre vosotros aquellos humanos que sean capaces de interpretar según su propia vida la imagen divina de Wotan y que, como él, cuanto más retrocedan, tanto más se vayan haciendo ellos mismos cada vez más grandes? ¿Quién de vosotros quiere renunciar al poder, sabiendo y teniendo la experiencia de que el poder es perverso?[74] ¿Dónde están los que, como Brünnhilde, entregan su saber por amor y, al final, no obstante, extraen de su vida el saber supremo: «doliente amor, hondísima pena me abrió los ojos»?[75] ¿Y los libres, los sin mie-

---

[74] Esta tesis, que afirma la intrínseca maldad de la naturaleza del poder, también puede verse defendida expresamente por Nietzsche en *El Estado griego* (OC I, 2.ª ed., 2016, pp. 553-560). Parece ser que esa tesis, claramente afirmada en el ámbito germánico por Schlosser, le llegó a Nietzsche gracias a la importante mediación de Jakob Burckhardt, quien, hablando de Luis XIV y el Estado-poder, la defendió como una evidente lección de la historia («el poder de por sí es malo, cualquiera que lo ejerza»), concretamente en sus *Weltgeschichtliche Betrachtungen* [*Consideraciones sobre la historia universal*], que el entonces catedrático de filología clásica le escuchó a su querido y respetado amigo y colega, el gran historiador de la Universidad de Basilea, a lo largo del semestre de invierno de 1870-1871 en dicha Universidad, antes de que se editaran en 1903-1905. Véase J. Burckhardt, *Reflexiones sobre la historia universal*, traducción de W. Roces, México, FCE, 1965, 2.ª ed., p. 145.

[75] Véase R. Wagner, *Götterdämmerung* [*El ocaso de los dioses*], final del Acto tercero, versos finales de unas estrofas que, como reza una nota del propio Wag-

do, los que crecen y florecen a partir de sí mismos en inocente egocentricidad, los Sigfridos de entre vosotros?

Quien así pregunta, y pregunta en vano, tendrá que mirar
a su entorno buscando el futuro; y si su mirada aún hubiera de
descubrir en alguna lejanía precisamente a ese «pueblo» que
tendrá la legitimidad de leer su propia historia en los signos del
arte wagneriano, comprenderá por último incluso *lo que Wagner
será para este pueblo*: — algo que no puede ser para todos nosotros, a quienes quizá se nos podría aparecer como el visionario
de un futuro, cuando él será el intérprete y el transfigurador de
un pasado.

ner, no suelen escucharse en las representaciones de este drama musical, puesto
que su sentido ya está expresado con suficiente claridad por la música. Ed. cit.,
tomo 3, p. 314.

EL CASO WAGNER.
UN PROBLEMA PARA MÚSICOS

PRÓLOGO

Me concedo un pequeño desahogo. No es tan sólo por pura maldad, si en este escrito alabo a Bizet a expensas de Wagner. Entre muchas bromas expongo un asunto con el que no hay que bromear. Romper con Wagner fue para mí una fatalidad; volver a estimar luego cualquier cosa, una victoria. Nadie estuvo quizá tan peligrosamente comprometido con el wagnerismo, nadie se le ha resistido con tanta fuerza, nadie se ha alegrado tanto de haberse librado de él. ¡Toda una larga historia![1] — ¿Quieren que la resuma en una palabra? — Si yo fuera un moralista, ¡quién sabe cómo la llamaría! Quizá *auto-superación*. Pero al filósofo no le gustan los moralistas... ni tampoco le gustan las hermosas palabras...

---

[1] Véase FP IV, 16 [74] ss. Lo esencial de esa historia lo expone el propio Nietzsche en el apartado de *Nietzsche contra Wagner* que se titula precisamente «Cómo conseguí librarme de Wagner».

¿Qué es lo primero y lo último que exige un filósofo de sí mismo? Superar a su época en él mismo, volverse «intemporal». ¿Contra qué, pues, ha de sostener el combate más duro? Contra aquello en lo que él es precisamente un hijo de su tiempo. ¡Muy bien! Yo soy, al igual que Wagner, hijo de esta época, es decir, un *décadent*[2]: con la diferencia de que yo me di cuenta de que lo era y me puse en contra, defendiéndome. El filósofo que hay en mí se puso en contra y se defendió.

Lo que más a fondo me ha ocupado ha sido de hecho el problema de la *décadence* — he tenido razones para ello[3]. La diferenciación entre «bueno y malvado»[4] no es sino una variedad de ese problema. Si se ha conseguido percibir los signos de la decadencia, se comprenderá también la moral — se comprenderá lo que se oculta bajo sus más sagradas denominaciones y fórmulas de evaluación: la vida *empobrecida,* la voluntad de tener un final, el gran cansancio. La moral *niega* la vida...

---

[2] Transcribimos en cursiva las palabras no alemanas que Nietzsche utiliza, francesas en su mayoría, las más reiteradas de las cuales en los escritos de 1888 son: *décadent* [decadente], *décadence* [decadencia], *par excellence* [por excelencia], *délicatesse* [delicadeza], etc.

[3] Aparece aquí por primera vez este repetido sustantivo, que, como hemos dicho, Nietzsche utiliza normalmente en francés, aunque no siempre, el cual, en compañía del adjetivo correspondiente, circunscribe con claridad y constancia uno de los problemas sobre los que más reflexionó, especialmente en sus últimos años, a partir sobre todo de la lectura de los libros del escritor y psicólogo francés Paul Bourget (1852-1935) *Essais de psychologie contemporaine* [*Ensayos de psicología contemporánea*], editado en 1883, que el filósofo estudió en el invierno de 1883-1884, y *Nouveaux essais de psychologie contemporaine* [*Nuevos ensayos de psicología contemporánea*], editado en 1885, que también poseía en su biblioteca particular, leído y subrayado apasionadamente, en el cual P. Bourget presentaba un amplio y famoso estudio de la figura de Baudelaire. Quizá convenga destacar que el diagnóstico de *décadent* lo formula Nietzsche no sólo al analizar la persona y la obra de diferentes artistas de su tiempo, sino también respecto a sí mismo, al menos en lo que se refiere a una parte o componente de su personalidad, como también dice al inicio de *Ecce homo*, en los §§ 1 y 2 de «Por qué soy tan sabio», OC IV, pp. 785-787.

[4] Para la distinción entre «bueno y malvado» y «bueno y malo» nos remitimos, por ejemplo, al título mismo del «Tratado primero» de *De la genealogía de la moral,* OC IV, p. 460 y la correspondiente nota 30 de Jaime Aspiunza.

Para una tarea semejante me fue necesaria la autodisciplina: — Tomar partido *contra* todo lo que había de enfermo en mí, incluido Wagner, incluido Schopenhauer, incluido todo el «humanitarismo» moderno. — Un profundo extrañamiento, enfriamiento y desencanto contra todo lo contemporáneo, contra lo que se adapta a lo actual: y, como deseo supremo, el ojo de *Zaratustra*, un ojo que a enorme distancia mira por encima de todo ese hecho denominado «el ser humano»[5] — lo ve *debajo* de sí... Para una meta semejante — ¿qué sacrificio no estaría a su altura? ¡y qué «auto-superación» no lo estaría! ¡qué «auto-negación»!

La mayor vivencia que he tenido fue una *curación*. Wagner forma parte de mis enfermedades, nada más.

No es que quiera ser un desagradecido con esa enfermedad. Si en este escrito defiendo la tesis de que Wagner es *perjudicial,* no por ello quiero defender con menor fuerza *para quién* es indispensable — para el filósofo. En otros casos quizá se pueda pasar sin Wagner: pero el filósofo no tiene la libertad de prescindir de Wagner. Él ha de ser la mala conciencia de su época[6] — para serlo tiene que conocerla de manera óptima. Ahora bien, ¿dónde encontraría para el laberinto del alma moderna un guía más iniciado, un conocedor de almas más elocuente que Wagner? A través de Wagner la modernidad habla su *más íntimo* lenguaje: no oculta ni sus cosas buenas, ni sus cosas malvadas, ha olvidado tener ante sí misma cualquier tipo de vergüenza. Y, a la inversa: se está muy cerca de haber hecho un balance del *valor* de lo moderno si se ha conseguido tener claridad sobre lo bueno y lo malvado en Wagner. — Compren-

---

[5] En cierto modo puede descubrirse en el texto original una referencia a aquello que está por encima [*über-*] de lo humano, esto es, lo suprahumano, es decir — si usamos el término ya habitual —, el «superhombre».

[6] Compárese con este pasaje del § 212 de *Más allá del bien y del mal*: «Hasta ahora todos estos extraordinarios promotores del ser humano a los que se llama filósofos, y que rara vez se vieron a sí mismos como amigos de la sabiduría, sino más bien como locos incómodos y peligrosos signos de interrogación —, han encontrado su tarea, su penosa, indeseada e indeclinable tarea, pero a fin de cuentas la grandeza de su tarea, en el hecho de haber sido la mala conciencia de su época», OC IV, p. 378.

do perfectamente que hoy día un músico diga: «Detesto a Wagner, pero ya no soporto ninguna otra música». No obstante, también comprendería a un filósofo que declarara: «Wagner *resume* la modernidad. No hay alternativas, primero se ha de ser wagneriano...».

Carta de Turín, mayo de 1888

ridendo dicere severum [decir *cosas severas* riendo…][7]

1

Ayer escuché — ¿lo creerán ustedes? — por vigésima vez la obra maestra de *Bizet*. De nuevo me mantuve en mi sitio todo el tiempo en un dulce recogimiento, de nuevo resistí sin distraerme ni marcharme. Este triunfo sobre mi impaciencia me sorprende. ¡Cómo perfecciona una obra así! Al escucharla, uno mismo se convierte en una «obra maestra». —Y, efectivamente, cada vez que he escuchado *Carmen* me ha parecido que era más filósofo, un filósofo mejor de lo que me parece que lo soy de ordinario: me había hecho tan indulgente, tan feliz, tan indio, tan *sedentario*… Estar sentado cinco horas: ¡primera etapa de la santidad! — ¿Me está permitido que diga que el sonido orquestal de Bizet es casi el único que todavía soporto? Ese *otro* sonido orquestal que ahora predomina, el wagneriano, es brutal, artificial e «inocente» al mismo tiempo y, de ese modo, va hablando a la vez a los tres sentidos del alma moderna — ¡qué poco me conviene ese sonido orquestal wagneriano! Yo lo llamo *scirocco*. Me produce un sudor molesto. Acaba con *mi* buen tiempo[8].

Esta música me parece perfecta. Se va acercando ligera, elástica, sin perder la cortesía. Es amable, no la *empapa el sudor*. «Lo bueno es ligero, todo lo divino corre con pies delicados»: pri-

---

[7] Este *motto* se inspira en Horacio, concretamente, en su sátira I, 1, 24, que dice así: «*Quamquam ridentem dicere verum quid vetat?*» [«Aunque, ¿qué impide que alguien diga riendo la verdad?»].

[8] Compárese con lo que se dice en FP IV, 15 [111]. Nietzsche usa aquí la expresión italiana para esa especie de molesto viento de poniente que tanto alteraba su frágil salud. Como sabemos por la carta a *Peter Gast* del 28 de noviembre de 1881, Nietzsche escuchó *Carmen* de Bizet por vez primera en Génova el día 27 de noviembre de ese año. Desde entonces la volvió a escuchar repetidas veces. La carta a *Peter Gast* del 20 de abril de 1888 comenta el gran éxito de las representaciones de esa ópera en Turín, en el Teatro Carignano, durante la primavera de ese año, a las que también asistió el filósofo y cuyo renovado impacto sobre él comenta en este pasaje.

mera tesis de mi estética[9]. Esta música es malvada, refinada, fatalista: con todo, continúa siendo popular — tiene el refinamiento de una raza, no el de un individuo. Es rica. Es precisa. Construye, organiza, consigue una disposición acabada: con lo cual se convierte en la antítesis del pólipo en la música, en la oposición a la «melodía infinita»[10]. ¿Se han escuchado nunca en escena acentos trágicos más dolorosos? ¡Y cómo se obtienen! ¡Sin muecas! ¡Sin falsificaciones! ¡Sin la *mentira* del gran estilo! — Por último: esta música trata al oyente como a una persona inteligente, incluso como a un músico — también en *eso* es la réplica a Wagner, quien, fuera lo que fuese en todo lo demás, en cualquier caso era el genio *más descortés* del mundo (Wagner nos trata, por decirlo así, como si tratara a — — dice una cosa tantas veces, que uno se desespera, — que uno se la cree).

Lo repito una vez más: me hago una persona mejor cuando este Bizet me habla. También un músico mejor, un *oyente* mejor. ¿Hay alguna forma posible de escuchar todavía mejor? — Hago que mis oídos se sumerjan todavía *por debajo de* esa música, consigo oír su causa[11]. Me parece que participo vivamente en su surgimiento — tiemblo ante peligros que acompañan a cualquier empresa arriesgada, me fascinan hallazgos afortunados en los que Bizet nada tiene que ver. —Y, ¡cosa curiosa!, en el fondo no pienso en ello, o no *sé* hasta qué punto pienso en ello. Pues, mientras lo escucho, corren por mi cabeza pensamientos de todo punto diferentes... ¿Se ha obser-

[9] Véase «Del espíritu de la pesadez» en la «Tercera parte» de *Así habló Zaratustra*, así como el final del § 2 de la sección «Los cuatro grandes errores» de *Crepúsculo de los ídolos*, donde se dice: «los pies *ligeros* son el primer atributo de la divinidad», OC IV, pp. 190-192, y p. 641, respectivamente.

[10] Como es sabido, la «melodía infinita» es una expresión típicamente wagneriana.

[11] Sería conveniente no dejar de percibir simultáneamente los dos sentidos que contiene el término que traducimos por «causa», «*Ursache*», pues si atendemos a su estructura lingüística, «*Ur-sache*» significa, literalmente, «asunto primordial u originario», con lo cual esa frase también dice que, al situarse Nietzsche a gran nivel de profundidad mientras escucha, sus oídos son capaces de percibir ese asunto en la música, tesis que remite a consideraciones estético-metafísicas de su juventud: esa música posibilitaría una vivencia de la unidad primordial de la realidad.

vado que la música *libera* el espíritu?, ¿que da alas al pensamiento?, ¿que, en la medida en que uno se hace más músico, en esa misma medida se hace también más filósofo? — El cielo gris de la abstracción, cruzado como por rayos; la luz, con suficiente intensidad para todas las filigranas de las cosas; los grandes problemas, a punto de ser captados; el mundo, visto en un panorama de conjunto como desde una montaña. — Acabo de definir el *pathos* filosófico. —Y, de improviso, caen sobre mí las *respuestas*, un pequeño granizo de hielo y sabiduría, de problemas *resueltos... ¿Dónde estoy?* — Bizet me hace fecundo. Todo lo bueno me hace fecundo. Es la única gratitud, y también la única *prueba*, que tengo de lo que es bueno. —

2

También esa obra redime; no solamente Wagner es un «redentor»[12]. Con ella se despide uno del norte *húmedo, de todo* el vapor de agua del ideal wagneriano. Ya la acción redime de él. Tiene de Merimée todavía la lógica en la pasión, la línea más corta, la *dura* necesidad; tiene, sobre todo, como es propio de la zona cálida, la sequedad del aire, la *limpidezza*[13] [transparencia] en el aire, aquí ha cambiado el clima en todos los aspectos. Aquí habla una sensualidad diferente, una sensibilidad diferente, una serenidad diferente. Esta música es serena; pero no tiene una serenidad francesa o alemana. Su serenidad es africana; sobre ella se cierne la fatalidad, su felicidad es breve, repentina, sin perdón. Envidio a Bizet porque ha tenido el valor de manifestar esta sensibilidad, que en la cultivada música de Europa aún no disponía hasta ahora de ningún lenguaje — esta sensibilidad más meridional, más morena, más quemada... ¡Cuánto

---

[12] Este «mal chiste», como reconoce Nietzsche en la carta a *Peter Gast* del 11 de agosto de 1888, tiene como motivo criticar la inscripción de la Asociación Wagner de Múnich, cuyo lema era «Redención al redentor», últimas palabras del *Parsifal* sobre las que vuelve a ironizar más adelante en el «*Post scriptum*».
[13] Este término italiano, que Nietzsche subraya, combina dos significados a la vez, la limpidez o transparencia, pero también la tibieza y la calidez, es decir, remite al aire de un clima que no es opaco ni gélido, en el que no hay brumas ni hace frío.

bien nos hacen las doradas tardes de su felicidad! En ellas miramos a lo lejos: ¿hemos visto alguna vez *más tranquilo* el mar? — ¡Y cómo nos habla la danza mora, sosegándonos! ¡Cómo en su lasciva melancolía hasta nuestra insaciabilidad conoce por una vez la saciedad![14] — ¡Por fin, el amor, el amor que ha vuelto a traducirse al lenguaje de la *naturaleza*! ¡*No* el amor de una «virgen superior»! ¡Ningún sentimentalismo a lo Senta![15] ¡Sino el amor como *fatum* [destino], como *fatalidad,* cínico, inocente, cruel — y, precisamente por ello, todo él *naturaleza*! ¡El amor, la guerra es uno de sus medios, su fundamento es el *odio a muerte* entre los sexos! — No conozco ningún caso en que la broma trágica que constituye la esencia del amor se exprese de manera tan estricta, se convierta en una fórmula tan terrible, como en el último grito de don José, con el que acaba la obra:

¡Sí! ¡*Yo* la he matado,
yo — a mi Carmen adorada!

— Semejante concepción del amor (la única que resulta digna del filósofo —), es infrecuente: distingue a una obra de arte entre miles. Pues, por término medio, los artistas lo hacen como todo el mundo, incluso peor — *malentienden* el amor. También Wagner lo ha malentendido. Creen que en el amor son desinteresados porque quieren el provecho de otro ser, a menudo contra su propio provecho. Pero, en recompensa, quieren *poseer* a ese otro ser... Ni siquiera Dios constituye en esto una excepción. Está lejos de pensar: «¿qué te importa a ti, que yo te quiera?»[16] — si no se corresponde a su amor, se pone

---

[14] Véanse al respecto los fragmentos póstumos: FP IV, 10 [36] y 11 [49].

[15] Referencia a la figura femenina de *El holandés errante*.

[16] Nietzsche cita aquí una célebre sentencia de Goethe, véase *Wilhelm Meister, Años de aprendizaje,* libro IV, capítulo 9, en *Obras Completas*, tomo 2, traducción de R. Cansinos Assens, Madrid, Aguilar, 1962, 4.ª ed., p. 315: «Y si yo te quiero, ¿a ti qué más te da?», así como determinado pasaje de *Dichtung und Wahrheit* [*Poesía y Verdad*], parte III, libro XIV, en el que Goethe expone que esa descarada frase, «Si yo te amo, ¿qué se te da a ti?», le salió del alma reflexionando sobre la sentencia de Spinoza que dice: «Quien bien ama a Dios no debe exigir que Dios le ame a él», véase ed. cit., p. 1813.

furioso. *L'amour* — con esta sentencia uno gana el proceso, litiguen los dioses o los humanos — *est de tous les sentiments le plus égoïste, et, par conséquent, lorsqu'il est blessé, le moins généreux.* [El amor es el más egoísta de todos los sentimientos y, en consecuencia, cuando está herido, es el menos generoso de todos] (B. Constant)[17].

3

¿Ven ustedes ya cuánto me *mejora* esta música? — *Il faut méditerraniser la musique* [Es necesario mediterraneizar la música]: tengo razones para esta fórmula (*Más allá del bien y del mal*, p. 220)[18]. ¡El retorno a la naturaleza, a la salud, a la serenidad, a la juventud, a la *virtud*! —Y, sin embargo, yo fui uno de los wagnerianos más corruptos...Yo fui capaz de tomar en serio a Wagner... ¡Ah, ese viejo hechicero!, ¡cuántas cosas nos ha hecho creer con sus engaños! Lo primero que nos ofrece su arte es un cristal de aumento: se mira a su través y uno no se fía ya de sus ojos. — Todo se hace grande, *incluso Wagner se hace grande...* ¡Qué serpiente de cascabel tan astuta! ¡Toda la vida nos ha estado haciendo oír su cascabeleo de «devoción», de «fidelidad», de «pureza», se retiró del mundo *corrompido* con una alabanza a la castidad! —Y nosotros se la hemos creído...

— ¿Pero es que ustedes no me oyen? ¿Aún siguen prefiriendo el *problema* de Wagner al de Bizet? Tampoco yo lo subestimo, tiene su hechizo. El problema de la redención es incluso un problema venerable[19]. Wagner no ha meditado sobre nada con tanta profundidad como sobre la redención: su ópera es la ópera de la redención. En ella siempre hay alguien, sea quien

[17] Benjamin Constant (1767-1830), político y escritor suizo-francés, de quien Nietzsche conocía sobre todo sus ensayos acerca del teatro alemán.

[18] Esta referencia remite a la primera edición alemana de esta obra. La cita se encuentra en el § 255 en su parte final, OC IV, p. 411. Sobre esta consigna que defiende la necesidad de *mediterraneizar* la música, véase el artículo de L. E. de Santiago Guervós «Nietzsche y los ideales estéticos del sur», en *Analecta Malacitana,* Universidad de Málaga, XXIII, 1, 2000, pp. 131-148.

[19] Véase el fragmento póstumo del verano de 1878 editado en FP II, 1.ª: 30 [110].

sea, que quiere ser redimido: a veces es un señorito, a veces una señorita — éste es el problema *de Wagner*. — ¡Y con qué riqueza varía su *leitmotiv*! ¡Qué desviaciones tan raras y tan profundas! ¿Quién, si no Wagner, nos enseñó que la inocencia redime preferentemente a pecadores interesantes? (el caso de *Tannhäuser*), ¿O que hasta el eterno judío errante se redime, se hace *sedentario*, si se casa? (como sucede en *El holandés errante*), ¿O que viejas mujerzuelas corrompidas prefieren que castos adolescentes las rediman? (el caso de Kundry)[20]. ¿O que un caballero que es wagneriano redime de manera óptima a jóvenes hermosas? (el caso de *Los maestros cantores*). ¿O que también las mujeres casadas son redimidas con mucho gusto por un caballero? (el caso de Isolda)[21]. ¿O que «el viejo dios», después de haberse comprometido moralmente en todos los aspectos, al final es redimido por un librepensador que es inmoralista? (el caso de *El anillo*). ¡Admiren ustedes en particular este último pensamiento tan profundamente abismal! ¿Lo comprenden? Yo — me cuido mucho de hacerlo... Que aún se puedan sacar otras enseñanzas de las obras citadas, eso, antes que discutirlo, yo me inclinaría a demostrarlo. Que por un *ballet* wagneriano a uno se lo pueda llevar a la desesperación — ¡y a la virtud! (de nuevo el caso de *Tannhäuser*); que puede tener las peores consecuencias no irse a la cama a una hora adecuada (otra vez el caso de *Lohengrin*). Que jamás se debe saber con excesiva exactitud con quién se casa uno en realidad (por tercera vez el caso de *Lohengrin*) —Tristán e Isolda glorifican al cónyuge perfecto que, en un caso determinado, sólo tiene una única pregunta: «¿Pero por qué no me lo habéis dicho antes? ¡Si era lo más sencillo que se podía hacer!». Respuesta:

> No te lo puedo decir;
> y lo que preguntas,
> nunca lo podrás saber[22].

---

[20] En *Parsifal*.
[21] En *Tristán e Isolda*.
[22] Véase el fragmento póstumo del verano de 1878 editado en FP II, 1.ª: 30 [110].

Lohengrin contiene una solemne prohibición contra las investigaciones y las preguntas. Con lo cual Wagner reivindica la noción cristiana «tú debes y tienes que *creer*». Ser científico es un crimen contra lo más alto y lo más sagrado... *El holandés errante* predica la sublime doctrina de que la mujer amarra —«redime», si hablamos a la manera wagneriana—, incluso al más errabundo. Aquí nos permitimos una pregunta. Admitiendo que eso fuera cierto, ¿sería por ello también algo deseable? — ¿Qué le sucede al «judío eternamente errante» a quien una mujer adora y *amarra*? Sencillamente, que deja de ser un eterno errante; se casa y deja de interesarnos. — Traduciéndolo a la realidad: el peligro del artista y del genio — y eso es lo que son, sin duda, los «judíos eternamente errantes» —, reside en la mujer: las mujeres *que los adoran* son su perdición. Casi nadie tiene suficiente carácter para no perderse — para no «redimirse» —, cuando se siente tratado como si fuera un dios: *condesciende* enseguida ante la mujer[23]. — El hombre es cobarde ante todo lo eterno-femenino[24]: eso lo saben las mujercitas. — En muchos casos de amor femenino, y quizá precisamente en los más famosos, el amor no es más que un *parasitismo* muy refinado, un enquistarse en un alma extraña, a veces hasta en una carne extraña. — ¡Ay! ¡Cuán a menudo a expensas «de aquel que brinda hospitalidad»! — —

Es bien conocido el destino de Goethe en la Alemania saturada de ácida moralina y de actitudes de solterona. Siempre fue un escándalo para los alemanes, solamente ha tenido sinceras admiradoras entre las judías. Schiller, el «noble» Schiller, que les aturdía los oídos con grandes palabras — *ese sí que*

[23] Es obvia la implícita referencia crítica a Cosima Wagner, como documentan los fragmentos póstumos redactados en Niza el 25 de noviembre de 1887, editados en FP IV, 11 [27] y 11 [28], pp. 374-375. Como es bien sabido, también la figura de Cosima desempeña un importante papel, complejo y ambiguo, en las reflexiones y notas del último período de Nietzsche. Una confesión de notable reconocimiento se encuentra, por ejemplo, en el § 3 del apartado «Por qué soy tan inteligente», de *Ecce homo*, OC IV, p. 800 en especial.

[24] Referencia indirecta al famoso verso con el que concluye el *Fausto* de Goethe: «lo Eterno-femenino nos atrae a lo alto». Véase la ed. de M. J. González y M. A. Vega, Madrid, Cátedra, 1994, p. 432.

correspondía a los dictados de su corazón. ¿Qué le reprochaban a Goethe? El «monte de Venus»; y que hubiera escrito epigramas venecianos. Ya Klopstock le dio un sermón moral; hubo un tiempo en que Herder, cuando hablaba de Goethe, usaba con predilección la palabra «Príapo». Incluso el *Wilhelm Meister* era considerado solamente como un síntoma de decadencia, como bancarrota moral. La *«ménagerie*[25] [casa de fieras] del ganado domesticado», la «abyección» que sufre el héroe, encolerizaba, por ejemplo, a Niebuhr[26]: quien finalmente prorrumpió en una lamentación que *Biterolf* hubiera podido cantar[27]: «Nada produce con tanta facilidad una impresión más dolorosa que cuando un gran espíritu se corta las alas y busca su virtuosismo en algo muy inferior, *renunciando a lo superior»...* Pero quien estaba sobremanera indignada era la joven superior: en Alemania todas las pequeñas cortes, toda esa especie de «Wartburgos»[28], se persignaban ante Goethe, ante el «espíritu impuro»[29] que había en Goethe. — *Esta* historia la ha puesto Wagner en música. Cae por su propio peso que *redime* a Goethe; pero de tal manera que, con astucia, al mismo tiempo

[25] Aunque la edición crítica digital presenta esta palabra francesa sin acento, como seguramente así se publicaría en la edición alemana original, hemos añadido el acento porque es como debe escribirse esta palabra en correcto francés. Agradezco a F. López esta pertinente indicación.

[26] Barthold Georg Niebuhr, historiador alemán del siglo xix, famoso por su monumental *Geschichte des Zeitalters der Revolution* [*Historia de la época de la Revolución*], Hamburgo, 1845. Nietzsche lo cita en otras obras, por ejemplo, en el § 167 de *Aurora*.

[27] Referencia a un personaje de cantor, con voz de barítono-bajo, de *Tannhäuser,* que en el segundo cuadro del Acto segundo responde airado a la reivindicación explícita de los goces del amor físico mediante la «noble» defensa caballeresca del amor y la virtud «elevados» y de la consabida «honra de las mujeres», véase R. Wagner, *Dichtungen und Schriften. Jubiläumsausgabe in zehn Bänden,* ed. de Dieter Borchmeyer, Insel, Frankfurt del Meno, 1983, tomo 2, p. 75.

[28] Referencia a la citada ópera romántica de Wagner de 1842-1843, cuyo título completo dice así: *Tannhäuser y el torneo de cantores en el Wartburg.*

[29] Expresión usada por Fr. H. Jacobi en una carta del 18 de febrero de 1795, como expone V. Hehn en el libro que citamos en la nota siguiente.

toma partido por la joven superior. Se salva a Goethe: una oración lo salva, una joven superior *lo eleva a su nivel*[30]...

— ¿Qué hubiera podido pensar Goethe de Wagner? — Goethe se planteó una vez la cuestión siguiente: cuál era el peligro que acechaba a todos los románticos: la fatalidad-del-romántico. Su respuesta dice así: «perecer asfixiado por rumiar absurdos morales y religiosos». En una palabra: *Parsifal* — — El filósofo todavía le añade un epílogo. La *santidad* — lo último quizá que el pueblo y la mujer de valores superiores aún llegan a captar, el horizonte del ideal para todo lo que es miope por naturaleza. Pero, entre filósofos, es, como todo horizonte, una mera incomprensión, una especie de puerta cerrada ante lo único a partir de lo cual *empieza su* mundo — *su* peligro, *su* ideal, *su* aspiración... Dicho de manera más cortés: *la philosophie ne suffit pas au grand nombre. Il lui faut la sainteté* [A la masa no le basta la filosofía. Necesita la santidad][31].

4

— Aún voy a contar la historia de *El anillo*. Le correspon-de este lugar. También es una historia de redención: sólo que, esta vez, quien es redimido es el propio Wagner. — Durante media vida Wagner ha creído en la *revolución* como solamente ha creído en ella algún que otro francés. Buscó sus huellas en la escritura rúnica del mito, creyó haber encontrado en *Siegfried* al típico revolucionario. — «¿De dónde procede toda la des-

---

[30] Sobre la compleja historia de las relaciones de Goethe con el público, Nietzsche se documentó en el libro de Viktor Hehn, *Gedanken über Goethe* [*Pensamientos sobre Goethe*], Berlín, 1887, que leyó y extractó en la primavera de 1888. Véase FP IV, 16 [36] y la documentada respuesta a cierto presunto error de citación que le quiso atribuir *Peter Gast* en la carta que Nietzsche le envió el 18 de agosto de 1888.

[31] Cita extraída de E. Renan, *Vie de Jésus* [*Vida de Jesús*], París, 1863, p. 451. Véase FP IV, 11 [402]. El gran especialista en lenguas semitas, historiador, filó-sofo y ensayista francés Ernest Renan (1823-1892), a quien Nietzsche suele criticar, fue muy leído y anotado por él, sobre todo a comienzos de 1888, y el debate con sus ideas aparece también en varios pasajes de *Crepúsculo de los ídolos* y, sobre todo, de *El Anticristo*. Conviene saber que Wagner tenía en gran estima la manera en que Renan interpretaba los orígenes del cristianismo.

gracia del mundo?», se preguntó Wagner. De «antiguos contra-
tos»: así respondió, como todos los ideólogos de la revolución.
Dicho con toda claridad: procede de costumbres, leyes, morales, instituciones, de todo aquello en que se basa el mundo
antiguo, la vieja sociedad. «¿Cómo conseguimos que desaparezca del mundo la desgracia? ¿Cómo se elimina la vieja sociedad?». Sólo de una manera, que se declare la guerra a los «con-
tratos» (a la tradición, a la moral). *Es lo que hace Siegfried.*
Empieza a hacerlo pronto, muy pronto: su gestación ya es una
declaración de guerra a la moral — viene al mundo a partir de
un adulterio, de un incesto... El inventor de este rasgo radical *no* es la saga, sino Wagner, en este punto la ha *corregido...*
Siegfried continúa como ha comenzado: sólo sigue el primer
impulso, se desembaraza de toda tradición, de todo respeto, de
todo temor. Liquida lo que le desagrada. Arrolla a las viejas
divinidades sin ninguna consideración. Pero su empresa capital
consiste en *emancipar a la mujer* — en «redimir a Brünnhilde»...
Siegfried y Brünnhilde; el sacramento del amor libre; el inicio
de la edad de oro; el ocaso de los dioses de la vieja moral — *el*
mal está eliminado... Durante mucho tiempo la nave de Wagner
avanzó alegre por *esta* ruta. No hay duda de que al proseguirla
buscaba Wagner *su* meta suprema. — ¿Qué sucedió? Una desgracia. La nave tropezó en un arrecife; Wagner quedó paralizado. Ese escollo era la filosofía schopenhaueriana; Wagner quedó encallado en una concepción *contraria* del mundo. ¿Qué
había puesto en música? El optimismo. Wagner se avergonzó.
Un optimismo, además, para el que Schopenhauer había inventado un epíteto malvado — el optimismo *infame*[32]. Wagner
se avergonzó por segunda vez. Se puso a reflexionar durante
largo tiempo, su situación parecía desesperada...Al final empezó a vislumbrar una salida: el escollo en el que fracasó, ¿cómo?,
¿y si lo interpretaba como la *meta,* como la intención oculta,
como el verdadero sentido de su viaje? Fracasar *aquí* — también era una meta. *Bene navigavi, cum naufragium feci...* [buena

---

[32] Véase A. Schopenhauer, *El mundo como voluntad y representación*, I, § 59.
Zürcher Ausgabe, tomo 2, Zúrich, Diogenes, 1977, p. 408.

navegación hice cuando naufragué...][33]. Y tradujo *El anillo* a lenguaje schopenhaueriano. Todo va mal, todo se derrumba, el nuevo mundo es tan malo como el antiguo: la *nada,* la Circe india, hace señas[34]... Brünnhilde, que, según el propósito primitivo, había de despedirse con una canción en honor al amor libre, consolando al mundo con una utopía socialista, con la de que «todo irá bien», ahora tiene el encargo de hacer algo diferente. Primero ha de estudiar a Schopenhauer; ha de poner en verso el libro cuarto de *El mundo como voluntad y representación.* *Wagner estaba redimido...* Con toda seriedad, eso fue una redención. El beneficio que Wagner le debe a Schopenhauer es inconmensurable. Sólo el *filósofo de la décadence* le dio al artista de la *décadence* el acceso a *sí mismo* — —

5

Al *artista de la décadence* — aquí está la palabra clave. Y con ella acaban mis bromas. Estoy lejos de la actitud del cándido espectador cuando este *décadent* nos arruina la salud — ¡y, además, la música! ¿Es Wagner un ser humano en absoluto? ¿No es, más bien, una enfermedad? Toque lo que toque, a eso lo pone enfermo — *ha hecho que la música se ponga enferma* —

Un típico *décadent* que, con su gusto corrompido, se siente necesario, que con él pretende un gusto superior, que sabe hacer que su corrupción imponga su validez como ley, como progreso, como cumplida realización[35].

Y uno no se defiende. Su poder de seducción crece hasta alcanzar proporciones descomunales, a su alrededor hay un

---

[33] Sentencia de Zenón el estoico, véase Diógenes Laercio, VII, 4, que Nietzsche cita siguiendo la traducción latina de Schopenhauer (véase *Parerga und Paralipomena,* I, 216) y que ya utilizó en un par de fragmentos póstumos, por ejemplo, el de marzo de 1875, editado en FP II, 1.ª: 3 [19] y el editado en FP IV, 16 [44].

[34] Aparece aquí una primera alusión a Circe en relación con Wagner y su arte, asociación que más adelante reaparecerá de manera explícita y desarrollada. Una indirecta crítica llevada a cabo con este mismo motivo se encuentra en el § 17 de «Sentencias y flechas» en *Crepúsculo de los ídolos,* OC IV, p. 621.

[35] Véase FP IV, 15 [88].

denso humo de incienso, el malentendido que sobre él circula se denomina «evangelio» — ¡no, no ha conseguido persuadir solamente a los *pobres de espíritu* para que le sigan[36]!

Tengo ganas de abrir un poco las ventanas. ¡Aire! ¡Más aire!

— —

No me extraña que en Alemania se engañen sobre Wagner. Me extrañaría lo contrario. Los alemanes se han fabricado un Wagner al que pueden venerar: nunca hasta ahora han sido psicólogos, merecen que se les den las gracias cuando malentienden. ¡Pero que también en París se engañen sobre Wagner, allí donde apenas se es otra cosa más que psicólogo! ¡Y en San Petersburgo, donde todavía se adivinan cosas que incluso en París no saben adivinar[37]! ¡Cuánta afinidad ha de haber entre Wagner y toda la *décadence* europea para que ésta no lo sienta como *décadent*! Forma parte de ella: es su protagonista, su nombre de mayor grandeza... Uno se venera a sí mismo cuando lo eleva a las nubes. — Pues, el hecho de que uno no se defienda contra él, eso ya es, en sí mismo, un signo de *décadence*. El instinto está debilitado. Atrae lo que habría de producir espanto. Uno pone en sus labios lo que conduce al abismo todavía con mayor rapidez. — ¿Se quiere un ejemplo? Pero si no hay más que observar el régimen que se recetan a sí mismos los anémicos, los gotosos o los diabéticos. Definición de vegetariano: un ser que necesita una dieta que lo corrobore. Sentir lo perjudicial como perjudicial, *poder* prohibirse algo que sea perjudicial, es, todavía, un signo de juventud, de fuerza vital. Al agotado lo *atrae* lo perjudicial: al vegetariano, las verduras. La enfermedad misma puede ser un estimulante de vida: ¡sólo se tiene que estar suficientemente sano para ese estimulante! —Wagner aumenta el agotamiento: *por eso* atrae a los débiles y agotados. ¡Oh, la feli-

---

[36] Véase la primera de las bienaventuranzas, *Evangelio según Mateo* 5, 3.

[37] Referencia indirecta a Dostoievski. Véase, por ejemplo, el § 45 de «Incursiones de un intempestivo» de *Crepúsculo de los ídolos,* OC IV, p. 681 en especial.

cidad de serpiente de cascabel del viejo maestro al ver precisamente que siempre vienen a él «los niños pequeños»![38] —

Anticipo este punto de vista: el arte de Wagner es un arte enfermo. Los problemas que lleva a escena — puros problemas de histéricos —, lo convulsivo de su afecto, su sensibilidad sobreexcitada, su gusto, que cada vez exigía condimentos más fuertes, su inestabilidad, que él disfrazaba convirtiéndola en principios, y, muy en especial, la elección de sus héroes y heroínas, considerados estos como tipos fisiológicos (— ¡una sala de enfermos! —): todo este conjunto presenta un cuadro patológico que no deja lugar a dudas. *Wagner est une névrose* [*Wagner es una neurosis*]![39] Acaso no hay nada que mejor se conozca hoy día, nada en cualquier caso está mejor estudiado, que el carácter proteico de la degeneración, el cual aquí se transforma en la crisálida del arte y del artista. Nuestros médicos y fisiólogos tienen en Wagner su caso más interesante, como mínimo tienen en él un caso muy completo. Wagner es el *artista modelo par excellence,* el Cagliostro de la modernidad, precisamente porque nada es más moderno que esta dolencia integral, esta decrepitud y sobreexcitación del mecanismo nervioso[40]. En su

---

[38] Véase *Evangelio según Mateo* 19, 14. En las traducciones castellanas suele leerse el bien conocido «dejad que los niños...», pero hemos querido resaltar el diminutivo del original alemán, *die Kindlein,* fiel reproducción de la versión de Lutero, que Nietzsche cita maliciosamente con un recurso gráfico que, como bien se sabe, en sus manos va más allá de la mera transcripción literal: lo pone entre comillas. Esta alusión irónica a «los niños pequeños (o niñitos, o pequeñines)» se encuentra también en «Del espíritu de la pesadez», Tercera parte de *Así habló Zaratustra,* OC IV, p. 191 en especial.

[39] Véase el texto del día 2 de septiembre de 1866, p. 279 del tomo 2 del *Journal* de los hermanos Goncourt, que, recién editado, Nietzsche leyó con atención a partir del otoño de 1887, en el que se dice lo siguiente: «*Et le mot du docteur Moreau de Tours: Le génie est une névrose* [*Y la sentencia del Dr. Moreau de Tours: el genio es una neurosis*]». La huella de la lectura de los tres tomos de este *Diario* volverá a manifestarse más adelante, y es muy notable también en varios aforismos de *Crepúsculo de los ídolos.*

[40] Ya Karl Gutzkow comparó a Wagner con Cagliostro. Este aventurero, mago y alquimista italiano del siglo XVIII le sirve a Nietzsche en varias ocasiones para exponer su crítica imagen de Wagner, desde el § 99 de *La gaya ciencia,* hasta el «Epílogo» de este escrito en el que nos hallamos —véase más adelante—, donde se repite explícitamente el juicio aquí citado, OC IV, p. 607, pasando por

arte se mezcla del modo más seductor lo que hoy día más falta le hace a todo el mundo — los tres grandes estimulantes de
los agotados, lo *brutal,* lo *artificial* y lo *inocente* (lo idiota)[41].

Wagner es una gran corrupción para la música. Ha conseguido averiguar la manera de que excite los nervios cansados
— con lo cual ha hecho que la música se ponga enferma. Su
talento inventivo en el arte de aguijonear de nuevo a los más
agotados, de reanimar a los medio muertos no es en absoluto
pequeño. Wagner es el maestro de los golpes hipnóticos, pone
bajo su yugo incluso a los más fuertes como si fuesen toros. El
éxito de Wagner — su éxito con los nervios y, por consiguiente, con las mujeres —, ha convertido a todo el ambicioso mun-
do-de-los-músicos en discípulos de su arte oculto. Y no sólo a
ese mundo ambicioso, también al *listo...* Actualmente sólo se
hace dinero con música enferma; nuestros grandes teatros viven
de Wagner.

6

—Vuelvo a permitirme una diversión. Pongo el caso de
que el *éxito* de Wagner tomara cuerpo y adquiriera figura, de
que, disfrazado de humanitario erudito musical, se mezclara
con jóvenes artistas. ¿Cómo creen ustedes que se expresaría en
ese trance? —

Amigos míos, diría, hablemos cuatro palabras entre nosotros. Es más fácil hacer mala música que hacerla buena.
¿Cómo?, ¿y si, además, todavía fuera más ventajoso?, ¿más efectivo, más convincente, más fascinante, más seguro?, ¿y *más wagneriano?... Pulchrum est paucorum hominum* [Lo bello es cosa de

el § 1 del apartado dedicado a comentarlo en *Ecce homo,* OC IV, p. 848, o la
carta a *Peter Gast* del 25 de julio de 1882.

[41] Este adjetivo es usado por Nietzsche en esta época con el significado que
tiene en la célebre novela *El idiota* de Dostoievski.

lo que mueve a las *masas*? —Y, vuelvo a decirlo, es más fácil ser gigantesco que bello; nosotros lo sabemos...

Conocemos a las masas, conocemos el teatro. Lo mejor de su público, adolescentes alemanes, siegfriedos con cuernos y otros wagnerianos, tiene necesidad de lo sublime, lo profundo, lo avasallador. Todavía somos capaces de tantas cosas. Y el resto del público, los cretinos-por-formación, los indiferentes de poca monta, los eterno-femeninos, los que felizmente-todo-lo-digieren, en una palabra, el *pueblo* — también necesitan lo sublime, lo profundo y lo avasallador. Todo esto tiene una misma lógica. «Quien nos pone bajo su yugo, ése es fuerte; quien nos eleva, ése es divino; quien nos hace presentir cosas, ése es profundo». — Decidámonos, señores músicos: queremos subyugarlos, queremos elevarlos, queremos hacer que tengan presentimientos. Todavía somos capaces de tantas cosas.

En lo que respecta al hacer-presentir-cosas: pues en este punto comienza nuestro concepto de «estilo». ¡Ni un solo pensamiento, eso ante todo! ¡Nada compromete tanto como un pensamiento! Sino el estado *anterior* al pensamiento, la aglomeración de los pensamientos que todavía no han nacido, la promesa de pensamientos futuros, el mundo tal como era antes de que Dios lo crease — una recrudescencia del caos... El caos hace presentir cosas...

Para decirlo en el lenguaje del maestro: infinitud, pero sin melodía[43].

Por lo que concierne, en segundo lugar, al subyugar, eso pertenece ya, en parte, a la fisiología. Estudiemos ante todo los instrumentos. Algunos de ellos persuaden incluso a los intestinos (— *abren* las puertas, para hablar con Händel), otros hechizan la médula espinal. El color del sonido es aquí decisivo; *aquello* que suena es poco menos que indiferente. ¡Seamos refinados en *este* punto! ¿Para qué prodigarnos en lo demás? ¡Tengamos un sonido que sea característico nuestro hasta la locura! ¡Se le atribuirá a la riqueza de nuestro espíritu el que, con sonidos, demos a adivinar muchas cosas! Excitemos los

---

[43] Ironía sobre la wagneriana «melodía infinita».

zan la médula espinal. El color del sonido es aquí decisivo; *aquello* que suena es poco menos que indiferente. ¡Seamos refinados en *este* punto! ¿Para qué prodigarnos en lo demás? ¡Tengamos un sonido que sea característico nuestro hasta la locura! ¡Se le atribuirá a la riqueza de nuestro espíritu el que, con sonidos, demos a adivinar muchas cosas! ¡Excitemos los nervios, golpeémoslos hasta asesinarlos, utilicemos rayos y truenos — que eso subyuga...

Pero, ante todo, lo que más subyuga es la *pasión*. — Pongámonos de acuerdo sobre ella. ¡Nada es tan barato como la pasión! ¡Se pueden ignorar todas las virtudes del contrapunto, no es necesario haber aprendido nada — que de la pasión siempre se tienen nociones! La belleza es difícil: ¡guardémonos de ella!... ¡Y no digamos la *melodía*! ¡Calumniemos, amigos míos, llenemos de calumnias a la melodía si es que, por lo demás, todavía tomamos en serio el ideal, calumniémosla! ¡Nada es tan peligroso como una bella melodía! ¡Nada corrompe el gusto con mayor seguridad! ¡Estamos perdidos, amigos míos, si de nuevo cobran estima las bellas melodías!...

Principio fundamental: la melodía es inmoral. *Prueba*: Palestrina. *Aplicación práctica*: Parsifal. La falta de melodía hasta santifica...

Y he aquí la definición de la pasión. Pasión — o la gimnasia de lo feo en la cuerda de la inarmonía. — ¡Atrevámonos, amigos míos, a ser feos! ¡Wagner se atrevió a serlo! ¡Revolvamos sin miedo el lodo de las repugnantes melodías! ¡No nos cuidemos de nuestras manos! Sólo así llegaremos a ser *naturales...*

¡Un último consejo! Acaso resuma todo lo anterior. ¡*Seamos idealistas*! — Esto, si no es lo más inteligente, sí es lo más sabio que podemos hacer. Para elevar a los seres humanos, uno mismo ha de ser elevado y sublime. ¡Caminemos por las nubes, invoquemos a lo infinito, rodeémonos de grandes símbolos! ¡*Sursum*! [¡Arriba!] ¡*Bumbum*! — no hay ningún consejo mejor que éste. Que el «pecho levantado» sea nuestro argumento y el «bello sentimiento» nuestro abogado. La virtud sigue teniendo razón incluso frente al contrapunto, «quien nos mejora ¿cómo sería posible que él mismo no fuera bueno?», así ha razonado persecución de bajas excitaciones sensuales, de la así llamada belleza, ha enervado a los italianos: ¡sigamos siendo alemanes! Hasta la actitud de Mozart hacia la música — ¡Wagner *nos* lo ha dicho para consolarnos! — era frívola en el fondo... No permitamos jamás que la música «sirva al restablecimiento»; que «divierta»; que «produzca placer», ¡*No proporcionemos nunca placer*! — estamos perdidos si de nuevo se piensa sobre el arte con un criterio hedonista... Eso es siglo XVIII del malo... En cambio, nada podría ser más aconsejable, dicho sea con reservas, que una dosis — de *santurronería, sit venia verbo*[45]. Eso confiere dignidad. —Y escojamos la hora en que convenga verlo todo negro, suspirar en público, suspirar cristianamente, poner en exhibición la gran compasión cristiana. «El ser humano está corrompido: ¿quién lo redimirá?, ¿*qué lo redimirá?*» — No respondamos. Seamos precavidos. Combatamos nuestra ambición, que quisiera fundar religiones[46]. Pero nadie debe dudar de que *nosotros* lo redimimos, de que *nuestra* música es la única que redime... (Véase el ensayo de Wagner sobre *Religión y arte*)[47].

---

[45] Son varios los pasajes en los que Nietzsche usa este adjetivo, *Mucker* [santurrón, mojigato], y hace juegos de palabras con él para burlarse de los moralistas, véase, por ejemplo, el § 6 de «La moral como contranaturaleza» de *Crepúsculo de los ídolos* y el § 5 de «Por qué soy tan inteligente» de *Ecce homo*, OC IV, pp. 639 y 803, respectivamente.

[46] Toda esta «diversión» construye en boca de Wagner una especie de paródico retrato en negativo de lo que Nietzsche piensa del arte y de lo que afirma que él es como ser humano. Sobre este último rasgo véase, por ejemplo, lo que dice en el § 1 de «Por qué soy un destino» de *Ecce homo*: «nada hay en mí de fundador de una religión», OC IV, p. 853.

[47] Este ensayo apareció por vez primera en 1880 en la revista *Bayreuther Blätter* [Hojas de Bayreuth] y contenía una crítica de Wagner a la concepción nietzscheana de los espíritus libres que no quieren creer en el pecado original de la humanidad. Véase R. Wagner, *Werke*, ed. cit., tomo 10, pp. 117-163.

7

¡Basta! ¡Basta! Temo que, con sólo el trasfondo de mis trazos joviales, se habrá reconocido ya con demasiada nitidez la
siniestra realidad — la imagen de una decadencia del arte, de
una decadencia también de los artistas[48]. Esta última, una de-
cadencia-del-carácter, quizá llegue a tener con esta fórmula
una expresión provisional: el músico se convierte ahora en
actor, su arte evoluciona cada vez más como talento para *men-
tir*. Tendré oportunidad (en un capítulo de mi obra capital que
lleva por título «Sobre la fisiología del arte»[49]) de mostrar con
mayor detalle cómo esa transformación total del arte en lo
representativo-teatral, y la determinación del arte precisamente en ese sentido, es una expresión de degeneración fisiológica
(con mayor exactitud, una forma de histerismo), como también
lo son en igual medida cada una de las corrupciones y debili-
dades particulares del arte inaugurado por Wagner: por ejemplo,
el desasosiego de su óptica, que obliga a cambiar de modo
constante la posición frente a tal arte. Nada se comprende de

[48] En todo este apartado dedicado a estudiar la decadencia del arte y del
artista, o, si se prefiere, las características fundamentales de todo estilo decadente, se inspira Nietzsche en la atenta lectura que hizo, ya en el invierno de 1883-
1884, de la obra de Paul Bourget, *Essais de psychologie contemporaine* [*Ensayos de
psicología contemporánea*], París, 1883, en cuyo tomo 1, p. 25, se puede leer el
pasaje que, a continuación, veremos reflejado en el texto: «*Une même loi gouver-
ne le développement et la décadence de cet autre organisme qui est le langage. Un style
de décadence est celui où l'unité du livre se décompose pour laisser la place à
l'indépendance de la page, où la page se décompose pour laisser la place à l'indépendance
de la phrase, et la phrase pour laisser la place à l'indépendance du mot.* [Una misma
ley gobierna el desarrollo y la decadencia de este otro organismo, el lenguaje.
Un estilo de decadencia es aquel en el que la unidad del libro se descompone
para dar lugar a la independencia de la página, en el que la página se descompone para dar lugar a la independencia de la frase, y la frase para dar lugar a la
independencia de la palabra].» Enseguida relacionó Nietzsche estos juicios con
sus críticas a la obra de Wagner. Las huellas de esa fecunda lectura se encuentran
en FP IV, 24 [6].

[49] En efecto, en la primavera de 1888 empezó Nietzsche un cuaderno con
ese título, el W II 5 (cfr. FP IV, pp. 507 ss.). Varias anotaciones procedentes de
este cuaderno las utilizó en la redacción del apartado de *Crepúsculo de los ídolos*
titulado «Incursiones de un intempestivo».

Wagner mientras sólo se vea en él un juego de la naturaleza, una arbitrariedad y un capricho, una casualidad. No fue un genio «defectuoso», ni «malogrado», ni «contradictorio», como se ha ido diciendo. Wagner fue algo *perfectamente acabado*, un típico *décadent*, en el que falta toda «voluntad libre»[50], en el que cada rasgo es fruto de la necesidad. Si hay algo interesante en Wagner, ese algo es la lógica con la que una anomalía fisiológica avanza paso a paso, conclusión tras conclusión, en cuanto práctica y procedimiento, en cuanto innovación en los principios y crisis del gusto.

Esta vez me detendré sólo en la cuestión del *estilo*. — ¿Qué caracteriza a toda *décadence literaria*? El hecho de que la vida ya no habita en el todo. La palabra adquiere soberanía y salta hacia fuera de la frase, la frase se extiende y oscurece el sentido de la página, la página cobra vida a expensas del todo — el todo no es ya un todo. Ahora bien, acabamos de presentar el símil pertinente para cualquier estilo de *décadence:* en cada momento hay anarquía de los átomos, disgregación de la voluntad — si lo decimos en términos morales, hay «libertad del individuo» — si lo ampliamos a una teoría política, «los *mismos* derechos para todos»[51]. La vida, la vitalidad *misma*, la vibración y exuberancia de la vida, comprimidas en las configuraciones mínimas, el resto es *pobre* en vida. Por todas partes hay parálisis, fatiga, entumecimiento, *o bien* hostilidad y caos: una cosa y otra se hacen cada vez más evidentes según se asciende a formas más elevadas de organización. El todo ha

---

[50] Hemos querido destacar en la traducción la presencia de este concepto capital en la filosofía de Nietzsche, la voluntad, si bien la forma habitual de decir en castellano el concepto de *freie Wille* [voluntad libre] es, como bien se sabe, el ya clásico de «libre albedrío». Sobre la «voluntad libre», véase el § 7 de «Los cuatro grandes errores» de *Crepúsculo de los ídolos*, OC IV, pp. 644-645.

[51] De nuevo preferimos que se conserve la expresión original y los juegos de palabras y de conceptos que origina, pues, como es obvio, actualmente bastaría con la fórmula habitual y más concisa de «*igualdad* de derechos». Véase una crítica similar en el inicio del § 5 de «Por qué soy tan sabio», en el § 5 de «Por qué escribo libros tan buenos» y el § 1 del comentario a «El caso Wagner» de *Ecce homo*, OC IV, pp. 791, 815 y 848, respectivamente.

dejado en absoluto de vivir: es algo compuesto, sintetizado, artificial, es un artefacto. —

En el principio está en Wagner la alucinación: pero no la de los sonidos, sino la de los gestos. Para éstos, él busca ante todo la semiótica musical. Si se lo quiere admirar, es aquí donde hay que verlo trabajar: cómo separa las cosas, cómo consigue pequeñas unidades, cómo las anima, las resalta, las hace visibles. Pero en ello se agota su fuerza: el resto no vale nada. ¡Qué miserable, qué confusa, qué poco profesional es su forma de «desarrollar», su tentativa por introducir al menos cierto desorden en aquello que no ha crecido sin coordinación! Sus maneras de proceder recuerdan a los *frères* [hermanos] *de Goncourt*[52], los cuales, por lo demás, también tendrían puntos en común con el estilo de Wagner: ante tanta apremiante necesidad, uno siente algo así como lástima. Que Wagner haya disfrazado como si fuera un principio su incapacidad para configurar de una manera orgánica, que instituya un «estilo dramático» allí donde nosotros meramente constatamos su impotencia para, en general, tener estilo, eso está en correspondencia con una atrevida costumbre que ha acompañado a Wagner a lo largo de toda su vida: donde carecía de una facultad, allí ponía un principio (— en esto distaba mucho, dicho sea de paso, del viejo Kant, que prefería un atrevimiento *diferente*: a saber, dondequiera que le faltara un principio, ponía en su lugar una «facultad» en el ser humano...)[53]. Lo digo una vez más: Wagner tan sólo es digno de admiración y de amor en la invención de lo mínimo, en la poetización del detalle — se tiene todo el derecho a favor para proclamarlo al respecto como un maestro de primer rango, como nuestro más grande *miniaturista* de la música, el cual comprime en el más pequeño

[52] Edmond Huot de Goncourt (1822-1896) y Jules Huot de Goncourt (1830-1896), escritores franceses citados a menudo en las obras, el epistolario y los fragmentos póstumos de Nietzsche. De sus escritos el filósofo leyó en 1887-1888 con particular atención, como ya dijimos, los tres volúmenes de esa viva crónica cultural del París de las décadas de 1850 y 1860 que es su *Journal* [*Diario*].

[53] Véase la exposición desarrollada de esta idea en el § 11 de *Más allá del bien y del mal*, OC IV, pp. 303-304.

de los espacios una infinidad de sentido y de dulzura[54]. Su riqueza de colores, de medias tintas, de misterios de luz agonizante, refina el gusto hasta tal punto que, después de él, casi todos los otros músicos nos resultan demasiado robustos. — Si se acepta lo que yo digo, el más elevado concepto de Wagner es imposible de alcanzar a partir de lo que hoy día agrada de él. Esto último se ha inventado para persuadir a las masas, ante lo cual nosotros retrocedemos dando un salto, como ante una pintura al fresco de excesiva desfachatez. ¿Qué *nos* importa la irritante brutalidad de la obertura de *Tannhäuser?* ¿O ese circo llamado *Walkiria?* Todo lo que ha llegado a ser popular de la música de Wagner, incluso fuera del teatro, es de gusto dudoso y corrompe el gusto. La marcha de *Tannhäuser* me parece sospechosa de caer en la cursilería de los pacatos; la obertura de *El holandés errante* es mucho ruido para no decir nada[55]; el preludio de *Lohengrin* dio el primer ejemplo, sólo que demasiado insidioso, y demasiado bien conseguido, de cómo también se hipnotiza con música[56] (— no me gusta toda música cuya ambición se reduzca a persuadir a los nervios). Ahora bien, si prescindimos del Wagner *magnétiseur* (magnetizador) y pintor al fresco, todavía hay un Wagner que, por donde pasa, va dejando pequeñas y muy valiosas preciosidades: nuestro más grande melancólico de la música, repleto de atisbos, ternuras y consolaciones que nadie le anticipó, el maestro en sonidos de una felicidad nostálgica y soñolienta[57]... Un diccionario de las palabras más íntimas de Wagner, puras cosas breves de cinco a quince compases, pura música que *nadie conoce...* Wagner tenía la virtud de los *décadents,* la compasión — — —

---

[54] Sobre Wagner como miniaturista ya hay anotaciones de Nietzsche diez años antes, concretamente del verano de 1878, véase FP II, 1.ª: 30 [50].

[55] Es clara la referencia al conocido título de Shakespeare, *Much Ado About Nothing,* motivo por el cual quizá fuera preferible traducir este juicio diciendo que esa obertura es «mucho ruido y pocas nueces».

[56] Véase al respecto FP IV, 11 [323].

[57] Véase la carta a *Peter Gast* del 21 de enero de 1887, en la que ya se habla de Wagner como el pintor de la mirada nostálgica del amor.

8

«¡Muy bien! ¿pero cómo *puede* uno perder su gusto con ese *décadent,* si se es un músico y no por casualidad, si uno mismo es un *décadent* y no por casualidad?» — ¡Al contrario! ¡Cómo puede uno *no* perderlo! ¡Inténtenlo ustedes! — No saben quién es Wagner: ¡un gran actor de primera categoría! ¿Acaso hay en el teatro un efecto que sea más profundo y que tenga *mayor peso?* ¡Miren ustedes a esos adolescentes — rígidos, pálidos, sin poder respirar siquiera! Así son los wagnerianos: no entienden nada de música — y, sin embargo, Wagner los tiene dominados... El arte de Wagner ejerce una presión de cien atmósferas: ustedes han de doblar el espinazo, no hay más remedio... El actor Wagner es un tirano, su *pathos* fulmina todos los gustos, todas las resistencias. — ¡Quién tiene semejante poder de convicción en los gestos, quién ve los gestos con tanta determinación y con tanta rapidez! ¡Y ese contener la respiración del *pathos* wagneriano, ese no querer ya liberarse de un sentimiento extremo, esa lenta *prolongación* portadora de terror en situaciones en que cada instante amenaza con estrangularnos! — —

¿Fue Wagner, en realidad, un músico? En cualquier caso, fue *más* otra cosa, a saber: un histrión incomparable, el más grande de los mimos, el más asombroso genio teatral que han tenido los alemanes, nuestro *director de escena par excellence.* Ocupa un lugar diferente que no está en la historia de la música: no se le debe confundir con los auténticos grandes músicos. Wagner y Beethoven — eso es una blasfemia — y, en fin de cuentas, incluso una injusticia contra Wagner... También como músico fue solamente aquello que siempre había sido: *se hizo* músico, *se hizo* poeta, porque a ello le obligó el tirano que llevaba en él, su genio de actor. Nada se adivina de Wagner mientras no se haya adivinado su instinto dominante.

Wagner *no* fue un músico por instinto. Lo demostró al abandonar toda legalidad y, hablando con mayor exactitud, todo estilo en la música, para hacer de ella lo que necesitaba, una retórica teatral, un medio de expresión, de potenciación de los gestos, de sugestión, un medio de lo psicológicamente pintoresco. Deberíamos estar legitimados para reconocer aquí a Wagner como inventor e innovador de primer orden — *ha multiplicado la capacidad lingüística de la música hasta lo inconmensurable* — : es el Victor Hugo de la música en cuanto lenguaje. Siempre que se presuponga, primero, que haya de tener validez el que a la música, en determinadas circunstancias, le *sea lícito* no ser música, sino ser lenguaje, instrumento, *ancilla dramaturgica* [sierva de la dramaturgia]. La música de Wagner, *sin* la protección del gusto teatral, que es un gusto muy tolerante, es, sencillamente, mala música, tal vez la peor que jamás se haya escrito. Cuando un músico ya no sabe contar ni hasta tres, se hace «dramático», se hace «wagneriano»...

Wagner casi ha descubierto qué magia se puede practicar incluso con una música desintegrada y compuesta, por decirlo así, *de una manera elemental.* La conciencia que de ello tenía llega hasta lo siniestro, al igual que su instinto de prescindir por completo de la legalidad superior, del *estilo. Basta* lo elemental — el sonido, el movimiento, el color, en una palabra, basta la sensualidad de la música. Wagner nunca calcula como músico, guiado por alguna conciencia de músico: quiere el efecto, el efecto y nada más. ¡Y conoce perfectamente sobre qué ha de producirlo! — En ello tiene la falta de escrúpulos que tenía Schiller, la de toda persona dedicada al teatro, ¡y también tiene su desprecio del mundo, de un mundo que pone a sus pies!... Se es actor cuando se posee un determinado conocimiento que proporciona una ventaja sobre el resto de los humanos: lo que tiene que producir efecto como si fuera verdad, eso no debe ser verdadero. Este principio ha sido formulado por Talma[58]: contiene toda la psicología del actor, contiene también — ¡no tengamos la menor duda al respecto! — su moral. La música de Wagner no es nunca verdadera.

— Pero *se la tiene por tal*: así las cosas, todo está en orden. —

Mientras se siga siendo infantil y, además, wagneriano, a Wagner se le tendrá incluso por rico, incluso por un prodigio-

---

[58] François Joseph Talma (1763-1826) fue un actor francés que teorizó sobre su profesión.

so derrochador y hasta por un propietario de grandes superficies en el reino del sonido. Se admirará en él lo que los jóvenes franceses admiran en Victor Hugo, la «prodigalidad de un rey». Más tarde se admira a éste y a aquél por la razón inversa: como maestros y modelos de economía, como anfitriones *listos*. Nadie los iguala en representar una mesa principesca con un gasto moderado. — El wagneriano, con su crédulo estómago, se sacia hasta con la comida que su maestro le ofrece en sus mágicos hechizos. Pero nosotros, que tanto en los libros como en la música exigimos ante todo *substancia,* y que difícilmente estamos servidos con mesas meramente «representadas», nos encontramos en tales casos mucho peor. Hablando claro: Wagner no nos da bastante que morder[59]. A su *recitativo* — poca carne, un poco más de huesos y mucho caldo — le he dado el nombre de *alla genovese*: con lo cual no he querido en absoluto halagar a los genoveses, sino al *recitativo más antiguo,* al *recitativo secco*. En lo que se refiere al *leitmotiv* wagneriano, carezco de todo tipo de entendimiento culinario al respecto. Quizá lo admitiría, si a ello se me obligara, como mondadientes ideal, como oportunidad de desembarazarse de *restos* de comidas. Quedan las «arias» de Wagner. — Y ahora ya no digo ni una palabra más.

9

También al planificar la acción es Wagner ante todo un actor. Lo que se le ocurre, en primer lugar, es una escena de efecto absolutamente seguro, una verdadera *actio*[60] con un *haut-*

---

[59] Esta sentencia se la aplicó previamente Carlyle a Emerson, tal como lo expone Nietzsche en el § 13 del apartado «Incursiones de un intempestivo» de *Crepúsculo de los ídolos,* OC IV, p. 662.

[60] *Nota.* Ha sido una verdadera desgracia para la estética que siempre se haya traducido la palabra «drama» por «acción» (*Handlung*). En ello no sólo se equivoca Wagner; todo el mundo continúa equivocándose; incluso los filólogos, que deberían saberlo mejor. El drama antiguo tenía a la vista grandes *escenas de pathos* — excluía precisamente la acción (la situaba *antes* del comienzo o *después* de la escena). La palabra «drama» es de origen dórico: y, según el uso dórico del lenguaje, significa «acontecimiento», «historia», tomadas ambas palabras en sen-

relief [altorrelieve] de los gestos, una escena que *subyugue* — esa escena él la piensa en profundidad, desde ella, y sólo desde ella, extrae los diferentes personajes. Todo lo demás se deriva de ahí, adecuándose a una economía técnica que no tiene motivos para ser sutil. El público que Wagner ha de tomar en consideración *no* es el público de Corneille: es mero siglo XIX. Sobre «la única cosa que es necesaria»[61] Wagner opinaría poco más o menos como lo hace actualmente cualquier otro actor: una serie de escenas fuertes, cada una más fuerte que las anteriores — y, ensartándolas a todas, mucha estupidez *inteligente*[62]. Él busca, en primer lugar, garantizarse a sí mismo el efecto de su obra, comienza por el Acto tercero y se *hace la demostración* de su obra por el efecto final que le causa. Teniendo por guía semejante comprensión del teatro, no se está en peligro de crear un drama sin haberlo pretendido. El drama exige una lógica *estricta:* pero ¡a Wagner no le importaba la lógica en lo más mínimo! Lo repito: *no* es el público de Corneille el público que él había de tomar en consideración: ¡eran meros alemanes! Se sabe en qué problema técnico el dramaturgo pone toda su fuerza, y suda sangre con frecuencia: en el problema de darle *necesidad* al nudo que trama y en hacer lo mismo respecto al desenlace, de manera que ambos sólo sean posibles de una única forma, y tanto el nudo como el desenlace produzcan la impresión de libertad (principio del mínimo gasto de fuerza)[63]. Pues bien, para resolver esa cuestión lo que menos suda Wagner es sangre; lo cierto es que, para tramar el nudo y el desenlace, hace un mínimo

---

tido hierático. El drama más antiguo representaba la leyenda local, la «historia sagrada» en la que se basaba la institución del culto (— por consiguiente, no era un hacer [*thun*], sino un hecho que ya ha sucedido [*Geschehen*, acontecer, suceso acontecido]: en dórico δρᾶν no significa en absoluto «hacer» [*thun*]). [*N. del A.*]. Esta misma distinción ya se encuentra en una nota del invierno de 1876-1877, véase FP II, 1.ª: 23 [74].

[61] Véase *Evangelio según Lucas* 10, 42.

[62] Este adjetivo, que también significa «hábil» y «astuto», se lo aplica Nietzsche a sí mismo en la sección de *Ecce homo* que titula precisamente «Por qué soy tan inteligente».

[63] Preferimos mantener la más estricta literalidad, aun cuando sería quizá más habitual decir en este caso «ley del mínimo esfuerzo» o «principio de la economía de fuerzas».

gasto de fuerza. Mírese al microscopio cualquier «nudo» de Wagner — prometo que habrá cosas para reírse. Nada hay más divertido que el nudo del *Tristán*, a no ser que cojamos el de *Los maestros cantores.* Wagner *no* es un dramaturgo, no nos dejemos engañar. Le gustaba la palabra «drama»: eso es todo —, le gustaron siempre las palabras hermosas. No obstante, la palabra «drama» es en sus escritos un mero malentendido (— *y* una astucia de persona inteligente: Wagner se dio siempre aires de gran señor frente a la palabra «ópera» —); poco más o menos como en el *Nuevo Testamento* la palabra «espíritu» también es un mero malentendido[64]. — Ni siquiera fue lo bastante psicólogo para el drama; evitaba de manera instintiva la motivación psicológica — ¿de qué modo? Poniendo siempre en su lugar la idiosincrasia... Muy moderno, ¿no es verdad?, ¡muy parisino!, ¡muy *décadent*!... Los *nudos*, dicho sea de paso, que, en efecto, Wagner sabe desenlazar con ayuda de invenciones dramáticas, son de otra especie completamente distinta. Voy a dar un ejemplo. Pongamos por caso que Wagner necesite una voz femenina. Todo un acto *sin* una voz femenina — ¡eso es imposible! Pero, de momento, no está libre ninguna de las «heroínas». ¿Qué hace Wagner? Emancipa a la mujer más vieja del mundo, a Erda: «¡Arriba, vieja abuela! ¡Que tiene usted que cantar!» Y Erda canta[65]. Wagner ha logrado su propósito. Enseguida vuelve a eliminar a la vieja dama. «¿Para qué, en realidad, ha tenido que venir? ¡Retírese usted! ¡Continúe durmiendo a placer!» — *In summa:* una escena llena de estremecimientos mitológicos, en la que el wagneriano *presiente...*

— «Pero ¡y el *contenido* de los textos wagnerianos!, ¡su contenido mítico, su contenido eterno!» — Pregunta: ¿Cómo se analiza este contenido, este contenido eterno? — El químico responde: se traduce a Wagner a lo real, a lo moderno, — ¡seamos todavía más crueles!, ¡se lo traduce a lo burgués! ¿Qué

---

[64] Véase el § 29 de *El Anticristo,* donde Nietzsche explica que la palabra «genio» y el concepto de «espíritu» están fuera de lugar en el mundo de Jesús, razón por la cual Renan merece que se le llame un payaso en cuestiones psicológicas, OC IV, pp. 728-729.

[65] Parodia del comienzo del Acto tercero de *Siegfried.*

queda entonces de Wagner? — Dicho sea entre nosotros, yo lo he intentado. No hay nada tan entretenido, ni nada tan recomendable para los paseos, como contarse a sí mismo a Wagner en proporciones *reducidas y modernizado:* por ejemplo, Parsifal como estudiante de teología, con los estudios de bachillerato ya hechos (— esto último es imprescindible para la *necedad pura*)[66]. ¡Qué sorpresas se tienen entonces! ¡No se creerían ustedes que todas las heroínas wagnerianas sin excepción, tan pronto como se las despoja de su pellejo heroico, se parecen tanto a Madame Bovary que las confundirían con ella! — así como también se comprende, a la inversa, que Flaubert *no hubiera tenido inconveniente alguno* para traducir a su heroína al escandinavo o al cartaginés, y luego, mitologizada, se la hubiera podido ofrecer a Wagner como libreto. En efecto, a grandes trazos parece que Wagner no se interesó sino en los problemas que hoy día interesan a los pequeños *décadents* parisinos. ¡Siempre a dos pasos del hospital! ¡Puros problemas completamente modernos, puros problemas típicos de *una gran ciudad!* ¡No tengan ninguna duda al respecto!... ¿Han notado (pues forma parte de esta asociación de ideas) que las heroínas wagnerianas no tienen niños? — No *pueden* tenerlos... La desesperación con la que Wagner ha abordado el problema de permitir que Siegfried simplemente nazca, delata lo moderno de su sentir en este punto. — Siegfried «emancipa a la mujer» — bien cierto, sin esperanza de posteridad. — Y, para terminar, un hecho que nos deja estupefactos: ¡Parsifal es el padre de Lohengrin! ¿Cómo lo ha conseguido? — ¿Tendremos que acordarnos aquí de que «la castidad obra *milagros*»?[67]...

[66] Sobre esta reiterada expresión nietzscheana, *reine Thorheit* [necedad (o también: insensatez, estupidez, tontería) pura], con su clara alusión antikantiana y su implícita burla contra una supuesta etimología del nombre de *Parsifal,* el «puro-necio», véase, sobre todo, el § 30 de «Incursiones de un intempestivo» de *Crepúsculo de los ídolos,* que contiene una explícita referencia a Bayreuth y a Wagner, así como el § 8 de «Por qué soy tan sabio», y los §§ 1 y 4 de «Por qué escribo libros tan buenos» de *Ecce homo,* OC IV, pp. 669, 794, 809 y 813, respectivamente.

[67] Véase la carta a *Peter Gast* del 17 de julio de 1888, en la que ya aparece esta cita del ensayo de R. Wagner *Religion und Kunst* [*Religión y arte*] de 1880,

Wagnerus dixit princeps in castitate auctoritas [Wagner, autoridad principal en asuntos de castidad, lo dijo textualmente].

10[68]

Y, de paso, unas palabras todavía sobre los escritos de Wagner: son, entre otras cosas, una escuela de *inteligencia*. El sistema de procedimientos que Wagner maneja puede ser utilizado en cien casos diferentes — quien tenga oídos, que oiga. Quizá tenga yo derecho al reconocimiento público si doy una expresión precisa de los tres procedimientos más valiosos.

Todo lo que Wagner *no* puede hacer es inadmisible.

Wagner aún podría hacer muchas cosas: pero no quiere hacerlas — por rigor de principio.

Todo lo que Wagner *puede* hacer, no lo podrá hacer nadie después de él, no lo ha podido hacer nadie antes de él y *no debe* hacerlo nadie después de él… Wagner es divino…

Estos tres principios son la quintaesencia de la literatura de Wagner; el resto es — «literatura».

— No toda música ha necesitado hasta ahora de literatura: haremos bien en indagar aquí por la razón suficiente de tal necesidad. ¿Será que la música de Wagner es demasiado difícil de entender? ¿O temía él lo contrario, que se la entendiera con excesiva facilidad — que *no* se la entendiera *con suficiente dificultad*? — ¡Lo bien cierto es que ha repetido durante toda su vida un único principio: que su música no sólo significaba música! ¡Sino más! ¡Sino infinitamente mucho más!… *«No sólo música»* — ningún músico habla así. Lo repito, Wagner no podía crear una obra entera de un solo bloque, no tenía elección, tenía que hacer piezas fragmentarias, «motivos», gestos, fórmulas, tenía que hacer repeticiones y cien complicaciones, en

---

ed. cit., tomo 10, pp. 117-163; los comentarios sobre el milagro o prodigio (*Wunder*) de la «concepción inmaculada» se encuentran en pp. 122 ss.

[68] Es una coincidencia quizá no meramente casual que también el § 10 de la *Cuarta Intempestiva* esté dedicado a comentar los escritos de Wagner.

cuanto músico siempre siguió siendo un retórico — de ahí que *necesitase* por principio poner en primer plano el «esto significa». «La música no es nunca sino un medio»[69]: ésta era su teoría, ésta era, ante todo, la única *praxis* que le era posible en absoluto. Pero así no piensa ningún músico. — Wagner tenía necesidad de literatura para convencer a todo el mundo de que tomara en serio su música y la considerase profunda, «porque esa música *significaba* lo infinito»; a lo largo de toda su vida él fue el comentarista de la «idea». — ¿Qué significa Elsa? No hay la menor duda al respecto, faltaría más: Elsa es «el *espíritu* inconsciente *del pueblo*» (— «con este conocimiento me convertí de modo necesario en el revolucionario perfecto» —)[70].

Recordemos que Wagner era joven en los tiempos en que Hegel y Schelling seducían a los espíritus; que adivinó, que captó sin equívocos lo que sólo el alemán se toma en serio — «la idea», quiero decir: algo que es oscuro, incierto, misterioso; recordemos que, entre los alemanes, la claridad es una objeción y la lógica, una refutación. Schopenhauer ha acusado con dureza a la época de Hegel y Schelling de falta de probidad — con dureza, y también con injusticia: él mismo, el viejo pesimista falsificador de monedas, no hizo nada «con mayor probidad» que sus coetáneos más famosos. Dejemos la moral al margen: Hegel es un *gusto...* ¡Y no sólo un gusto alemán, sino europeo! — ¡Un gusto que Wagner comprendió! — ¡para el que se sintió capacitado!, ¡que ha inmortalizado! — No hizo sino aplicarlo a la música — se inventó un estilo que «significa

[69] Resumen nietzscheano de la tesis central expuesta por Wagner en la «Introducción» a *Ópera y drama*, véase la traducción de Á. F. Mayo, Sevilla, Junta de Andalucía y Asociación sevillana de amigos de la Ópera, 1997, p. 37.

[70] Véase R. Wagner, *Eine Mittheilung an meine Freunde* [*Una comunicación a mis amigos*] (1851), ed. cit., tomo 6, pp. 199-325, ensayo autobiográfico donde se lee — pp. 277-278 — que «*Elsa* es lo inconsciente y lo no-arbitrario en que el ser consciente y arbitrario de Lohengrin anhela redimirse... Elsa, la mujer — la mujer que no había sido comprendida hasta ahora por mí, pero a la que desde este momento sí que comprendí... — me ha hecho un revolucionario perfecto. Ella era el espíritu del pueblo que yo ansiaba, también en cuanto ser humano dedicado al arte, para mi redención».

lo infinito» — se convirtió en el *heredero de Hegel*... La música como «idea»[71] — —

¡Y cómo se comprendió a Wagner! — La misma especie de humano que se entusiasmaba con Hegel, se entusiasma en la actualidad con Wagner; ¡en su escuela se *escribe* incluso en hegeliano! — Lo comprendió, en primer lugar, el adolescente alemán. Las dos palabras «infinito» y «significación» le resultaban suficientes: con ellas se sentía bien de una manera que no admitía comparación. *No* es la música aquello con lo que Wagner se ha conquistado a los adolescentes, es la «idea»: la riqueza de enigmas de su arte, su jugar al escondite bajo cien símbolos, su policromía del ideal, eso es lo que seduce y lleva hasta Wagner a estos adolescentes; es el genio de Wagner para formar nubes, su abarcar aire, vagar en el aire y vagabundear por los aires, su estar en todas partes y en ninguna, ¡exactamente lo mismo con que los había seducido y atraído Hegel en su época! — En medio de la multiplicidad, la plenitud y la arbitrariedad de Wagner, ellos se encuentran como justificados consigo mismos — «redimidos». Escuchan estremecidos cómo en su arte los *grandes símbolos* se tornan perceptibles desde brumosa lejanía con apacible tronar; no se disgustan si de tanto en tanto este arte se hace gris, horrible y frío. ¡Pues todos ellos, al igual que Wagner mismo, tienen afinidad con el mal tiempo, con el tiempo alemán! Wotan es su dios: pero Wotan es el dios del mal tiempo... Tienen razón estos adolescentes alemanes, siendo como son: cómo *podrían* echar de menos lo que los demás, *nosotros, los alciónicos*[72], echamos de menos en Wagner — *la gaya scienza;* los pies ligeros; humor, fuego, encanto; la gran lógica; la danza de las estrellas; la espiritualidad superale-

---

[71] Estas críticas al hegelianismo de Wagner guardan una gran semejanza con la autocrítica que formula Nietzsche sobre su propio hegelianismo en *El nacimiento de la tragedia,* véase el § 1 del comentario que dedica a esta obra de juventud en *Ecce homo,* OC IV, pp. 817-818.

[72] Nietzsche se compara a menudo con estas aves que, según el mito griego, saben aprovechar los momentos de bonanza para su propia fecundidad. En el § 4 del «Prólogo» de *Ecce homo* incluso habla del sonido con el que se expresa la sabiduría de Zaratustra como «ese sonido alciónico», véase OC IV, p. 783 y nota 18.

gre; los estremecimientos de la luz del sur; el mar *en calma* — la perfección[73]…

11

— He explicado dónde está el contexto al que pertenece Wagner — *no* es el de la historia de la música. No obstante, ¿qué significa él en esa historia? *El advenimiento del actor en la música:* un suceso capital, que da que pensar, acaso da también que temer. En una fórmula: «Wagner y Liszt». — Nunca antes se había puesto a prueba con tanto peligro la integridad de los músicos, su «autenticidad». Esto se capta de manera palmaria: el gran éxito, el éxito de masas, ya no está de parte de los auténticos, — ¡hay que ser actor para tenerlo! —Víctor Hugo y Richard Wagner — significan una y la misma cosa: que en las culturas declinantes, dondequiera que la decisión esté en manos de las masas, la autenticidad se convierte en superflua, inconveniente, insignificante. Sólo el actor despierta aún el *gran* entusiasmo. — Con lo cual adviene para éste *la edad de oro* — para el actor y para todo lo que tiene afinidad con su arte. Wagner marcha con tambores y pífanos en cabeza de todos los artistas de la exhibición, de la representación, del virtuosismo; primero convenció a los directores de orquesta, a los maquinistas y a los cantantes de ópera. No se olvide a los músicos de la orquesta: los «redimió» del hastío… El movimiento que Wagner creó trasciende incluso al ámbito del conocimiento: ciencias enteras y correlacionadas emergen paulatinamente de secular escolástica. Para dar un ejemplo, pongo de relieve por su excelencia los méritos de *Riemann*[74] en el campo de la rítmica, el primero que también ha dado validez para la música al concepto capital de puntuación (sirviéndose, por desgracia, de una palabra fea: la llama «fraseo»). — Todos ellos son, lo digo con gratitud, los mejores admiradores de Wagner, los más estimables — tienen, sencillamente, el derecho de admirarlo. Un mismo

---

[73] Véase FP IV, 15 [6] (6).

[74] Nietzsche se refiere al teórico de la música Hugo Riemann, de quien también habla en la carta a Carl Fuchs del 26 de agosto de 1888.

instinto los une a todos, en Wagner ven a su tipo más elevado, se sienten transformados en un poder, incluso en un gran poder, desde que él los inflamó con su propio fuego. Pues, si en alguna parte el influjo de Wagner ha sido efectivamente *benéfico*, ha sido aquí. Hasta ahora nunca se ha pensado, se ha querido y se ha trabajado tanto en esa esfera. Wagner ha inculcado a todos esos artistas una nueva conciencia: lo que ahora se exigen, lo que ahora *obtienen* de sí mismos, antes de Wagner jamás se lo habían exigido a sí mismos — antes eran demasiado modestos para hacerlo. Impera en el teatro un espíritu diferente desde que también el espíritu de Wagner ejerce su soberanía sobre el teatro: se pide lo más difícil, se critica con dureza, se elogia rara vez — lo bueno, lo excelente, es lo que vale como regla[75]. Ya no hay necesidad de gusto; ni siquiera de voz. Sólo se canta a Wagner con la voz arruinada: eso produce un efecto «dramático». Incluso el talento está excluido. Lo *espressivo* a toda costa, como lo exige el ideal wagneriano, el ideal de la *décadence*, se aviene mal con el talento. No se requiere más que *virtud* — es decir, adiestramiento, automatismo, «negación-de-uno-mismo.» Ni gusto, ni voz, ni talento: el teatro de Wagner sólo necesita una única cosa — ¡germanos!... Definición de germano: obediencia y piernas largas... El que el advenimiento de Wagner coincida en el tiempo con el advenimiento del *Reich*[76] está cargado de profunda significación: ambos hechos demuestran una y la misma cosa — obediencia y piernas largas[77]. — Jamás se ha obedecido mejor, jamás se ha mandado mejor. Los directores de orquesta wagnerianos, en especial, son dignos de una época que la posteridad llamará algún día con temeroso respeto *la época clásica de la guerra*. Wagner sabía mandar; también fue en esto el gran maestro. Mandaba como la

[75] Esto mismo se dice en un fragmento de la primavera de 1888 dedicado a la «buena escuela», véase FP IV, 14 [170].

[76] La fundación del Segundo *Reich*, posibilitada por los diferentes príncipes y por Luis II de Baviera, tuvo lugar con la proclamación de Guillermo I de Prusia como Emperador de Alemania en la Sala de los espejos de Versalles el 18 de enero de 1871, aprovechando Bismarck la euforia de la victoria en la Guerra franco-alemana, iniciada en 1870.

[77] Véase FP IV, 15[11].

inexorable voluntad que uno ejerce consigo mismo, como la disciplina que uno ejercita de por vida en sí mismo: Wagner, quien quizá proporcione el ejemplo más grande de autoviolación de toda la historia de las artes (— incluso Alfieri[78], que es el que más se le parece, ha sido superado. Anotación de un turinés).

12

Percatarse de que nuestros actores son más dignos de admiración de lo que nunca lo han sido no implica pensar que su peligrosidad sea menor... ¿Pero quién dudará todavía de lo que yo quiero, — de las *tres exigencias* por las que mi indignación, mi preocupación y mi amor por el arte me han hecho esta vez que tome la palabra?

> *Que el teatro no se convierta en dueño y señor de las artes.*
> *Que el actor no se convierta en el seductor de quienes son auténticos.*
> *Que la música no se convierta en un arte para mentir.*

FRIEDRICH NIETZSCHE

---

[78] El conde Vittorio Alfieri (1749-1803) fue un poeta italiano.

POST SCRIPTUM

— La gravedad de las palabras finales me autoriza a que comunique en este lugar todavía algunas frases de un tratado inédito, las cuales, cuando menos, no dejarán lugar a dudas sobre mi seriedad en este asunto[79]. Ese tratado se titula: *Lo que nos cuesta Wagner.*

La adhesión a Wagner se paga cara. Incluso hoy día todavía existe al respecto un oscuro sentimiento. Ni siquiera el éxito de Wagner, su *triunfo,* lo ha extirpado de raíz. Pero en otro tiempo ese sentimiento fue fuerte, fue terrible, fue como un odio lúgubre — que atravesó casi tres cuartas partes de la vida de Wagner. Esa resistencia que él encontró en nosotros, los alemanes, no podrá ser suficientemente valorada ni se le podrán tributar todos los honores que merece. Se le oponía resistencia como se resiste contra una enfermedad, — *no* con argumentos — se refutan las enfermedades —, sino con impedimentos, desconfianza, tedio, repugnancia, con una sombría gravedad, como si en él se ocultara un gran peligro. Los señores estetas quedaron al descubierto cuando, sobre la base de tres escuelas de la filosofía alemana, hicieron una guerra absurda a los principios de Wagner con una sarta de conjunciones y condiciones — ¡qué le importaban a él los principios, incluyendo todos los suyos! —. Los alemanes mismos han tenido bastante racionalidad en su instinto para prohibirse en este caso todo tipo de conjunciones y condiciones. Un instinto está debilitado cuando se racionaliza: pues, por el hecho de racionalizarse, se debilita. Si hay indicios de que, pese al carácter integral de la *décadence* europea, todavía resta en la esencia alemana un grado de salud, un presentimiento instintivo de lo perjudicial y de lo que acarrea peligro, yo quisiera que, entre tales indicios, no se minusvalorara en lo más mínimo esa *sorda* resistencia contra Wagner. Ella nos honra, nos permite incluso tener esperanzas: Francia ya no tendría tanta salud de la que

---

[79] Casi con estas mismas palabras empieza la nota contenida en el cuaderno W II 7, y el tratado inédito al que allí se refiere lleva por título *Richard Wagner refutado fisiológicamente.*

disponer. Los alemanes, los *retardadores par excellence* en la historia, son hoy el pueblo cultural más retrasado de Europa[80]: esto tiene su ventaja, — por ello mismo son, relativamente, el pueblo *más joven*[81].

La adhesión a Wagner se paga cara. Sólo en tiempos muy recientes han olvidado los alemanes una especie de temor ante Wagner — las ganas de *librarse de él* las han tenido en todo momento[82]. — ¿Se recuerda todavía una curiosa circunstancia

[80] Recuérdese la típica distinción de época entre los pueblos en estado de naturaleza, o pueblos naturales, y los pueblos en estado de cultura, o pueblos culturales, también denominados — desde el famoso esquema evolucionista que dibuja el avance del progreso en las tres etapas de salvajes, bárbaros y civilizados — como los pueblos civilizados o los pueblos con civilización.

[81] Sobre el tema de los alemanes y su papel en la historia hay unos cuantos textos complementarios que conviene comparar con este pasaje. Los más importantes podrían ser los siguientes: el § 61 de *El Anticristo*; los §§ 2, 3 y 4 del capítulo dedicado a «El caso Wagner» de *Ecce homo*, y el § 3 de *Richard Wagner en Bayreuth*, en el que ya se habla de los alemanes como «el genuino pueblo-del-aprendizaje», OC I, p. 814.

[82] *Nota.* ¿Fue, Wagner, en definitiva, un alemán? Se tienen razones para plantear esta pregunta. Es difícil descubrir en él un único rasgo alemán, sea el rasgo que sea. Él, que siempre fue *un* gran aprendiz, aprendió a imitar muchas cosas alemanas — eso es todo. Su mismo ser contradice lo que ha sido considerado hasta ahora como alemán: ¡no hablemos del músico alemán! — Su padre fue un actor que se apellidaba Geyer. Un Geyer (buitre) casi es ya un Adler (águila)... Lo que hasta ahora ha circulado como «Vida de Wagner» es *fable convenue* [ficción interesada], si no es algo peor. Confieso mi desconfianza con respecto a cada uno de los puntos que solamente está atestiguado por el propio Wagner. No tenía suficiente orgullo para admitir verdad alguna sobre él, nadie fue menos orgulloso al respecto; siguió siendo, exactamente como Víctor Hugo, fiel a sí mismo incluso en lo biográfico — siguió siendo actor. [*N. del A.*]. Para captar toda la mordacidad de esta nota y de su juego de palabras en torno a los nombres de las aves citadas, tan aprovechado por algunos mitómanos mal informados, puede ser útil recordar que *Adler* (águila) era un apellido muy frecuente entre judíos, con lo cual el antisemitismo de Wagner y de muchísimos wagnerianos recibía un duro golpe por partida doble, ya que se insinuaba entonces que Geyer también era un apellido típico de judíos y que Wagner, por tanto, procedía de miembros de ese pueblo, si bien Nietzsche no estaba en lo cierto ni en la insinuada ascendencia judía del actor Geyer, ni en esa supuesta paternidad biológica respecto al músico, al menos en la razonada opinión de autorizados especialistas, véase, por ejemplo, Martin Gregor-Dellin, *Richard Wagner, I. 1821-1864,* Madrid, Alianza, 1983,

en la que, muy al final y de manera totalmente inesperada, volvió a aparecer ese antiguo sentimiento? En el entierro de Wagner sucedió que la primera Asociación Wagner de Alemania, la de Múnich, sobre su tumba depositó una corona cuya *inscripción* se hizo famosa enseguida. «¡Redención al redentor!»[83] — así decía. Todo el mundo admiraba la elevada inspiración que había dictado esas palabras, ese gusto que es una prerrogativa que tienen cuantos se han adherido a Wagner; pero también muchos (¡era una cosa bastante extraña!) en tales palabras hacían la misma corrección: «¡Redención *del* redentor!» — Se empezaba a respirar.

La adhesión a Wagner se paga cara. Midámosla por su efecto sobre la cultura. ¿A quién propiamente ha llevado a primer plano el movimiento promovido por Wagner? ¿Qué ha cultivado para que siempre adquiriese proporciones mayores? — Ante todo, la arrogancia del profano, del idiota en el campo del arte. Eso es lo que ahora organiza asociaciones, lo que quiere imponer su «gusto», lo que quisiera ejercer de juez incluso *in rebus musicis et musicantibus* [en los asuntos de las músicas y de los músicos]. En segundo lugar: una indiferencia cada vez más grande frente a toda formación estricta, distinguida y concienzuda al servicio del arte; su lugar lo ocupa la fe en el genio, hablando con toda claridad: el diletantismo insolente (— su fórmula se encuentra en *Los maestros cantores*). En tercer lugar, y lo peor: *la teatrocracia* —, el desvarío de la creencia en la *preeminencia* del teatro, en el derecho del teatro a detentar la *soberanía* sobre las artes, sobre el arte... Pero a los wagnerianos se les debe decir cien veces en la cara *qué* es el teatro: ¡nunca es sino algo que está *por debajo* del arte, siempre es sólo algo secundario, algo groseramente vulgar, algo distorsionado y falso para las masas! En esto tampoco Wagner ha cambiado las cosas en nada: Bayreuth es gran ópera — pero ni siquiera es *buena ópera*... El teatro es una forma de la demolatría en asuntos de

pp. 31-40. Véase, además, el epistolario de Nietzsche y *Peter Gast* de los días 11 y 18 de agosto de 1888.

[83] Como ya hemos dicho, estas palabras pertenecen al *Parsifal* de Wagner, y *Peter Gast* se las comentó a Nietzsche en su carta del 11 de agosto de 1888.

gusto, el teatro es una sublevación de las masas, un plebiscito *contra* el buen gusto... *Esto es precisamente lo que demuestra el caso Wagner*: ¡él se ganó a la gran masa — él arruinó el gusto, arruinó nuestro gusto incluso para la ópera! —

La adhesión a Wagner se paga cara. ¿Qué hace del espíritu? *¿Libera Wagner el espíritu?* — De él es propio todo equívoco, todo doble sentido, todo lo que, en definitiva, convence a los indecisos, sin hacerlos tomar conciencia de para qué han sido convencidos. De ahí que Wagner sea un seductor de gran estilo. En asuntos del espíritu no hay nada cansado, nada decrépito, nada que sea mortalmente peligroso para la vida y calumniador del mundo que no haya sido protegido en secreto por su arte — él esconde en los luminosos velos del ideal el más negro de los oscurantismos. Es un adulador de todo instinto nihilista (— budista) y lo disfraza de música, es un adulador de todo tipo de cristianismo, de toda forma de expresión religiosa de la *décadence*. Escuchemos con atención: todo lo que alguna vez haya crecido en el suelo de la vida *empobrecida*, toda la moneda falsa de la trascendencia y del más allá, tiene en el arte de Wagner a su más sublime defensor — *no* mediante fórmulas: Wagner es demasiado inteligente para utilizar fórmulas — sino mediante una persuasión de la sensualidad que, por su parte, de nuevo reblandece y fatiga el espíritu. La música como Circe[84]... Su última obra es en eso su obra maestra más grande. El *Parsifal* conservará eternamente su rango en el arte de la seducción, como el *toque genial* de la seducción... Admiro esta obra, me gustaría haberla hecho yo mismo; ya que no fue así, *la comprendo*[85]... Jamás estuvo Wagner tan inspirado como al final. Aquí el refinamiento en la alianza entre belleza y enfer-

---

[84] Sobre este específico uso de la polivalente figura de Circe en la escritura de Nietzsche véase el § 17 de «Sentencias y flechas» en *Crepúsculo de los ídolos*.

[85] Compárese este pasaje con lo que Nietzsche le dice a *Peter Gast* en la carta del *25* de julio de 1882, relacionando el *Parsifal* con la música que compuso en su adolescencia, en especial la de ciertas partes elegíacas de un *Oratorio*, por la sorprendente afinidad que les encuentra con el estado de ánimo y la expresión que, con el asentimiento de su propia hermana, también descubre en la citada música del último Wagner. Sobre ese «Oratorio de Navidad» que Nietzsche trató de componer en 1860-1861 véase lo que dice C. P. Janz, *Frie-*

medad llega tan lejos que, por decirlo así, proyecta sombras sobre el arte anterior de Wagner: éste aparece demasiado claro, demasiado sano. ¿Comprendéis eso? ¿La salud, la claridad, produciendo el efecto de que fuesen sombras?, ¿de que fueran casi como una *objeción?*...A tal distancia ya somos *puros insensatos*... ¡Nunca hubo un maestro más grande en pesados perfumes hieráticos — no vivió jamás nadie que conociera como él todo lo infinito *mínimo*, todo lo trepidante y superabundante, todos los femeninismos[86] que se derivan de lo idiótico (*Idiotikon*) de la felicidad! — ¡Bebed, pues, amigos míos, los filtros de este arte! En ningún lugar hallaréis una manera más agradable de enervar vuestro espíritu, de olvidaros de vuestra virilidad bajo un rosal silvestre... ¡Ah, este viejo hechicero! ¡Este Klingsor[87] de todos los Klingsors! ¡Cómo *nos* hace la guerra! ¡a nosotros, los espíritus libres! ¡De qué manera habla con sonidos-de-joven-hechicera para complacer todas las cobardías del alma moderna! — ¡Jamás hubo semejante *odio a muerte* al conocimiento! — Hay que ser cínico para no sucumbir a esta seducción, hay que saber morder para no ponerse aquí a adorar. ¡Muy bien, viejo seductor! El cínico te advierte — *cave canem* [ten cuidado con el perro]...

La adhesión a Wagner se paga cara. Observo a los adolescentes que durante largo tiempo estuvieron expuestos a su infección. El efecto más inmediato, aunque relativamente inocuo, es la corrupción del gusto. Wagner actúa como un consumo incesante de alcohol. Embota, obstruye el estómago. Efecto específico: degeneración del sentido del ritmo. El wagneriano acaba por llamar rítmico a lo que yo mismo denomi-

drich Nietzsche. I. Infancia y juventud, trad. de J. Muñoz, Madrid, Alianza, 1981, pp. 79-80.

[86] Para evitar cualquier posible equívoco con lo que actualmente entendemos por «feminismo» y para que se perciba el peculiar acento con que Nietzsche usa la palabra, que también aparece, entrecomillada, en el § 3 de «Por qué escribo libros tan buenos» de *Ecce homo,* traducimos *«Femininismus»* con toda literalidad, diferenciándola de *«Feminismus».*

[87] Personaje de *Parsifal.* Vive en un castillo encantado, entre instrumentos de hechicero, y así es, en efecto, como se presenta en el Cuadro primero del Acto segundo de esta obra.

no, con un proverbio griego, «remover el fango». Mucho más peligrosa es la corrupción de los conceptos. El adolescente se convierte en un majadero — en un «idealista». Se halla por encima de la ciencia; en esto se encuentra a la altura del maestro. No obstante, se dedica a hacer de filósofo; escribe *Bayreuther Blätter*; resuelve todos los problemas en el nombre del padre, del hijo y del maestro santo. Obviamente, lo más siniestro continúa siendo la corrupción de los nervios. Si se pasea por la noche a lo largo de una ciudad relativamente grande: por todas partes se oirá torturar instrumentos con una furia solemne — un aullido salvaje se inmiscuye entre los suplicios. ¿Qué sucede? — Los adolescentes tributan su adoración a Wagner... Bayreuth es un nombre que cuadra para un establecimiento hidroterápico. — Telegrama típico de Bayreuth: «*bereits bereut*» (ya arrepentido)[88]. — Wagner es una calamidad para los adolescentes; es una fatalidad para la mujer. ¿Qué es, médicamente hablando, una wagneriana? — Me parece que un médico no podría plantear con suficiente seriedad a jóvenes mujeres esta alternativa de conciencia: una cosa *o* la otra[89]. — Pero ellas ya han hecho su elección. No se puede servir a dos señores si uno de ellos se llama Wagner. Wagner ha redimido a la mujer; en recompensa, la mujer le ha construido Bayreuth. Sacrificio absoluto, entrega absoluta: nada se posee que no se le ofrezca. La mujer se empobrece en beneficio del maestro, resulta conmovedora, está ahí desnuda ante él. — La wagneriana — la ambigüedad más encantadora que existe hoy en día: ella es la *personificación* de la causa de Wagner, — bajo su signo *vence* esa causa[90]... ¡Ah, este viejo bandido! Nos arrebata a los adolescentes, arrebata incluso a nuestras mujeres, y las arrastra a su

[88] En este juego de palabras Nietzsche se cita a sí mismo de manera casi literal, pues en la carta a su hermana del 25 de julio de 1876 ya le escribió que, dadas las circunstancias, «casi me he arrepentido [de haber venido a Bayreuth]».

[89] Véase FP IV, 16 [78]. Una variación de esta idea se encuentra en el § 27 de «Incursiones de un intempestivo» de *Crepúsculo de los ídolos,* OC IV, p. 668.

[90] El lector ya habrá notado la modulación que Nietzsche efectúa del bien conocido lema *in hoc signo vinces,* con las referencias indirectas a Constantino y a la cruz.

cueva... ¡Ah, este viejo minotauro! ¡Cuánto nos ha costado ya! Año tras año le llevan a su laberinto comitivas de las más hermosas muchachas y de los más bellos adolescentes para que las devore — año tras año Europa entera entona «¡Nos vamos a Creta! ¡Nos vamos a Creta!»[91]...

---

[91] Esto es lo que canta el coro en *La belle Hélène* de Jacques Offenbach, compositor por quien Wagner no tenía estima alguna. Véase también la carta a *Peter Gast* del 24 de agosto de 1888.

SEGUNDO *POST SCRIPTUM*

— Parece que mi carta está expuesta a un malentendido. Sobre ciertos rostros se insinúan las arrugas de la gratitud; incluso escucho un tímido regocijo. Preferiría, aquí y en muchas cosas, que se me entendiera. — Sin embargo, desde que en las viñas del espíritu alemán causa estragos un nuevo animal, el gusano del *Reich,* la famosa *rhinoxera*[92], ya no se entiende ni una sola de mis palabras. Me lo atestigua la misma *Kreuzzeitung*[93], para no hablar del *Litterarisches Centralblatt*[94]. — He dado a los alemanes los libros más profundos que poseen —, razón suficiente para que los alemanes no entiendan ninguna de las palabras que contienen... Si en *este* escrito le hago la guerra a Wagner — y, de paso, a un determinado «gusto» alemán —, si tengo duras palabras contra el cretinismo de Bayreuth, no quisiera con ello en modo alguno hacerle el juego a cualquier *otro* músico, sea el que fuere. *Otros* músicos no cuentan frente a Wagner. La situación es absolutamente desastrosa. La decadencia es universal. La enfermedad está arraigada a mucha profundidad. Si se usa el nombre de Wagner para la *ruina de la música,* como el de Bernini para la

[92] Neologismo inventado por Nietzsche en el que combina la referencia al emblemático río alemán de famosos viñedos con la epidemia que afecta a las vides, conocida como *phylloxera.* Basándose en unos versos irónicos de cartas del 15 de septiembre y del 3 de octubre de 1887, así como en la alusión a «un nuevo animal», este neologismo también aprovecha un juego de palabras, posibilitado por el término que sirve para nombrar al rinoceronte (*Rhinozeros*).

[93] Este «*periódico de la Cruz*», llamado así por la cruz de hierro que ostentaba en su portada, era el órgano de los reaccionarios prusianos seguidores de Bismarck; se editó en Berlín de 1848 a 1938; en su cabecera se denominaba *Neue preussische Zeitung* [*Nuevo periódico prusiano*], y presentaba un talante fuertemente conservador, frontalmente opuesto a los escritos del filósofo. Nietzsche suele referirse a él con sorna, véase, por ejemplo, el final del § 1 de «Por qué escribo libros tan buenos» de *Ecce homo,* OC IV, p. 811.

[94] Este semanario para gente culta, la *Hoja central literaria,* lo editaba en Leipzig E. Zarneke: en él, en calidad de colaboradores libres, tanto Nietzsche como su amigo E. Rohde publicaron reseñas durante su época universitaria, en la que residieron en esa ciudad. No obstante, el citado editor se negó a publicar un artículo de este último a favor de *El nacimiento de la tragedia en el espíritu de la música* en enero de 1872, recién aparecida la obra, cuando ésta y su joven autor más lo necesitaban.

ruina de la escultura, él no es, de ningún modo, su causa[95]. Tan sólo ha acelerado su *tempo* [ritmo] — claro que de una manera tan vertiginosa, que uno se queda parado con horror ante esta caída casi fulminante, ante este descenso al abismo. Él tenía la ingenuidad de la *décadence:* en eso residía su superioridad. Creía en ella, no se detuvo ante ninguna lógica de la *décadence.* Los otros *vacilan* — eso es lo único que los diferencia. ¡Y nada más!... Voy a enumerar — lo que hay de común entre Wagner y «los otros»: el hundimiento de la fuerza organizadora; el abuso de los recursos tradicionales sin tener la capacidad *que lo justifique,* sin un objetivo para usarlos; la falsificación al copiar las formas grandes, para las cuales hoy en día nadie es lo bastante fuerte, orgulloso, seguro de sí mismo, ni lo bastante sano; la supervitalidad en lo más mínimo; el afecto a toda costa; el refinamiento como expresión de la vida empobrecida; cada vez más nervios en lugar de carne. — Sólo conozco a un músico que todavía hoy está en condiciones de componer una obertura de una sola pieza: y nadie lo conoce[96]... Los que hoy son famosos no componen, en comparación con Wagner, una música «mejor», sino tan sólo una música más indecisa, más indiferente: más indiferente porque, *al existir el todo completo,* la mitad incompleta está fuera de lugar. Ahora bien, Wagner era un todo completo; pero era la corrupción completa; era la valentía, la voluntad, la *convicción* en la corrupción — ¡qué importancia puede seguir teniendo un Johannes Brahms![97]... La fortuna de éste fue un malentendido alemán:

---

[95] La negativa opinión que Nietzsche se formó del gran escultor y arquitecto italiano del Barroco Giovanni Lorenzo Bernini (1598-1680) como instaurador del reino del mal gusto es deudora de Jacob Burckhardt (véase su obra *Der Cicerone,* Leipzig, 1869, pp. 690-696) y de Stendhal (véase *Rome, Naples, et Florence,* París, 1854, p. 404). Sobre las ideas nietzscheanas en torno a la música y el arte barrocos véase, por ejemplo, el § 219 de *Humano, demasiado humano,* I, así como el § 171 de la primera parte del vol. II de esta obra.

[96] Nietzsche alude a su querido discípulo y amanuense *Peter Gast,* como lo demuestra la carta que le dirigió el 9 de agosto de 1888. La expresión que aparece en el original, traducida literalmente, dice «tallar una obertura toda en madera», lo cual podría significar la obligada presencia de la sección orquestal de los instrumentos de madera a lo largo de toda la obertura.

[97] Sobre los juicios sobre este músico, véase J. B. Llinares, «Nietzsche y Brahms», *Estudios Nietzsche,* II (2002), pp. 49-72.

se lo tomó como antagonista de Wagner — ¡se *necesitaba* un antagonista! — ¡Eso no lleva a componer música *necesaria,* eso produce ante todo demasiada música! — ¡Cuando no se es rico se debe ser lo bastante orgulloso para la pobreza!... La simpatía que de manera innegable inspira Brahms aquí y allá, prescindiendo por completo de ese interés partidario, de ese malentendido partidista, para mí fue durante largo tiempo un enigma: hasta que, casi por casualidad, acabé por descubrir que él causa efecto sobre un determinado tipo de humanos. Tiene la melancolía de la incapacidad; no crea a partir de la plenitud, *está sediento* de plenitud. Si descontamos lo que él imita, lo que toma prestado de grandes formas estilísticas antiguas o exótico-modernas[98] — él es un maestro de la copia —, entonces la *nostalgia* queda como lo más propio suyo... Eso lo adivinan los nostálgicos, los insatisfechos de toda especie. Tiene demasiada poca personalidad, es demasiado poco un punto central... Eso lo entienden los «impersonales», los periféricos — por eso lo quieren. Es, en particular, el músico de una especie de mujeres insatisfechas. Cincuenta pasos más: y uno tiene a la wagneriana — exactamente igual que a cincuenta pasos más allá de Brahms encuentra a Wagner —, la wagneriana, un tipo más pronunciado, más interesante, sobre todo más gracioso. Brahms es conmovedor mientras sueña en secreto o llora por él mismo — en eso es «moderno» —; se vuelve frío y deja de interesarnos en cuanto *recoge la herencia* de los clásicos... Con gusto se llama a Brahms el *heredero* de Beethoven: es el eufemismo más cauteloso que conozco. — Todo lo que hoy día pretende alcanzar un «gran estilo» en la música es, en cuanto tal, *o* falso respecto a nosotros, *o bien* falso consigo mismo. Esta alternativa da bastante que pensar: pues en sí misma implica una casuística sobre el valor de los dos casos. «Falso respecto a *nosotros*»: contra esto protesta el instinto de la mayoría — no quieren que se los engañe —; yo mismo, por descontado, continuaría prefiriendo este tipo al otro («falso *consigo mismo*»). Ése es *mi* gusto. — Expresándome de manera más comprensible, para los «pobres de espíritu»[99]: Brahms — *o* Wagner... Brahms *no* es

---

[98] Véase la carta de *Peter Gast* a Nietzsche del 11 de agosto de 1888.
[99] Véase *Evangelio según Mateo* 5, 3.

un actor. — Es posible subsumir a una buena parte de los *otros* músicos bajo el concepto de «Brahms». — No digo una palabra de los hábiles monos de Wagner, por ejemplo, de Goldmark[100]: con la *Reina de Saba* se forma parte de la *ménagerie* [colección de animales] — uno ya puede exhibirse. — Lo pequeño es lo único que hoy día se puede hacer bien, lo único que hoy día se puede hacer de una manera magistral. Solamente en lo pequeño es posible todavía la probidad. — Pero, *en* lo esencial, nada puede curar a la música *de* lo esencial, de la fatalidad de tener que ser expresión de la contradicción fisiológica, — de tener que ser *moderna*. Una enseñanza óptima, una formación sumamente profunda, una familiaridad con lo fundamental, incluso extremando el aislamiento en compañía de los viejos maestros — todo ello sigue siendo sólo paliativo, *ilusorio* si hablamos con más rigor, porque ya no se tiene en el cuerpo aquello que es su condición necesaria: la raza fuerte de un Händel, o bien la desbordante animalidad de un Rossini[101]. — No todo el mundo tiene *derecho* a cualquier maestro: esto vale para épocas enteras. — En sí no está excluida la posibilidad de que todavía haya en alguna parte de Europa *restos* de especies más fuertes, de seres humanos típicamente intempestivos: de lo cual aún cabría esperar también para la música una belleza y una perfección *tardías*. Las excepciones son, en el mejor de los casos, aquello que todavía podremos vivir en nuestra vida. De la regla de que la corrupción es lo que predomina, de que la corrupción es una fatalidad, de esa regla no hay ningún dios que salve a la música. —

[100] Compositor austríaco de quien Nietzsche comenta en otro tono su obertura *Sakuntala* en carta a *Peter Gast* del 2 de diciembre de 1888.

[101] Sobre este compositor italiano véase más adelante lo que Nietzsche dice en el apartado «Intermezzo» de *Nietzsche contra Wagner*.

EPÍLOGO

— Finalmente, escapémonos por un momento, para así poder respirar, de ese estrecho mundo al que condena al espíritu toda pregunta por el valor de las *personas*. Después de haberse ocupado durante tanto tiempo del «caso Wagner», un filósofo tiene la necesidad de lavarse las manos. —Voy a dar mi concepto de lo *moderno*. —Toda época tiene en la medida de su propia fuerza la medida también para las virtudes que le están permitidas y para las que le están prohibidas. O bien tiene las virtudes de la vida *ascendente*: y entonces se opone desde el más profundo de los fundamentos a las virtudes de la vida descendente. O bien ella misma es una vida descendente — y entonces también está necesitada de las virtudes de la decadencia, con lo cual odia todo lo que sólo se justifica en la plenitud, en la sobreabundancia de fuerzas. La estética está ligada indisolublemente a estas condiciones biológicas previas: hay una estética de la *décadence* y una estética *clásica* — lo «bello en sí» es una quimera, como todo el idealismo. — En la esfera más limitada de los así denominados valores morales no es posible encontrar una antítesis más grande que la de la *moral de los señores* y la moral de los conceptos *cristianos* de valor: esta última, que ha crecido en un suelo completamente mórbido (— los Evangelios nos presentan exactamente los mismos tipos psicológicos que describen las novelas de Dostoievski)[102], y, en el lado contrario, la moral de los señores («romana», «pagana», «clásica», «del Renacimiento»), en cuanto lenguaje simbólico de lo plenamente conseguido, de la vida *ascendente*, de la voluntad de poder como principio de la vida. La moral de los señores *afirma* instintivamente del mismo modo que la moral cristiana *niega* instintivamente («Dios», el «más allá», la «abnegación de sí mismo [*Entselbstung*]», todo puras negaciones). La primera comunica parte de su plenitud a las cosas — transfigura, embellece, *otorga razón* al mundo —, la segunda empobrece, destiñe, afea el valor de las cosas, *niega* el

---

[102] Véase el § 31 de *El Anticristo*. Para conocer sus relaciones con Dostoievski, véase también el § 45 del apartado «Incursiones de un intempestivo» de *Crepúsculo de los ídolos* y las notas correspondientes, OC IV, pp. 680-682.

mundo. «Mundo» es una palabra que utilizan los cristianos para insultar. — Estas formas antitéticas de la óptica de los valores son *ambas* necesarias: son modos de ver que no se obtienen con argumentos y refutaciones. Al cristianismo no se lo refuta, tampoco se refuta una enfermedad ocular. El haber combatido el pesimismo como si fuera una filosofía ha sido el colmo de la docta idiotez. A mi parecer, los conceptos de «verdadero» y «no verdadero» carecen de sentido en la óptica. — Lo único que hay que combatir es la falsedad, la ambigüedad instintiva que no *quiere* percibir esas antítesis como tales antítesis: como no lo quiso percibir, por ejemplo, la voluntad de Wagner, que en semejantes falsedades tuvo una maestría nada pequeña. ¡Mirar de reojo la moral de los señores, la moral *aristocrática* (— la saga islandesa es prácticamente su documento más importante —,) y, a la vez, tener en los labios la doctrina contraria, la del «evangelio de los humildes[103]», la de la *necesidad* de redención!... Admiro, dicho sea de paso, la modestia de los cristianos que van a Bayreuth. Yo mismo no podría soportar ciertas palabras en boca de un Wagner. Hay conceptos que *nada* tienen que ver con Bayreuth... ¿Cómo? ¿Un cristianismo arreglado para wagnerianas, quizá *por* wagnerianas — pues, en sus últimos días, Wagner fue por completo *feminini generis* [de género femenino] — ? Lo repito, los cristianos de hoy día son para mí demasiado modestos... Si Wagner fue un cristiano, ¡entonces Liszt habría sido un padre de la Iglesia! — La necesidad de *redención*, la síntesis de todas las necesidades cristianas, nada tiene que ver con semejantes payasos: es la forma de expresión más sincera de la *décadence*, el más convencido y doloroso decir-sí a la *décadence* mediante símbolos y prácticas sublimes. El cristiano quiere *desprenderse* de sí mismo. *Le moi est toujours* haïssable [El yo es siempre *odioso*][104]. — La moral aristocrática, la moral de los se-

---

[103] Expresión que Nietzsche toma de Renan, «*Évangile des humbles*», véase, por ejemplo, el § 2 dedicado al sabio francés de las «Incursiones de un intempestivo» de *Crepúsculo de los ídolos*, donde la vuelve a utilizar, pero en la versión francesa original.

[104] Véase B. Pascal, *Pensées,* edición de P. Faugère, I, 197. Nietzsche poseía esta edición en su biblioteca, así como la traducción alemana de C. F. Schwartz, Leipzig, 1865. Esta sentencia del pensador francés aparece críticamente comen-

ñores, por el contrario, tiene sus raíces en un triunfante decir sí a *sí mismo* — es autoafirmación, autoglorificación de la vida, necesita también por su parte símbolos y prácticas sublimes, pero sólo «porque le rebosa el corazón»[105]. Todo el arte que es *bello*, todo el arte que es *grande*, tiene aquí su lugar: la esencia de ambos es la gratitud. Por otra parte, de ella no se puede eliminar una aversión instintiva *contra* los *décadents*, un desprecio e incluso un horror hacia su simbolismo: tal actitud es, prácticamente, su demostración. El romano aristocrático consideraba al cristianismo como *foeda superstitio* [sucia superstición][106]: recuerdo al respecto la manera en que el último alemán de gusto aristocrático, la manera en que Goethe consideraba la cruz[107]. Es vano buscar antítesis más valiosas, más *necesarias*[108]…

— Ahora bien, una falsedad como la de los de Bayreuth no es en la actualidad ninguna excepción. Todos conocemos el antiestético concepto del *junker*[109] cristiano. Esta *inocencia* entre términos en contraposición, esta «buena conciencia» en la mentira, es, más bien, *moderna par excellence*, es casi la definición de la modernidad. El ser humano moderno representa, desde lo biológico, una *contradicción en los valores*, está sentado entre dos

tada por el filósofo en el § 385 de la primera parte de *Humano, demasiado humano*, II, así como en los §§ 63 y 79 de *Aurora*.

[105] Véase *Evangelio según Mateo* 12, 34.

[106] Expresión construida tal vez a partir de la *excitabilis superstitio* que usa Tácito, *Annales* XV, 44.

[107] Como dicen los versos de un famoso *Epigrama veneciano* de Goethe, el número 66, muchas son las cosas difíciles que puede soportar, pero cuatro hay que le resultan repugnantes, como si fueran serpientes o pócimas venenosas, a saber, el humo del tabaco, las chinches, los ajos y la +. Véase el inicio del § 51 de «Incursiones de un intempestivo» de *Crepúsculo de los ídolos*, OC IV, p. 685.

[108] *Nota*. Sobre la antítesis entre «moral aristocrática» y «moral cristiana» mi *Genealogía de la moral* ofreció las primeras enseñanzas: quizá no haya un giro más decisivo en la historia del conocimiento religioso y moral. Este libro, mi piedra de toque para todo lo que está en consonancia conmigo, tiene la fortuna de ser accesible tan sólo a los espíritus más exigentes y de sentido más elevado: los demás carecen de oídos para escucharlo. Uno ha de tener su pasión en cosas en que hoy día nadie la tiene… [*N. del A.*]. (Remite concretamente a los §§ 10-11 del «Primer tratado» de la obra citada, OC IV, pp. 469-474).

[109] Este término equivale al «hidalgo» castellano, pero con las características propias de su situación social y de su mentalidad típicamente prusianas.

sillas, a la vez dice sí y dice no. ¿Qué de extraño tiene que justo en nuestros tiempos la falsedad misma se haya hecho carne e incluso un genio? ¿Que *Wagner* «habitara entre nosotros»?[110] Con razón llamé yo a Wagner el Cagliostro de la modernidad[111]... Pero todos nosotros tenemos en el cuerpo, sin saberlo y sin quererlo, valores, palabras, fórmulas y morales de *contrapuesta* procedencia, — nosotros somos, considerados desde un punto de vista fisiológico, *falsos*... ¿Por dónde comenzaría — un *diagnóstico del alma moderna*? Por una enérgica incisión en esta contradictoriedad instintiva, por la eliminación de sus valores antitéticos, por la vivisección practicada en su caso *más instructivo*. — El caso Wagner, es para el filósofo una *verdadera fortuna*[112] — este escrito está inspirado, eso se percibe con el oído, por la gratitud...

[110] Irónica referencia al muy conocido versículo del *Evangelio según Juan* 1, 14.

[111] Véase la nota correspondiente del § 5 de este mismo escrito, que contiene el pasaje al que Nietzsche se está remitiendo aquí.

[112] Juego de palabras entre «el caso Wagner» (*der Fall Wagner*) y «caso afortunado» (o «lance de fortuna», «golpe de suerte», «jugada afortunada», e incluso «chiripa» o «carambola»), que todo esto es lo que significa la palabra alemana utilizada por Nietzsche (*Glücksfall*).

NIETZSCHE CONTRA WAGNER.
DOCUMENTOS DE UN PSICÓLOGO[1]

PRÓLOGO[2]

Todos los capítulos que vienen a continuación se han se-
leccionado, no sin cautela, a partir de mis escritos anteriores

[1] *Nietzsche contra Wagner. Documentos de un psicólogo*, Leipzig, Editorial de C.
G. Naumann, 1889 (1.ª ed.). Como explican G. Colli y M. Montinari en su
comentario a la edición crítica de este —en cierto modo— último escrito
nietzscheano, en la carta que el filósofo envió el 17 de diciembre de 1888 a su
editor, en la que, en una hoja que adjuntó, indicaba que se había de introducir el
capítulo «Intermezzo», también figuraba la siguiente explicación: «Para que
el título se relacione lo más estrechamente posible con el "Caso Wagner", deseamos que se denomine / Nietzsche contra Wagner / Un problema para psicólogos». Posteriormente, al enviar al editor la conclusión del apartado titulado
«Epílogo», añadió que deseaba mantener como título del escrito el que aquí
aparece, «Nietzsche contra Wagner / Documentos de un psicólogo». En el
«Prólogo» insiste en que el libro está dirigido a quienes son psicólogos, no a los
alemanes.

[2] Nietzsche envió este «Prólogo» a su editor de Leipzig junto con las correcciones que había efectuado sobre las pruebas de imprenta del libro. El
manuscrito numerado por Colli y Montinari como XVI 6 contiene una primera versión, que dice así: «Considero necesario poner frente a la absoluta

— algunos se remontan a 1877 —, quizá sean más inteligibles en algunos puntos y, sobre todo, se han abreviado. Leídos en su conjunto no dejarán ninguna duda ni sobre Richard Wagner ni sobre mí: somos antípodas. Al leerlos se comprenderá, además, alguna otra cosa: por ejemplo, que este escrito es un ensayo para psicólogos[3], pero no para alemanes... Tengo lectores en todas partes, en Viena, en San Petersburgo, en Copenhague y en Estocolmo, en París, en Nueva York — pero no los tengo en el país llano de Europa, en Alemania[4]... y quizá también tendría yo alguna palabra que decirles al oído a los señores italianos, a los que amo tanto cuanto yo... *Quousque tandem, Crispi...* [Hasta cuando, Crispi ...] *Triple alliance* [Triple alianza]: un pueblo inteligente no hace nunca con el *Reich* más que una *mésalliance* [mala alianza][5]...

FRIEDRICH NIETZSCHE
Turín, Navidad de 1888

falta de *délicatesse* con la que en Alemania se ha recibido mi escrito *El caso Wagner* algunos pasajes cuidadosamente escogidos de mis escritos anteriores. Los alemanes se han puesto en evidencia ante mí todavía una vez más — no tengo argumentos para alterar mi juicio sobre esa raza inepta en cuestiones de decoro. Incluso se les ha escapado a quién es el único al que yo hablo, al músico, a la conciencia-del-músico — en cuanto músico... /Nietzsche / Turín, a 10 de diciembre de 1888».

[3] Son muchos los textos de esta época en los que Nietzsche se presenta como psicólogo y en los que subraya que se dirige sobre todo a psicólogos, a expertos en cuestiones psicológicas. Por ejemplo, el escrito que conocemos como *Crepúsculo de los ídolos* se titulaba *Ociosidad de un psicólogo*. Para conocer el personalísimo concepto de «psicología» que defendía y practicaba el filósofo, véase el § 23 de *Más allá del bien y del mal*, OC IV, pp. 312-313.

[4] Nietzsche también expone esta misma idea en el § 2 del capítulo «Por qué escribo tan buenos libros» y en el § 3 del comentario a «El caso Wagner» de su obra *Ecce homo*, OC IV, pp. 811 y 851. La referencia crítica a su país como el país llano, plano, chato e incluso mediocre y estúpido de Europa, que todos esos significados encierra la expresión aparentemente neutra y descriptiva de la que se sirve, aparece también en *Crepúsculo de los ídolos,* capítulo titulado «Lo que les falta a los alemanes», § 3, OC IV, p. 650.

[5] Para entender estas líneas finales del «Prólogo» importa tener presentes unas cuantas informaciones que Curt Paul Janz proporciona en su gran biografía de Nietzsche, a saber, que Francesco Crispi (1818-1901), por entonces pri-

QUÉ SUSCITA MI ADMIRACIÓN[6]

Creo que los artistas con frecuencia ignoran qué es lo mejor que pueden hacer: son demasiado vanidosos para saberlo. Su sentido parece que esté dirigido hacia algo más soberbio que esas pequeñas plantas que saben crecer sobre su suelo, nuevas, raras y hermosas, con auténtica perfección. Aprecian superficialmente los productos del huerto y la viña de su propiedad, que son profundamente buenos, y su amor y su capacidad de discernir no tienen el mismo rango. He aquí un músico cuya maestría consiste, en mayor medida que en ningún otro, en extraer los sonidos del reino de las almas dolientes, oprimidas y atormentadas, e incluso en hacer hablar a la muda miseria. Ninguno lo iguala en los colores del otoño tardío, en la felicidad, conmovedora hasta lo indescriptible, del último, del ultimísimo, del más rotundamente breve de todos los goces, él conoce un sonido para esas medianoches secretas y siniestras del alma en las que causa y efecto parece que hubieran perdido su coordinación y a cada momento pudiese surgir algo «de la nada». Crea con mayor fortuna que nadie desde el fondo último de la felicidad humana y, por decirlo así, desde la copa que ya ha vaciado, en la que, para lo bueno y para lo perverso a fin de cuentas, las gotas más ácidas y más amargas se mezclan

---

mer ministro de Italia, había practicado desde su cargo a partir de 1887 una política a favor de la permanencia de su país en el pacto de la Triple Alianza de 1882, porque parecía dejarle libres las manos para una política colonial italiana en África (Abisinia), véase *Friedrich Nietzsche, 4. Los años de hundimiento 1889-1900*, traducción de J. Muñoz e I. Reguera. Madrid, Alianza, 1985, p. 23; que con tal actitud estaba colmando la paciencia de quienes preferían una política diferente, con lo cual bien merecía que se le aplicase ese famoso comienzo de la primera *Catilinaria* de Cicerón; y, por último, que esta irónica cita del gran retórico romano implicaba también una indirecta alusión contra el político más influyente del (segundo) *Reich,* Otto von Bismarck (1815-1898), como documenta A. Sánchez Pascual comentando las referencias directas a Catilina y a la «existencia catilinaria», que ya aparecen en el § 45 de las «Incursiones de un intempestivo» de *Crepúsculo de los ídolos*, en la nota 180 de su edición revisada de este libro, Madrid, Alianza, 1998, pp. 174-175.

[6] Este capítulo constituye una variación del § 87, titulado «Sobre la vanidad de los artistas», de *La gaya ciencia*, OC III, pp. 81-782.

con las más dulces. Conoce ese cansado arrastrarse del alma que ya no es capaz de saltar y volar, y ni siquiera puede caminar; tiene la mirada esquiva del dolor encubierto, de la comprensión sin consuelo, de la despedida ya decidida, pero no convicta ni confesa; más aún, como el Orfeo de todas las miserias secretas, tiene más grandeza que nadie y, gracias a él, se han incorporado al arte por primera vez muchas cosas que hasta ahora parecían inexpresables e incluso indignas del arte — las rebeldías cínicas, por ejemplo, de las que sólo es capaz el que más sufre, así como toda una variedad de cosas infinitamente minúsculas y microscópicas del alma, las escamas en cierto modo de su naturaleza anfibia —, él es, sin duda ninguna, el *maestro* de lo infinitamente minúsculo. ¡Pero no *quiere* serlo! ¡Su carácter prefiere los grandes lienzos y la temeraria pintura mural!... No se percata de que su espíritu tiene un gusto y una tendencia diferentes — una óptica contrapuesta —, y de que, sobre todo, desearía estar sentado en silencio en los rincones de las casas en ruinas: allí, oculto, escondido de sí mismo, pinta sus auténticas obras maestras, que son todas muy breves, a menudo sólo duran un único compás — tan sólo allí, y quizá únicamente allí, él llega a ser completamente bueno, grande y perfecto. — Wagner es una persona que ha sufrido profundamente — he aquí su preeminencia sobre los demás músicos. — Yo admiro a Wagner en todo aquello en que se pone en música a sí mismo[7]. —

---

[7] En el citado aforismo de *La gaya ciencia* se añade este final: «¡Pero él no lo sabe! Es demasiado vanidoso para saberlo».

DÓNDE HAGO OBJECIONES[8]

Con ello no he dicho que yo considere sana esta música, sobre todo en aquellos momentos en que habla de Wagner. Mis objeciones contra la música de Wagner son objeciones fisiológicas: ¿para qué seguirlas disfrazando con fórmulas estéticas? Al fin y al cabo, la estética no es más que una fisiología aplicada. — Para mí es un «hecho», es mi *«petit fait vrai»* [«pequeño hecho verdadero»], que empiezo a respirar con dificultad en cuanto esta música me causa efecto; que de pronto mi *pie* se enfada y se rebela contra ella: necesita un ritmo, una danza, una marcha — a los acordes de la *Marcha del Emperador* de Wagner ni siquiera el joven Káiser alemán es capaz de marchar[9] —, mi pie exige de la música ante todo las delicias que se ofrecen cuando se camina *bien*, se pasea *bien*, se danza *bien*... ¿Y no protesta también mi estómago? ¿y mi corazón? ¿y la circulación de mi sangre? ¿no se irrita mi intestino? ¿No me pongo afónico con esta música sin darme cuenta...? Para escuchar a Wagner necesito *pastilles Géraudel*[10]... y, así las cosas, me pregunto: ¿qué *quiere* en definitiva todo mi cuerpo de la música en ge-

---

[8] Este capítulo reproduce, con las correspondientes variaciones y añadidos, el § 368 de *La gaya ciencia,* que lleva por título «Habla el cínico», OC III, pp. 882-883.

[9] Wagner compuso esta marcha para el regreso victorioso de las tropas alemanas en 1871, sin conseguir ganarse para su causa en los momentos difíciles del inicio de la empresa de Bayreuth ni a Bismarck ni al emperador Guillermo I, que por entonces no la consideraron un asunto nacional. Nietzsche la escuchó, dirigida por el propio compositor y como caballeroso acompañante de su admirada Cosima, el 20 de diciembre de ese mismo año en el concierto que la Asociación Wagner de Mannheim organizó a beneficio del proyecto del festival de Bayreuth. Véase C. P. Janz, *Friedrich Nietzsche. 2. Los diez años de Basilea 1869-187*9, traducción de J. Muñoz e I. Reguera, Madrid, Alianza, 1981, pp. 84 y 127. La irónica referencia al joven emperador, repetida más adelante, está dedicada a Guillermo II (1859-1941), quien por entonces contaba 29 años y, desde su recién inaugurado trono, que mantuvo de 1888 a 1918, sufría en exceso las imperiosas decisiones del todopoderoso canciller Bismarck.

[10] Como explica M. Barrios, estas pastillas eran un preparado que comercializó el farmacéutico francés Auguste-Arthur Géraudel (1841-1906) para combatir las toses, usándose después, por la fama publicitaria conseguida, también para múltiples infecciones, incluso las venéreas. Nietzsche las tomaba a

neral? *Porque* el alma no existe... Creo que quiere *hacer lo que le resulta fácil*[11]: como si todas las funciones animales tuvieran que acelerarse con ritmos ligeros, atrevidos, desenfadados, seguros de sí mismos; como si la vida férrea y plomiza tuviera que perder su pesadez con melodías áureas, tiernas, similares al aceite. Mi melancolía quiere encontrar sosiego en los secretos y abismos de la *perfección*: para eso necesito la música. Pero Wagner me pone enfermo. — ¿Qué me importa *a mí* el teatro? ¿Qué me importan las convulsiones de sus éxtasis «morales» en que el pueblo — ¡y quién no es «pueblo»! — encuentra su satisfacción? ¿Qué me importan todos los gestos de magiapotagia del actor? — Como se ve, yo soy de una naturaleza esencialmente antiteatral, yo siento en el fondo de mi alma el profundo desprecio que hoy día tienen todos los artistas contra el teatro, ese *arte de masas par excellence*. *Éxito* en el teatro — con esto uno pierde mi respeto hasta perderlo de vista para siempre; fracaso — entonces aguzo los oídos y comienzo a respetar... Pero Wagner, por el contrario, *junto al* Wagner que ha compuesto la música más solitaria que existe, fue, además, esencialmente un actor y un hombre de teatro, el mimómano más entusiasta que quizá haya existido, *incluso como músico*...Y, dicho sea de paso, si la teoría de Wagner ha sido la de que «el drama es el fin, la música nunca es sino el medio»[12]—, su *praxis*, por

menudo, como dice en su carta a *Peter Gast* de 30 de diciembre de 1888, cfr. OC IV, p. 907, nota 9.

[11] El término que Nietzsche utiliza y que aparece en varios lugares de sus obras en interesantes juegos de palabras, «*Erleichterung*», como más adelante tendremos ocasión de comprobar, es una palabra compuesta en la que sobresale la presencia del adjetivo «*leicht*» (fácil, ligero), y viene a significar, por lo tanto, «facilitación», «aligeramiento», «alivio», «desahogo», y también «esparcimiento» o «diversión». Esta frase podría traducirse, pues, de varias formas, por ejemplo, «creo que (mi cuerpo) quiere hacerse ligero», «divertirse», «aliviarse», etc., «quiere su alivio», «su esparcimiento», «su facilidad», etc. Véase al respecto, por ejemplo, el § 148 de *Humano, demasiado humano*, I, OC III, p. 143.

[12] Véase la «Introducción» a *Ópera y drama*, donde se subraya la tesis central, que dice así: «el error en el género artístico de la ópera consistió en que un medio de la expresión (la música) se convirtió en el fin y que el fin de la expresión (el drama) se ha convertido en el medio». Richard Wagner, *Ópera y drama*, trad. de Á. F. Mayo, Sevilla, 1997, p. 37.

el contrario, fue desde el principio hasta el final aquella de que «la pose es el fin, el drama y también la música nunca son sino sus medios». La música como medio para clarificar, reforzar e interiorizar los gestos dramáticos y la dramática exhibición plástica del actor; ¡y el drama wagneriano no es más que una oportunidad para lucir muchas poses interesantes! — En todas y cada una de las cosas Wagner tenía, añadidos a todos los demás, esos instintos de un gran actor que *ejercen el mando*: y, como ya se ha dicho, también los tenía en cuanto músico. — En una ocasión, y no sin *esfuerzo*, le puse en claro esto a un wagneriano *pur sang* [pura sangre] — ¡claridad y ser wagneriano! no digo ni una palabra más. Había razones para añadir todavía eso de «¡sea usted un poco más sincero consigo mismo, que no estamos en Bayreuth! En Bayreuth tan sólo se es sincero en cuanto masa; en cuanto individuo se miente, uno se miente a sí mismo. Cuando se va a Bayreuth uno se deja a sí mismo en casa, uno renuncia al derecho de tener voz propia y voto propio, renuncia a su gusto, incluso a la valentía que uno tiene y demuestra ante Dios y ante el mundo entre las cuatro paredes de su propia casa. Nadie, y menos que nadie el artista que trabaja para el teatro, le aporta a éste los sentidos más sutiles de su arte — allí falta la soledad, todo lo que es perfecto no tolera testigos... En el teatro se convierte uno en pueblo, en rebaño, en mujer, en fariseo, en ganado electoral, en patrocinador, en idiota — en *wagneriano*: allí ni siquiera la conciencia más personal deja de sucumbir al hechizo nivelador del gran número, allí reina el vecino, allí *se convierte* uno en prójimo...[13]».

---

[13] En el citado aforismo de *La gaya ciencia* añade Nietzsche: «Me olvidaba de contar lo que mi ilustrado wagneriano repuso a las objeciones fisiológicas: "¿Entonces, en realidad lo que ocurre es que usted no tiene suficiente salud para nuestra música?"]».

INTERMEZZO[14]

—Aún diré unas palabras para los oídos más selectos: qué es lo que quiero *yo*, en realidad, de la música. Que sea serena y profunda, como una tarde de octubre. Que sea personal, desenfadada, tierna, una dulce mujercita llena de malicia y encanto... Nunca admitiré que un alemán *pueda* saber qué es la música. Los llamados músicos alemanes, ante todo los más grandes, son *extranjeros*, eslavos, croatas, italianos, holandeses — o judíos; en caso contrario, son alemanes de raza fuerte, alemanes ya *extinguidos,* como Heinrich Schütz, Bach y Händel. Yo mismo sigo siendo aún lo suficientemente polaco como para dar todo el resto de la música a cambio de Chopin: exceptúo, por tres razones diferentes, el *Idilio de Sigfrido* de Wagner[15], quizá tam-

---

[14] Todo este apartado constituye íntegramente el § 7 del capítulo de *Ecce homo* denominado «Por qué soy tan inteligente», que también estaba redactando y revisando Nietzsche por las mismas fechas, OC IV, pp. 804-805. La última voluntad de su autor, manifiesta el 2 de enero de 1889, parece ser que fue mantenerlo en este libro que por fin prefirió editar, e inmediatamente después le sobrevino su derrumbe psíquico. Esa última decisión, por tanto, implicaba dejar de editar *Nietzsche contra Wagner*. Cuando se publicó por vez primera este escrito, que había sido finalmente pospuesto, tan sólo tuvo una tirada de pocos ejemplares. Esa primera edición, que se llevó a cabo durante ese mismo año del derrumbe, es decir, muy pronto, durante 1889, respetó el último plan que Nietzsche preparó para su impresor antes de frenar su publicación, un plan que mantuvo en diversas fechas, los días 22, 28 y 30 de diciembre de 1888, en el que este apartado con el título de «Intermezzo» estaba integrado en *Nietzsche contra Wagner*, si bien con anterioridad, y ello ha provocado problemas, el día 20 de diciembre había decidido incorporarlo al libro que finalmente, el 2 de enero, optó por publicar, *Ecce homo*. Quizá estas vacilaciones en torno al lugar editorial de esta página, que con buenas razones ahora forma parte del texto definitivo de ambos escritos, puedan considerarse como un notable indicio del íntimo tono confesional, personalísimo, lírico y profundamente musical en el fondo y en la forma, que rezuman cada una de sus palabras.

[15] Esta composición sinfónica, que primero se llamó *Música de la escalera*, se estrenó el 25 de diciembre de 1870 en Tribschen, como regalo sorpresa del compositor en el día en que Cosima cumplía 33 años. Nietzsche estuvo presente tanto en el ensayo general que tuvo lugar la víspera en un hotel de Lucerna, como en el emotivo estreno el día de Navidad, como invitado de la familia. Véase C. P. Janz, *Friedrich Nietzsche 2. Los diez años de Basilea 1869-1879*, ed. cit., pp. 101-103.

bién a Liszt, quien con sus aristocráticos acentos orquestales va por delante de todos los músicos; y, por último, además, todo lo que ha crecido más allá de los Alpes — *más acá*... No sabría prescindir de Rossini, y aún menos de mi sur en la música, la música de mi *maestro* veneciano Pietro Gasti[16]. Y cuando digo más allá de los Alpes, en realidad digo sólo Venecia. Cuando busco una palabra que sea un buen sinónimo de música, no encuentro nunca más que la palabra Venecia. No sé hacer ninguna diferencia entre lágrimas y música, no sé pensar la felicidad, el *sur*, sin un escalofrío de miedo.

> Del puente en que estuve llego
> en noche ya oscurecida.
> Los sones de una canción
> desde muy lejos venían:
> y en la mar estremecida
> doradas gotas caían.
> Góndolas, música y luces –
> ebrias nadando se iban
> hacia la puesta del sol...
> Mi alma, cual mandolina,
> ocultamente rasgada,
> se cantaba conmovida
> como cantan gondoleros
> con mil colores que vibran
> en su afortunada dicha.
> — ¿Alguien, sí, la escucharía?...

---

[16] En italiano en el original, con el correspondiente y nada pomposo significado que tiene en esta lengua. Nietzsche también italianiza a continuación el nombre alemán *Peter Gast* [Pedro Huésped] que solía darle al compositor y ensayista Heinrich Köselitz, quien había sido alumno suyo en 1875 en la Universidad de Basilea y desde entonces se había convertido en el amigo que más le ayudaba como amanuense en los trabajos de preparación y corrección de pruebas de sus escritos.

WAGNER COMO UN PELIGRO

1[17]

El propósito que persigue la música más reciente en aquello que en la actualidad se denomina, de manera tan enfática como imprecisa, la «melodía infinita», puede ponerse en claro adentrándose en el mar, perdiendo poco a poco apoyo firme y entregándose finalmente a merced del elemento: se ha de *nadar*. En la música más antigua, entre idas y vueltas que podían ser delicadas, o festivas, o incluso fogosas, unas veces más rápidas y otras veces más lentas, se tenía que hacer algo por completo diferente, a saber, se tenía que *danzar*. La medida necesaria para ello, el atenerse a determinados grados de tiempo y de fuerza equivalentes, exigía del alma del oyente una constante *ponderación*, — en el contraste entre la corriente de aire frío procedente de esta ponderación y el cálido aliento del entusiasmo radicaba el hechizo de toda la *buena* música. — Richard Wagner quería un movimiento de otra índole — y alteró la premisa fisiológica de la música anterior. Nadar, flotar — en lugar de caminar, danzar... Con esto quizá ya se ha dicho lo decisivo. La «melodía infinita» *quiere* precisamente romper toda esta regularidad de tiempo y de fuerza, a veces incluso se burla de ella, — su riqueza de invención la tiene justo en aquello que a un oído más antiguo suena como una paradoja rítmica y una ofensa contra el ritmo. De la imitación, del predominio de semejante gusto surgiría para la música un peligro de máxima gravedad — la absoluta degeneración del sentido del ritmo, el *caos* en lugar del ritmo... El peligro se agudiza cuando tal música se apoya cada vez con mayor decisión en un arte de la interpretación escénica y del mimo totalmente naturalistas, no sometidos a ninguna ley de la plástica, que sólo quieren el

---

[17] Este apartado se basa en el § 134 de *Opiniones y sentencias diversas*, primera parte de *Humano, demasiado humano*, II, que lleva el título siguiente: «Cómo debe moverse el alma según la música moderna», OC III, pp. 311-312.

efecto y nada más... Lo *espressivo* a cualquier precio y la música al servicio de la pose, esclava de la pose — *esto es el fin...*[18]

2[19]

¿Cómo? ¿sería efectivamente la primera virtud de una interpretación, como ahora parecen creer los artistas de las interpretaciones musicales, la virtud de alcanzar bajo cualquier circunstancia un *hautrelief* [altorrelieve] imposible de superar? ¿No es esto, por ejemplo, aplicado a Mozart, el auténtico pecado contra el espíritu de Mozart[20], contra el espíritu sereno, soñador, tierno y enamorado de Mozart, quien, por fortuna, no era alemán y cuya seriedad es una seriedad benevolente y dorada, *no* la de un alemán pesado y pacato... para no hablar de la seriedad del «convidado de piedra»?... ¿Pero es que sois de la opinión de que *toda* música es la música del «convidado de piedra», de que *toda* música ha de brotar de la pared e introducirse en el oyente hasta revolverle las tripas?... ¡Como si sólo así *tuviera efecto* la música! — ¿En *quién* ha tenido entonces efecto? En algo en lo que un artista *aristocrático* jamás ha de producir efecto — ¡en la masa! ¡en los inmaduros! ¡en los hastiados! ¡en los enfermos! ¡en los idiotas! ¡en *wagnerianos*![21]...

---

[18] Nietzsche tachó en el manuscrito para la imprenta el final que correspondía a este aforismo y que decía así: «Pero semejante contranaturaleza del gusto estético es la prueba de la *décadence*».

[19] Este apartado se basa en el § 165 de *El caminante y su sombra*, segunda parte de *Humano, demasiado humano*, II, que llevaba por título «Del principio de la interpretación musical». «Interpretar música» quiere decir aquí «hacerla sonar para que se pueda oír», «ejecutarla en público para que se la escuche». Véase OC III, p. 418.

[20] El § 34 de «Sentencias y flechas» de *Crepúsculo de los ídolos* ofrece una variación de esta idea («la carne de las posaderas es justamente el *pecado* contra el espíritu santo»), que se repite al final del § 1 de «Por qué soy tan inteligente» de *Ecce homo*: «La carne sedentaria —ya lo he dicho en otra ocasión— es el auténtico *pecado* contra el espíritu santo», véase OC IV, pp. 623-624 y 798, respectivamente.

[21] En el manuscrito para la imprenta tachó Nietzsche el final que había previsto y que decía así: «Pero lo *espressivo* a cualquier precio es la prueba de la *décadence*...». Este final estaba relacionado con el del apartado anterior, que tam-

UNA MÚSICA SIN FUTURO[22]

De todas las artes que saben crecer en el suelo de una determinada cultura, la música es la última de las plantas en aparecer, quizá porque es la más íntima de todas ellas y, en consecuencia, la que más tarda en desarrollarse — en el otoño y en el declive respectivos de la cultura de la que forme parte. Sólo en el arte de los maestros holandeses encontró el alma de la Edad Media cristiana su acabada expresión sonora, — su arquitectura musical es la hermana más joven del gótico, pero con su misma legitimidad y dignidad. Sólo en la música de Händel tuvo sonido lo mejor del alma de Lutero y de sus allegados, el componente judeo-heroico que le dio a la Reforma un rasgo de grandeza — el *Antiguo Testamento, no* el *Nuevo,* convertido en música. Sólo Mozart logró plasmar en oro *cantante y sonante* la época de Luis XIV y el arte de Racine y de Claude Lorrain; sólo en la música de Beethoven y de Rossini acabó de cantarse el siglo XVIII, el siglo de la ensoñación, de los ideales rotos y de la *fugaz* felicidad. Toda música veraz, toda música original es un canto de cisne. — Acaso también nuestra música más reciente, por mucho que domine y que se afane por dominar, sólo siga teniendo ante sí un breve lapso de tiempo: pues surgió de una cultura cuyo suelo está hundiéndose con amenazante rapidez, — de una cultura, pues, de inmediato ya *hundida.* Sus presupuestos son un cierto catolicismo del sentimiento y un placer por cualquiera de las esencias y epide-

bién tachó, y con una frase del aforismo en el que estaba basado, eliminada en esta nueva versión, que en la original de *El caminante y su sombra* era como sigue: «¿Acaso creen de verdad los actuales artistas de la interpretación musical que el mandato más alto de su arte es el de darle a cada pieza el mayor *alto relieve* posible, y hacerle hablar a toda costa un lenguaje *dramático?*».

[22] El texto que sirve de fundamento a este pasaje es el § 171 de *Opiniones y sentencias diversas,* primera parte de *Humano, demasiado humano,* II, que lleva el título siguiente: «La música como fruto tardío de toda cultura», OC III, pp. 310-312. Este nuevo título es una negativa que desaprueba frontalmente el que lleva el conocido libro de 1849 de R. Wagner *La obra de arte del futuro,* así como la expresión «música del futuro», usual entonces para referirse a la música del compositor.

mias añejo-autóctonas presuntamente «nacionales». La apropia-
ción por parte de Wagner de antiguas sagas y canciones, en las
que el prejuicio docto había enseñado a descubrir algo germánico *par excellence* — actualmente nos reímos de ello —, la
reanimación de estos monstruos escandinavos dotándolos de
una sed de sensualidad e insensibilidad extasiadas — todo este
toma y daca de Wagner en lo que respecta a los temas, los personajes, las pasiones y los nervios también expresa con claridad
el espíritu de su música, suponiendo que incluso ésta, como
toda música, no sepa hablar de sí misma de manera inequívoca:
pues la música es una *mujer*... No debe uno dejarse confundir
sobre este estado de cosas por el hecho de que hoy por hoy
estemos viviendo precisamente en la reacción *dentro* de la reacción. La época de las guerras nacionales, del martirio ultra-
montano, todo este carácter de *entreacto* que ahora es propio de
las situaciones que atraviesa Europa, podría de hecho proporcionar una gloria repentina a un arte de características tales
como el de Wagner, sin por ello garantizarle un *futuro*. Los
alemanes mismos no tienen futuro...[23]

[23] Este condensado diagnóstico de su época se encuentra más explícito
tanto en el citado § 171 de *Humano, demasiado humano*, II, que aquí aparece con
bastantes recortes, como en una primera versión de aquel aforismo, traducida
en la nota 19 de M. Barrios, OC IV, p. 911, que puede complementarse con el
§ 178 titulado «Arte y restauración», OC III, p. 324.

NOSOTROS, LOS ANTÍPODAS[24]

Quizá se recuerde, por lo menos entre mis amigos, que al principio me lancé a combatir contra este mundo moderno con algunos errores y sobrevaloraciones y, en cualquier caso, como alguien *con muchas esperanzas*. Entendí — ¿quién sabe a partir de qué experiencias personales? — el pesimismo filosófico del siglo XIX como síntoma de una fuerza superior del pensamiento, de una plenitud de la vida más victoriosa que la que había venido a expresarse en la filosofía de Hume, Kant y Hegel, — yo tomé el conocimiento trágico como el lujo más hermoso de nuestra cultura, como su más valiosa, más aristocrática y peligrosa modalidad de derroche, pero en cualquier caso, en razón de su riqueza superabundante, como un lujo que le era *lícito* concederse. Siguiendo la misma regla interpretaba yo la música de Wagner como expresión de una potencia dionisíaca del alma, en ella creía escuchar el terremoto con el que una fuerza primordial de la vida, contenida desde antiguo, por fin se manifestaba a su aire, indiferente ante el hecho de que así todo lo que hoy día se denomina cultura pudiera ponerse a temblar. Se ve qué es lo que malentendí, como también se ve con qué obsequié a Wagner y a Schopenhauer — conmigo mismo...[25] Todo arte, toda filosofía, pueden ser considerados de modo legítimo como remedios y recursos de la vida ascendente o descendente: presuponen siempre sufrimientos y sufrientes. Ahora bien, hay dos tipos de sufrientes, por un lado, los que sufren por la sobreabundancia de la vida, que quieren un arte

[24] El título primitivo de este apartado en el manuscrito para la imprenta era «Dos antípodas». Con muchas modificaciones, el texto que le sirve de base es esta vez el § 370 de *La gaya ciencia*, titulado «¿Qué es romanticismo?», OC III, pp. 884-886.
[25] En determinado momento de la preparación de este escrito Nietzsche pensó intercalar aquí una nueva página, pero pronto desistió de hacerlo. Se conserva el papel que contiene ese añadido que quería haber introducido y que versaba sobre Schopenhauer, Wagner y él mismo, con ideas que en gran parte utilizó en la redacción final del § 3 dedicado a «Las Intempestivas» y del § 6 del apartado consagrado a «Humano, demasiado humano» de *Ecce homo*, OC IV, pp. 823-824 y 828-829, respectivamente.

dionisíaco e igualmente una visión y una perspectiva trágicas de la vida — y, por el otro, los que sufren por el *empobrecimiento* de la vida, que exigen del arte y de la filosofía tranquilidad, reposo, mar en calma, *o* bien la ebriedad, la convulsión, el aturdimiento. La venganza contra la vida misma — ¡la modalidad más placentera de ebriedad para tales sufrientes de vida empobrecida!... Tanto Wagner como Schopenhauer ofrecen una respuesta a la doble necesidad de estos últimos — niegan la vida, la calumnian, por eso son mis antípodas. — El más rico en abundancia de vida, quien es dios y humano dionisíaco, puede permitirse no sólo la visión de lo terrible y problemático, sino incluso la acción terrorífica y cualquier tipo de destrucción, de desintegración, de negación, — en él lo malvado, absurdo y feo parecen lícitos en cierto modo a consecuencia de un exceso de fuerzas generadoras y regenerantes, como parecen lícitos en la naturaleza, la cual incluso tiene la capacidad de crear desde de cualquier desierto una exuberante tierra fértil. Por el contrario, el que más sufre, el que tiene una vida más pobre, necesitaría tanto en el pensamiento como en la acción sobre todo la dulzura, la apacibilidad y la bondad — eso que hoy día se denomina humanitarismo —, y, a ser posible, un dios que, con toda propiedad, sea un dios para enfermos, un *salvador*; del mismo modo, también necesitaría mucho la lógica, la inteligibilidad conceptual de la existencia incluso para idiotas — los típicos «espíritus libres», como los «idealistas» y las «almas bellas», son todos *décadents* —, en suma, necesitaría una cierta estrechez, cálida y tranquilizadora, y una cierta reclusión dentro de horizontes optimistas, las cuales permitan la *estupidización*... De este modo aprendí poco a poco a entender a Epicuro, la antítesis de un griego dionisíaco, así como al cristiano, quien, de hecho, no es más que una especie de epicúreo y con su «bienaventurados los que creen» sigue *en la máxima medida que puede* el principio del hedonismo — hasta más allá de toda probidad intelectual... Si tengo alguna ventaja sobre todos los psicólogos es ésta, que mi vista es más aguda para esa especie de *retrodeducción,* la más difícil y capciosa de todas, en la que se cometen la mayor parte de los errores — la deducción que retrocede de la obra a su autor, de la acción a su agente, del

ideal a aquel a quien le es *necesario*, y que de toda manera de
pensar y valorar retrocede a la *necesidad* que por detrás está
ejerciendo el mando sobre ellas. — Respecto a los artistas de
todo tipo me sirvo ahora de esta distinción capital: ¿en ellos
se ha hecho creador el *odio* contra la vida o bien la *sobreabundancia* de vida? En Goethe, por ejemplo, se hizo creadora la
sobreabundancia, en Flaubert, el odio: Flaubert, una nueva
edición de Pascal, pero como artista, teniendo como fundamento este juicio instintivo: «*Flaubert est toujours* haïssable,
l'homme n'est rien, l'oeuvre est tout»... [«*Flaubert siempre es*
odioso, *el hombre no es nada*, la obra lo es todo»...]. Se torturaba cuando escribía, exactamente igual que Pascal se torturaba
cuando pensaba — ambos sentían de una manera no egoísta...
«Abnegación» — el principio de *décadence*, la voluntad de final
tanto en el arte como en la moral. —

DE QUÉ CONTEXTO FORMA PARTE WAGNER[26]

Incluso ahora continúa siendo Francia la sede de la cultura más espiritual y más refinada de Europa y la escuela *superior* del gusto: pero hay que saber encontrar esta «Francia del gusto». La *Norddeutsche Zeitung*, por ejemplo, o quien tiene en ella su órgano de expresión, en los franceses ve «bárbaros» — yo, por mi parte, busco en los alrededores de esta Alemania del Norte el continente *negro* en el que habría que liberar a «los esclavos»[27]... Quien pertenezca a *esa* Francia se mantiene bien oculto: podría haber un pequeño número en quienes se encarna y vive, del que formen parte personas que tal vez no se sostengan sobre las piernas más fuertes, unos son fatalistas, sombríos y enfermos, otros son afeminados y artificiosos, individuos que tienen la ambición de ser artificiales, — pero que están en posesión de todo lo elevado y sutil que todavía queda actualmente en el mundo. En esta Francia del espíritu, que es también la Francia del pesimismo, Schopenhauer tiene hoy día su hogar más de lo que lo tuvo nunca en Alemania; su obra capital ya ha sido traducida dos veces, la segunda es tan extraordinaria que ahora prefiero leer a Schopenhauer en francés (— él fue un azar entre los alemanes, como yo soy un azar similar —, los alemanes no tienen dedos para nosotros, carecen por completo de dedos, solamente tienen patas). Por no hablar de Heinrich Heine — *l'adorable Heine*, dicen en París — quien hace tiempo que se ha convertido en carne y sangre de los líricos más profundos y expresivos de Francia. ¡Qué sabría hacer el rebaño cornúpeta alemán con las *délicatesses* de una naturaleza semejante! — En fin, por lo que se refiere a Richard Wagner: se palpa con las manos, quizá no con los puños, que París es el *terreno* apropia-

---

[26] Nietzsche reelaboró mucho la primera mitad del § 254, así como una parte del § 256 de *Más allá del bien y del mal* para preparar este apartado, véase OC IV, pp. 409-410 y 411, respectivamente.

[27] Sobre el entonces muy debatido tema del comercio de esclavos también se puede leer en el § 3 del comentario a «El caso Wagner» de *Ecce homo* lo siguiente: «En este momento, por ejemplo, el emperador alemán afirma que su "deber cristiano" es liberar a los esclavos de África: entre nosotros, *los otros* europeos, a esto se le tildaría simplemente de "alemán"...», OC IV, p. 851.

do para Wagner: cuanto más se configure la música francesa según las necesidades del «*âme moderne*» [«alma moderna»], tanto más se wagnerizará, — bastante lo hace ya ahora. — Sobre esto uno no debe dejarse equivocar por Wagner mismo — fue una auténtica maldad de Wagner burlarse de París en 1871 durante su agonía... En Alemania, no obstante, Wagner es meramente un malentendido: ¿quién sería más incapaz de comprender algo de Wagner que, por ejemplo, el joven Káiser? — Pese a lo cual, para todo conocedor del movimiento cultural europeo sigue siendo cierto el hecho de que el romanticismo francés y Richard Wagner están interrelacionados del modo más estrecho. Todos dominados por la literatura hasta en su manera de ver con los ojos y de escuchar con los oídos — los primeros artistas de Europa con formación *literaria universal* —, la mayoría de las veces, incluso, ellos mismos escritores, poetas, mediadores y amalgamadores de los sentidos y las artes, todos fanáticos de la *expresión*, grandes descubridores en el reino de lo sublime, también en el de lo feo y lo horroroso, descubridores todavía más grandes en producir efecto, en la puesta en escena, en el arte de los escaparates, todos talentos muy por encima de su genio —, *virtuosos* de pies a cabeza, con siniestros accesos a todo lo que seduce, atrae, coacciona y subyuga, enemigos natos de la lógica y de la línea recta, ávidos de lo extraño, lo exótico, lo monstruoso, de todos los opiáceos de los sentidos y del entendimiento. En conjunto, una especie de artistas temerariamente arriesgada, suntuosamente violenta, de altos vuelos y altas cumbres, que primero tuvo que enseñarle a su siglo — que es el siglo de la masa — el concepto de «artista». Pero *enferma*...

WAGNER COMO APÓSTOL DE LA CASTIDAD

1[28]

— ¿Es esto aún alemán?[29]
¿Salió de un corazón alemán este asfixiante chillido?
¿Y es de un cuerpo alemán este herirse a sí mismo?
¿Es alemán este ritual de sacerdote bendito,
este excitar con aromas de incienso los sentidos?
¿y alemán este caerse, este pararse y vacilar,
este acaramelado bimbambolear?
¿Este monjil mirar, este toque del avemaría repicar,
y todo este falso éxtasis celestial y supracelestial?...

— ¿Es esto aún alemán?
¡Pensadlo bien! Aún estáis en el umbral...
Roma es lo que vais a escuchar, — *¡la fe de Roma*
[sin palabras mediar!

---

[28] Estos versos reproducen casi literalmente la parte final del § 256 de *Más allá del bien y del mal*, OC IV, p. 413.

[29] Este primer verso inicia una sátira contra el artículo publicado por Wagner en febrero de 1878 en la revista *Bayreuther Blätter* titulado «*Was ist deutsch?*» [«¿Qué es alemán?»], al que Nietzsche ya había dado su personal respuesta en otros textos, por ejemplo, en el § 323 de la primera parte de *Humano, demasiado humano*, II, OC III, pp. 356-357; en el § 357 de *La gaya ciencia*, OC III, pp. 871-874; o en el § 244 de *Más allá del bien y del mal*, donde se amplía la crítica al considerar la citada pregunta wagneriana como una característica propia del pueblo alemán y de su inextinguible autoignorancia, OC IV, pp. 400-402. Los §§ 240-256 que integran la sección titulada «Pueblos y patrias» de este libro, así como los siete que componen la sección «Lo que les falta a los alemanes» de *Crepúsculo de los ídolos*, OC III, pp. 649-654, contienen muchos elementos para reconstruir la respuesta nietzscheana a esa cuestión planteada por el compositor, que para el filósofo está directamente relacionada con la «cuestión Wagner» tal como él mismo la denomina, véase el § 4 de esta última sección a la que acabamos de remitirnos.

2^{30}

Entre sensualidad y castidad no hay ninguna antítesis que sea necesaria; todo buen matrimonio, toda genuina relación amorosa de corazón está por encima de ella. Pero en el caso en que efectivamente se dé esta antítesis, no necesita, por fortuna, convertirse de inmediato en una antítesis trágica. Esto debería ser válido al menos para todos los mortales de buena constitución y buena disposición, que están lejos de contar sin más su lábil equilibrio entre ángel y *petite bête* [pequeña bestia] entre las razones contrarias a la existencia — los más exquisitos, los más lúcidos, como Hafiz[31], como Goethe, han visto en ello incluso un aliciente más... Semejantes contradicciones seducen precisamente para existir... Por otra parte, se comprende hasta demasiado bien que si alguna vez los malogrados animales de Circe[32] son llevados a adorar la castidad, en ella tan sólo verán su propia antítesis y la *adorarán* — ¡oh, nos podemos fácilmente imaginar con qué trágico gruñido y con qué fervor lo harán! — esa antítesis deplorable y por entero superflua,

[30] Se reproduce a continuación, con pocas reelaboraciones, un pasaje del § 2 del «Tratado tercero» de *De la genealogía de la moral*, OC IV, pp. 514-515.

[31] Poeta persa del siglo xiv, consumado maestro del género eróticoelegiaco, cuya importante obra, de permanente vigencia en su país, inspiró el célebre *West-östliche Divan* [Diván de Occidente y Oriente] de Goethe, gracias al cual es bien conocido en Alemania.

[32] Sobre esta mitológica figura de hechicera, con la que Odiseo y sus compañeros viven una aleccionadora aventura, que se halla descrita en el libro X, vv. 136 ss. de la obra de Homero consagrada a cantar las peripecias del retorno a Ítaca del experimentado guerrero, véase la nota 102 del § 3 del «Prólogo» de 1886 de *Aurora*, edición de J. Aspiunza, OC III, p. 485. Esos malogrados animales, como dice el v. 240, aparecen, aunque continúen teniendo mente humana, «con cabeza, voz, pelambre y figura de cerdos», véase Homero, *Odisea*, edición de J. L. Calvo, Madrid, Ed. Nacional, 1976, p. 196. En el § 2 del «Tratado tercero» de *De la genealogía de la moral*, OC IV, pp. 514-515, que, como hemos dicho, ya contiene una primera versión de este pasaje, Nietzsche es más explícito y habla repetidamente de los cerdos, e incluso añade al final: «Porque ¿qué más le daban a él (a Wagner), qué más nos dan a nosotros los cerdos?». Nuevas alusiones a Circe pueden verse también en el § 5 de «Por qué escribo libros tan buenos» y en los §§ 6 y 7 de «Por qué soy un destino» de *Ecce homo*, OC IV, pp. 814 y 856-857, respectivamente.

que Richard Wagner al final de su vida todavía ha querido sin duda alguna poner en música y llevar a escena. Pero *¿para qué?*, como tenemos el derecho de preguntar.

3[33]

En esto, ciertamente, no hay que eludir esa otra cuestión, qué le importaba a Wagner propiamente aquella viril (¡ay, tan poco viril!) «sencillez del campo», aquel pobre diablo y joven salvaje de Parsifal, al que con medios tan insidiosos al final convirtió en católico — ¿cómo? ¿tomó realmente *en serio* a ese Parsifal? Porque, que se han *reído* de él, no sería yo el último en discutirlo, Gottfried Keller[34] tampoco... Sería deseable, por consiguiente, que el *Parsifal* wagneriano se considerase de una manera más jovial, en cierto modo como epílogo y drama satírico con el cual el Wagner trágico hubiera querido precisamente despedirse de nosotros, también de sí mismo, y sobre todo *de la tragedia,* de una manera adecuada y digna de él, es decir, con un exceso de la más elevada y maliciosa parodia de lo trágico mismo, parodia de toda la terrible seriedad y aflicción que jamás hayan existido con anterioridad sobre la tierra, parodia de la *más estúpida forma,* finalmente superada, de contranaturaleza del ideal ascético. El *Parsifal* es, ciertamente, un asunto de opereta *par excellence...* ¿Es el *Parsifal* de Wagner su secreta risa de superioridad sobre sí mismo, el triunfo de su última y suprema libertad de artista, de su más allá en cuanto

---

[33] El texto de este aforismo está basado en el § 3 del «Tratado tercero» de *De la genealogía de la moral,* OC IV, pp. 515-516.

[34] El gran escritor suizo Gottfried Keller (1819-1890), de cuya obra en dos volúmenes *Die Leute von Seldwyla* Nietzsche habla con admiración como un tesoro de la prosa alemana —véase el § 109 de la segunda parte de *Humano, demasiado humano,* II, OC III, p. 406—, formó parte del círculo de amigos suizos que frecuentó a los Wagner durante su exilio en Zúrich. Se sabe que Wagner valoraba sus escritos y que Keller estimaba la música del compositor, sobre todo el *Tristán,* pero también se conservan pasajes de su epistolario en los que la causticidad del escritor no se priva de hacer las bromas y las burlas que las rarezas de la persona de Wagner le suscitaban. Al respecto puede verse lo que escribe Martin Gregor-Dellin en el primer volumen de su *Richard Wagner,* Madrid, Alianza, 1983, p. 327.

artista — es Wagner el que sabe *reírse* de sí mismo?... Habría que desearlo, como he dicho: pues ¿qué sería el *Parsifal tomado en serio?* ¿Es realmente necesario ver en él (como se ha dicho contra mí) «el engendro de un odio lleno de loca rabia contra el conocimiento, el espíritu y la sensualidad»? ¿una maldición contra los sentidos y contra el espíritu en un único odio y un único aliento? ¿una apostasía y una conversión hacia ideales cristianoenfermizos y oscurantistas? ¿Y, por último, incluso un negarse a sí mismo, un eliminarse completamente a sí mismo por parte de un artista que hasta entonces había estado luchando con todo el poder de su voluntad por lo contrario, por la más elevada espiritualización y sensualización de su arte? ¿Y no sólo de su arte, sino también de su vida? Recuérdese el entusiasmo con que Wagner siguió en su tiempo las huellas del filósofo Feuerbach[35]. La frase de Feuerbach sobre la «sana sensualidad» — sonó en los años 30 y 40 para Wagner al igual que para muchos alemanes —, ellos se llamaban los *jóvenes* alemanes —, como el mensaje de la redención. ¿Ha acabado él por *alterar lo que había aprendido* al respecto? ¿No parece al menos que al final tenía la voluntad de *alterar lo que enseñaba?*... ¿Le ha llegado a dominar, como a Flaubert, *el odio a la vida?*... Porque el *Parsifal* es una obra de perfidia, de afán de venganza, de secreto envenenamiento de los presupuestos de la vida, una mala obra. — La predicación de la castidad constituye una incitación a la contranaturaleza[36]: yo desprecio a todo aquel que no considere *Parsifal* como un atentado contra la moralidad. —

---

[35] Véase, como ya dijimos, nuestra «Introducción» a R. Wagner, *La obra de arte del futuro,* ed. cit., pp. 15-21, así como la «Dedicatoria» de Wagner al filósofo, pp. 172-173.

[36] En el manuscrito para la imprenta añadió Nietzsche, con alguna variante, esta autocita, que también transcribe completa al final del § 5 de «Por qué escribo libros tan buenos» en *Ecce homo,* y que está tomada de la primera parte del artículo cuarto de su «Ley contra el cristianismo», redactada en un folio que pegó a la última página de *El Anticristo,* véase nuestra ed. de esta obra en OC IV, p. 771, así como las notas 1 y 3.

CÓMO CONSEGUÍ LIBRARME DE WAGNER

1[37]

Ya en el verano de 1876, en plena época de los primeros Festivales, me despedí de Wagner en mi fuero interno. No soporto la ambigüedad; desde que Wagner estuvo en Alemania fue condescendiendo paso a paso con todo lo que yo desprecio — incluso con el antisemitismo... En efecto, fue entonces el momento óptimo para despedirse: y muy pronto obtuve la prueba de ello. Richard Wagner, en apariencia el máximo triunfador, en verdad un *décadent* desesperado en su podredumbre, de repente, desamparado y roto, se postró ante la cruz cristiana... Ahora bien, ¿ningún alemán tuvo entonces ojos en la cara, compasión en su conciencia, ante ese horroroso espectáculo? ¿Fui yo el único que al verlo — *sufrió*? — Basta, a mí mismo el inesperado acontecimiento me dio, como si fuera un rayo, claridad sobre el lugar que había abandonado — y también me proporcionó ese estremecimiento posterior que siente todo aquel que ha corrido inconscientemente un peligro enorme. Cuando continué caminando en solitario, temblaba; no mucho después de todo aquello, estuve enfermo, más que enfermo, a saber, estuve *cansado* — cansado de la irresistible desilusión por todo lo que nos quedaba a nosotros, los seres humanos modernos, de entusiasmo, por la fuerza, el trabajo, la esperanza, la juventud y el amor dilapidados por todas partes, cansado de asco por toda la mentira y todo el debilitamiento de conciencia idealistas, que aquí habían triunfado una vez más sobre uno de los más valientes, cansado, en fin, y no en menor medida, de la pena de una implacable sospecha — la de que estuviera condenado desde entonces a desconfiar más a fondo, a despreciar más a fondo, a estar más a fondo *solo* de lo que jamás lo hubiese estado antes. Pues no había tenido a

---

[37] Versión reelaborada del comienzo del § 3 del «Prólogo» a la segunda edición de *Humano, demasiado humano*, II, OC III, pp. 276-277.

nadie como Richard Wagner... Siempre estuve *condenado* a tratar alemanes[38]...

2[39]

Solitario a partir de ese momento y cruelmente desengañado de mí mismo, tomé entonces, no sin rabia, partido *en contra* de mí y *a favor* de todo lo que precisamente me hacía daño y me resultaba penoso: así volví a encontrar el camino hacia aquel pesimismo valiente que es la antítesis de toda mendacidad idealista, y también, como a mí me lo parece, el camino hacia *mí mismo,* — hacia *mi* tarea... Ese algo oculto y arrogante para el que durante mucho tiempo no tenemos ningún nombre hasta que finalmente se revela como nuestra tarea, — este tirano que habita en nosotros se toma una terrible represalia por cada intento que hacemos de eludirlo o de escaparnos de él, por cada decisión prematura, por cada equiparación con aquellos de quienes no formamos parte, por cada acción, aunque sea muy respetable, que nos desvíe de nuestro objetivo fundamental, — e incluso por cada virtud misma que quisiera protegernos de la ardua dificultad de nuestra responsabilidad más propia. Cada vez que queremos dudar del derecho que tenemos a nuestra tarea, cada vez que empezamos a hacernos las cosas más fáciles de la manera que sea, la respuesta siempre es la enfermedad. ¡Es una cosa extraña y

---

[38] Esta afirmación se encuentra también en el § 6 de «Por qué soy tan inteligente» de *Ecce homo*, OC IV, p. 803. Si se considera lo que en este lugar dice Nietzsche, que necesitaba a Wagner como si fuera una droga (hachís) o contraveneno para escapar de esa prisión intolerable de lo alemán, entonces, como bien ha sugerido M. Barrios, el título de este apartado, «Cómo conseguí librarme de Wagner», viene a significar: «Cómo me desenganché de Wagner», esto es, cómo Nietzsche logró liberarse de esa antigua e impuesta adicción y cómo consiguió desintoxicarse de todo lo que le minaba su salud integral, OC IV, p. 917, nota 34. Sobre el arte de Wagner como una anestesia, un arte narcótico y como un opio, véase el § 3 del comentario a «Humano, demasiado humano» de *Ecce homo*, OC IV, p. 827.

[39] Transcripción sin apenas alteraciones del § 4 del «Prólogo» a la segunda edición de *Humano, demasiado humano*, II, OC III, pp. 277-278.

terrible al mismo tiempo! ¡Son nuestras *facilidades*[40] lo que hemos de expiar con la mayor dureza! Y si posteriormente queremos volver a la salud, no nos queda otra elección: hemos de agobiarnos *con dificultades superiores* a las que nunca antes tuvimos que soportar...

---

[40] Intentamos mantener en estas frases finales el juego de palabras que construye Nietzsche en el original entre «hacer más fácil (o "más ligero", "menos pesado") (*leichter machen*) y "facilidad" (*Erleichterung*), palabra compuesta que, como ya dijimos, viene a significar "facilitación", "aligeramiento", "alivio", "desahogo", y también "esparcimiento" o "diversión"».

EL PSICÓLOGO TOMA LA PALABRA

1[41]

Cuanto más se vuelve hacia los casos y las personas más selectos un psicólogo, un psicólogo y adivinador de almas nato, uno que lo sea de forma inevitable, tanto más grande viene a ser el peligro que corre de morir ahogado de compasión. Tiene más *necesidad* de dureza y de serenidad que ninguna otra persona. La corrupción, la perdición de las personas superiores es, en efecto, la regla: es horrible tener siempre ante los ojos una regla semejante. El múltiple suplicio del psicólogo que ha descubierto esta perdición, que ha descubierto una primera vez toda esta interna «incurabilidad» de la persona superior, este eterno «¡demasiado tarde!» en todos los sentidos, y luego *casi* siempre vuelve a descubrirlo a lo largo de toda la historia — puede quizá convertirse un día en la causa de que él mismo *se corrompa...* Casi en cada psicólogo se percibirá una delatadora preferencia por el trato con personas ordinarias y bien equilibradas: en esto se delata que él precisa siempre una curación, que tiene necesidad de una especie de huida y olvido, lejos de aquello que sus inspecciones y seccionamientos, de aquello que su *oficio* le ha puesto en la conciencia. Es propio de él tener miedo a su memoria. Fácilmente llega a enmudecer ante el juicio de otros, con rostro imperturbable escucha cómo se venera, se admira, se ama y se glorifica allí donde él ha *visto* —, o disimula incluso su mutismo dando su expresa aprobación a cualquier opinión superficial. Quizá la paradoja de su situación llegue al terrible extremo de que los «cultivados» aprendan por su parte la gran veneración exactamente allí donde él ha aprendido la *gran compasión* junto al *gran desprecio...* Y, quién sabe si en todos los grandes casos no sucedió precisamente esto, — que se adoraba a un dios y que ese dios no era más que un pobre animal para el sacrificio... El *éxito* siempre fue el embustero más grande — y también la *obra*, la *acción realizada*, es un éxito... El gran hombre

---

[41] Excepto algunas abreviaciones, se reproduce aquí la primera parte del § 269 de *Más allá del bien y del mal*, OC IV, pp. 424-425.

de Estado, el conquistador, el descubridor, está disfrazado, está escondido en sus creaciones hasta lo irreconocible; la obra, la del artista, la del filósofo, inventa primero a aquel que la ha creado, que *tiene el deber de* haberla creado... Los «grandes hombres», tal como se los venera, son pequeñas y pésimas composiciones poéticas, añadidas con posterioridad, — en el mundo de los valores históricos *impera* la moneda falsa...

2[42]

— Esos grandes poetas, por ejemplo, esos Byron, Musset, Poe, Leopardi, Kleist, Gógol — no me atrevo a pronunciar nombres mucho más grandes, pero estoy pensando en ellos —, tal como ahora son, tal como tienen que ser: seres humanos del momento, sensuales, absurdos, quíntuples, despreocupados e impulsivos tanto al confiar como al desconfiar; con almas en las cuales ha de encubrirse de ordinario alguna ruptura; vengándose a menudo con sus obras de una contaminación interna, buscando a menudo con sus vuelos el olvido de una memoria demasiado fiel, idealistas por la proximidad del *fango* — qué suplicio son estos grandes artistas y, en general, las así llamadas personas superiores para aquel que ha sido el primero en adivinarlos... Todos nosotros somos defensores de lo mediocre... Es comprensible que justo por la mujer, que es clarividente en el mundo del sufrimiento y, por desgracia, también obsesivamente ansiosa de ayudar y salvar muy por encima de sus propias fuerzas, experimenten *ellos* con tanta facilidad esos arrebatos de ilimitada compasión que la masa, sobre todo la masa *veneradora*, colma de interpretaciones curiosas y autocomplacientes... Este compadecer se equivoca por lo general sobre la fuerza que tiene: la mujer quisiera creer que el amor lo puede todo, — ésa es su más propia *superstición*. ¡Ay!, quien sabe del corazón adivina cuán pobre, desamparado, arrogante y desacertado es incluso el amor mejor, el más profundo — cómo más bien *destruye* que salva...

[42] Reelaboración con bastantes alteraciones de la continuación del § 269 de *Más allá del bien y del mal*, que, escindido, ha servido, en su primera parte, para confeccionar el aforismo anterior.

3[43]

— La soberbia y el asco espirituales de toda persona que ha sufrido profundamente — la *profundidad* a la que un individuo puede sufrir determina casi la jerarquía —, su estremecedora certeza, de la que está empapado y coloreado por entero, de *saber más* en virtud de su sufrimiento de lo que los más listos y sabios pudieran saber, de ser conocido y haber residido alguna vez en muchos mundos lejanos y horribles de los que «*vosotros* nada sabéis»... , esta silenciosa soberbia espiritual, esta arrogancia del elegido del conocimiento, del «iniciado», del casi sacrificado, encuentra necesarias todas las especies de disfraz para protegerse del contacto de manos importunas y compasivas y, en general, de todo lo que no es su igual en el dolor. El sufrimiento profundo da nobleza; separa. — Una de las más finas formas de disfraz es el epicureísmo y una cierta valentía del gusto, por lo demás llevada con ostentación, que toma a la ligera el sufrimiento y se pone a la defensiva contra todo lo triste y profundo. Hay «personas serenas» que se sirven de la serenidad porque, a causa de ésta, se las malentiende, — ellas *quieren* que se las malentienda. Hay «espíritus científicos» que se sirven de la ciencia porque ésta misma otorga una apariencia serena y porque de la cientificidad se puede deducir que la persona es superficial — ellos *quieren* inducir a una falsa conclusión... Hay espíritus libres e insolentes que quisieran ocultar y negar que en el fondo son corazones rotos e incurables — éste es el caso de Hamlet[44]: y entonces la locura misma puede ser la máscara de un saber funesto y *demasiado cierto*. —

---

[43] Transcripción muy poco alterada del § 270 de *Más allá del bien y del mal,* OC IV, p. 426.

[44] Este añadido, que no se encuentra en el citado aforismo de *Más allá del bien y del mal,* aprovecha parte de una nota que Nietzsche escribió en su ejemplar sobre «el cinismo de Hamlet» como adecuada explicitación de su pensamiento, véase la nota 191 de la edición de A. Sánchez Pascual de este libro, Madrid, Alianza, 1997, p. 300. El personaje de Hamlet, el problema de la máscara y las meditaciones en torno a la locura están bien presentes en la toda obra de Nietzsche, ya desde el final del § 7 de *El nacimiento de la tragedia,* OC I, pp. 362-363.

EPÍLOGO

1[45]

A menudo me he preguntado si no estaré más profundamente en deuda con los años más difíciles de mi vida que con cualesquiera otros. Tal como mi naturaleza más íntima me lo enseña, todo lo necesario, visto desde la altura y en el sentido de una gran economía, es también lo provechoso en sí, — no sólo hay que soportarlo, hay que *amarlo*... *Amor fati* [amor al destino][46]: ésta es mi naturaleza más íntima. —Y, en lo que se refiere a mi larga enfermedad, ¿no le debo indeciblemente mucho más que a mi salud? Le debo una salud *superior,* una salud tal ¡que se hace más fuerte por todo lo que no la mata[47]! — *Le debo también mi filosofía...* Tan sólo el dolor grande es el supremo liberador del espíritu, en cuanto maestro de la *gran sospecha* que de toda U hace una X, una genuina y verdadera X, es decir, la *penúltima letra* antes de la última... Tan sólo el dolor grande, ese prolongado dolor lento en el que, por decirlo así,

---

[45] Reelaboración del § 3 del «Prólogo» a la segunda edición de *La gaya ciencia*, OC III, pp. 719-720.

[46] Este concepto, permanente en Nietzsche desde enero de 1882, está claramente explicado en el pasaje en que lo introdujo por vez primera en sus obras, el § 276 de *La gaya ciencia*: «¡Qué pensamiento debe ser para mí el fundamento, la garantía y el dulzor de toda la vida venidera! Quiero aprender cada vez más a ver lo necesario en las cosas como lo bello – me convertiré así en uno de los que hacen las cosas bellas. *Amor fati*: ¡Sea éste desde ahora mi amor!», véase OC III, p. 829. En el § 10 de «Por qué soy tan inteligente» de *Ecce homo* precisa lo siguiente: «Mi fórmula para la grandeza en el hombre es *amor fati*: no querer que nada sea distinto, ni en adelante, ni en el pasado, ni por toda la eternidad. No sólo soportar lo necesario, menos aún disimularlo — todo idealismo es mendacidad ante lo necesario —, sino *amarlo*...», OC IV, p. 808. Y páginas después, precisamente en el § 4 de sus comentarios a «El caso Wagner», añade: «lo que es *necesario* no me hiere; *amor fati* es mi más íntima naturaleza. Lo cual no excluye, empero, que me guste la ironía, incluso la ironía de la historia universal», véase OC IV, p. 852.

[47] Esta frase es una variación de la «escuela de guerra de la vida», tal como Nietzsche la titula en el § 8 de «Sentencias y flechas» de *Crepúsculo de los ídolos*, también la usa en el § 2 de «Por qué soy tan sabio» de *Ecce homo*, OC IV, pp. 620 y 787, respectivamente.

ardemos como leña verde, que se toma su tiempo —, nos obliga a nosotros, los filósofos, a ascender a nuestra suprema profundidad y a desprendernos de toda confianza, de todo lo benevolente, amañado, suave y mediocre, en donde quizá habíamos puesto antes nuestro humanitarismo. Dudo de si un tal dolor «mejora»: pero sé que nos hace *más profundos*... Bien sea entonces que aprendamos a contraponerle nuestro orgullo, nuestra burla, la fuerza de nuestra voluntad, e imitemos al indio que, por dura que fuera la tortura que sufría, se mantenía impasible ante su torturador por la malignidad de su lengua; bien sea que ante el dolor nos retiremos hacia esa nada, hacia esa muda, rígida y sorda resignación, olvido y extinción de nosotros mismos: de tan prolongados y peligrosos ejercicios de autodominio se sale como si uno fuera otra persona, con algunos interrogantes *más*, — sobre todo con la *voluntad* de preguntar en lo sucesivo más y de un modo más profundo, más estricto, más duro, más malvado, más silencioso de lo que nunca se ha preguntado hasta ahora sobre la tierra... La confianza en la vida ha desaparecido; la vida misma se ha convertido en un *problema*. — ¡Pero que no se crea que con esto uno se ha vuelto necesariamente oscurantista o pájaro de mal agüero! Incluso el amor a la vida es todavía posible — sólo que se ama *de forma diferente*... Es el amor a una mujer que nos llena de dudas...

2^{48}

Lo más extraño de todo es esto: que inmediatamente después se tiene otro gusto — un *segundo* gusto. De tales abismos, incluso del abismo de la *gran sospecha*, uno vuelve renacido, con una nueva piel, más susceptible, más malicioso, con un gusto más exquisito para la alegría, con un paladar más fino para todas las cosas buenas, con sentidos más gozosos, con una segunda y más peligrosa inocencia en la alegría, más infantil al mismo tiempo que cien veces más refinado de lo que nunca antes se había sido. Moraleja: no se es impunemente el espíritu

---

[48] Transcripción con pocas alteraciones del § 4 del «Prólogo» a la segunda edición de *La gaya ciencia*, OC III, pp. 720-721.

más profundo de todos los milenios, — tampoco se lo es *sin recompensa*... Doy en seguida una prueba que lo acredita.

¡Oh, cuánto le repugna a uno desde entonces el goce, el grosero, sofocante, turbio goce, tal como por lo común lo entienden los que suelen tenerlo, nuestros «instruidos», nuestros ricos y gobernantes! ¡Con cuánta malicia escuchamos desde entonces el gran bum-bum de la feria con el que las personas «formadas» y los habitantes de las grandes ciudades se dejan forzosamente vapulear hoy día mediante arte, libros y música para poder alcanzar «goces espirituales» con la colaboración de bebidas espirituosas! ¡Cuánto nos hiere ahora los oídos el grito teatral de la pasión, cuán extraño ha llegado a ser para nuestro gusto todo el romántico tumulto y batiburrillo de los sentidos, ese que tanto le gusta a la plebe que dispone de formación, junto con sus aspiraciones hacia lo sublime, elevado y extravagante! No, si nosotros, los convalecientes, todavía necesitamos un arte, éste ha de ser un arte *distinto* — ¡un arte burlón, ligero, huidizo, divinamente insumiso, divinamente artificioso, que arda como una llama pura en un cielo inmaculado! Y, sobre todo: ¡un arte para artistas, *sólo para artistas*! Desde entonces entendemos mejor qué es de primera necesidad para conseguirlo, la serenidad, ¡*cualquier tipo* de serenidad, amigos míos!... Ahora sabemos demasiado bien unas cuantas cosas, nosotros, los sapientes: ¡oh, cómo aprendemos desde ahora a olvidar bien, a *no*-saber bien, en cuanto artistas!... y, en lo que respecta a nuestro futuro: difícilmente se nos volverá a encontrar por las sendas de aquellos adolescentes egipcios que por las noches hacen inseguros los templos, abrazan las estatuas y quieren desvelar, desnudar y poner a plena luz absolutamente todo aquello que con buenas razones se conserva oculto[49]. No, este mal gusto, esta voluntad de verdad, de «verdad a cualquier precio», esta locura de adolescentes en el amor a la verdad — se nos ha perdido: para ello somos demasiado expertos, demasiado serios, demasiado alegres, demasiado veteranos, demasiado *profundos*... Ya no creemos que la verdad siga siendo verdad si

---

[49] Referencia indirecta a la balada de Schiller *Das verschleierte Bild zu Sais* [*La imagen velada de Sais*].

se le quitan los *velos*, — hemos vivido demasiado para creerlo...
En nosotros hoy se impone como un principio de elegancia
que no se quiera verlo todo desnudo, estar presente en todo,
comprenderlo y «saberlo» todo. Tout *comprendre — c'est tout
mépriser* [Comprenderlo *todo* es despreciarlo todo]...[50] «¿Es verdad que el buen Dios está presente por todas partes»? le preguntaba a su madre una niña pequeña: «pues yo eso lo encuentro indecente» — ¡una señal de atención para los filósofos!... Se
debería tener en más alto honor el *pudor* con el que la naturaleza se ha ocultado tras enigmas e incertidumbres de todos los
colores. ¿Acaso la verdad es una mujer[51] que tiene razones *para
no dejar ver sus razones?*... ¿Acaso su nombre es, hablando en
griego, *Baubo*[52]?... ¡Oh, esos griegos! ¡ellos sí que sabían *vivir!*
¡Para lo cual hace falta mantenerse bien firmes en la superficie,
en el pliegue, en la piel, venerar la apariencia, creer en las formas, los sonidos, las palabras, en todo el *Olimpo de la apariencia!*
Esos griegos eran superficiales — *por profundidad...* ¿y no regre-
samos precisamente a eso nosotros, los temerarios del espíritu,
nosotros, que hemos escalado la más elevada y peligrosa cima
del pensamiento actual y desde allí hemos mirado a nuestro
alrededor, nosotros, que desde allí hemos *mirado hacia abajo?*
¿No somos precisamente en eso — griegos? ¿Veneradores de
las formas, de los sonidos, de las palabras? ¿Y precisamente por
ello — *artistas?*...

[50] Inversión nietzscheana de la conocida sentencia, atribuida a Madame von
Staël, que dice: «*Tout comprendre - c'est tout pardonner*» [«Comprenderlo todo - es
perdonarlo todo»]. Esta frase no se halla en la versión primera de este texto, la
de *La gaya ciencia.*
[51] Sobre esta misma idea hay varios pasajes en la obra de Nietzsche, desde
este § 4 del «Prólogo» a la segunda edición de *La gaya ciencia*, que repite aquí,
OC III, pp. 720-721, hasta el «Prólogo» y los §§ 127, 204 y, sobre todo, el 220
de *Más allá del bien y del mal*, OC IV, pp. 347, 368 y 382-383, respectivamente.
[52] Figura de la mitología griega que está en relación con Deméter y que
probablemente alude al doble fenómeno de Dionisos. Una versión actual de su
simbología podría ser la denominada «sonrisa vertical». Véase la nota 71 de la
ed. cit. de J. L. Vermal de *La gaya ciencia*, OC III, p. 721, así como el estudio de
Georges Devereux, *Baubo. La vulva mítica*, traducción de E. del Campo, Barcelona, Icaria, 1984.

DE LA POBREZA DEL MÁS RICO[53]

Diez años han pasado —,
ni rocío de amor, ni húmedo viento,
ni una gota de agua me ha llegado,
— tierra *sin lluvia*...
En esta hora a mi sabiduría pido
que, en la sequía, avara no se vuelva:
¡que ella misma rebose y sea rocío,
lluvia que caiga a este dorado yermo!

Nubes a las que un día yo pidiera
que se alejaran de estas mis montañas, —
y a las que dije «¡más luz, tenebrosas!».
Hoy las reclamo, ansioso de su vuelta:
¡que vuestras ubres negro hagan mi entorno!
— ¡quiero ordeñaros,
 reses de la altura!
Así derramaría hasta la tierra
cálida leche de sabiduría, dulce amor de rocío.

¡Y vosotras, verdades, marchad lejos,
verdades de mirada ensombrecida!
En mis montañas contemplar no quiero
amargas verdades sin sosiego.
De sonrisa dorada por entero
la verdad, ahora, se me acerca,
endulzada por el sol, por el amor bronceada, —
del árbol tan sólo arranco una verdad *madura*.

Hoy extiendo las manos
hacia los rizos del azar,
ya soy lo bastante listo
para engañarlo y guiarlo como a un niño.

[53] Este poema también forma parte de los *Ditirambos de Dionisos*, OC IV,
pp. 894-896.

Hoy quiero ser acogedor
frente a lo que no es bienvenido,
no quiero sacar las púas ni ante el mismo destino
— Zaratustra no es ningún erizo.

Mi alma,
sin lengua que la sacie,
todo ya ha degustado, lo bueno y lo maligno,
sumergiéndose a fondo en todas las honduras.
Pero siempre, de nuevo, como el corcho,
hasta la superficie emerge,
y flota sobre broncíneos mares como aceite:
afortunado me dicen por su causa.

¿A quién tengo por padre? ¿A quién por madre?
¿No es mi padre el príncipe abundancia
y mi madre la risa sosegada?
¿No engendró este maridaje a dúo
a la esfinge que yo soy,
a mi persona, que huye de la luz,
a mí, a este que derrocha toda sabiduría, a Zaratustra?

Enfermo de ternura, hoy,
un viento de rocío,
aguarda Zaratustra, sentado en sus montañas, —
en su propio jugo
cocido y endulzado,
ahí bajo sus cumbres,
ahí bajo sus hielos,
fatigado y contento,
cual creador en su séptimo día.

— ¡Silencio!
Una verdad ronda sobre mí,
a una nube se asemeja, —
con invisibles rayos me alcanza.
Por amplias escalas despaciosas
su dicha a mí se eleva:
¡ven, ven, verdad amada!

— ¡Silencio!
¡Es *mi* verdad que viene! —
Con ojos que avanzan vacilantes,
con un temblor de terciopelo,
su mirada me alcanza,
su mirada amorosa, malvada, de doncella...
De mi dicha adivinó su fondo,
me adivinó — ¡ay! ¿qué pretende? —
Purpúreo es el dragón que acecha
en el abismo de su mirar de doncella.

— ¡Silencio! ¡*Habla* mi verdad! —

¡Ay de ti, Zaratustra!
Tienes la apariencia de alguien
que oro hubiera engullido:
¡tendrán que abrirte la tripa!...
¡Rico en exceso eres,
corruptor, sí, tú, de muchos!
A demasiados haces tú envidiosos,
a demasiados, pobres...
Tu luz sombra me da —,
temblar me hace: ¡rico eres, pues vete,
vete, Zaratustra, huye de tu sol!...

De tu sobreabundancia regalando, en regalos, librarte
[tú quisieras,
¡pero tú mismo lo sobreabundante eres!
¡Tú que eres rico, actúa con astucia!
¡*Regálate primero*, oh Zaratustra!

Diez años han pasado —,
¿y ni siquiera una gota te ha llegado?
¿ni rocío de amor? ¿ni húmedo viento?
¿Pero, quién te *habría de* amar,
a ti, que eres más que rico?
Sequía da tu dicha,
hace pobres en amores
— tierra *sin lluvia*...

Nadie ya nada te agradece.
Pero tú a todo el que alguna cosa
toma de ti, a ése das las gracias:
en ese gesto bien te reconozco,
a ti, que eres más que rico,
¡a ti, *el más pobre* entre los ricos!

Te das en sacrificio, riqueza que *atormenta* –,
a ti mismo te das,
de ti no cuidas, no te amas a ti mismo:
el gran tormento te ahoga a cada instante,
tormento de graneros *rebosantes,* de corazón *rebosante* –
pero nadie ya nada te agradece...

Más pobre has de volverte,
¡sabio que no sabes nada!,
si deseas el amor de alguien.
Y pues sólo se quiere a los que sufren,
y sólo amor se otorga a los hambrientos:
¡*regálate primero*, oh Zaratustra!

—Yo soy tu verdad...[54]

[54] El texto original se halla en Friedrich Nietzsche, *Sämtliche Werke. Kritis-che Studienausgabe,* tomo 6, edición de G. Colli y M. Montinari, Múnich-Berlín-Nueva York, DTV-Walter de Gruyter, 1980, pp. 413-445.